형통의 원리

형통의 원리

지은이 | 스티븐 스콧
옮긴이 | 정성묵
초판 발행 | 2023. 9. 25
등록번호 | 제1988-000080호
등록된 곳 | 서울특별시 용산구 서빙고로65길 38
발행처 | 사단법인 두란노서원
영업부 | 02)2078-3333 FAX | 080-749-3705
출판부 | 02)2078-3332

책값은 뒤표지에 있습니다.
ISBN 978-89-531-4627-3 03230

독자의 의견을 기다립니다.
tpress@duranno.com www.duranno.com

두란노서원은 바울 사도가 3차 전도 여행 때 에베소에서 성령 받은 제자들을 따로 세워 하나님의 말씀으로 양육하던 장소입니다. 사도행전 19장 8-20절의 정신에 따라 첫째 목회자를 돕는 사역과 평신도를 훈련시키는 사역, 둘째 세계선교TM와 문서선교티행분·잡지 사역, 셋째 예수문화 및 경배와 찬양 사역, 그리고 가정·상담 사역 등을 감당하고 있습니다. 1980년 12월 22일에 창립된 두란노서원은 주님 오실 때까지 이 사역들을 계속할 것입니다.

형통의 원리

요셉의 삶에서 발견한

삶의 원칙들

스티븐 스콧 지음
정성묵 옮김

두란노

나의 가장 좋은 친구이신 주 예수 그리스도께 이 책을 바칩니다.

그분은 제 모든 일상을 고갈되지 않는 자비와 긍휼로 채워 주십니다.

매일 저는 그분의 말씀과 사랑에 놀라며 눈을 뜹니다.

저는 그리스도께 수없이 등을 돌렸지만

그분은 단 한 번도 제게 등을 돌리신 적이 없습니다.

그분은 저를 떠나신 적도 버리신 적도 없습니다.

그분은 참으로 형제보다도 가까운 친구이십니다.

세상에 그분 같은 이는 없습니다!

CONTENTS

Part 2

시련, 형통한 삶의

도약대가 될 수 있다

Part 3
하나님 안에 거하는
형통한 인생이 되는 길

Part 4

형통의 비밀은,
선택이자 행동이다

더 이상 상처로
신음할 필요가
없다

그때에 미디안 사람 상인들이 지나가고 있는지라
형들이 요셉을 구덩이에서 끌어올리고
은 이십에 그를 이스마엘 사람들에게 팔매
그 상인들이 요셉을 데리고 애굽으로 갔더라(창 37:28).

코로나19 팬데믹은 전 세계 수많은 사람들을 비극으로 몰아갔다. 수백만 명이 죽고 수억 명이 감염된 것만 문제가 아니다. 일자리를 잃고, 사업이 망하고, 삶과 가정이 타격을 받거나 완전히 무너져 내린 사람의 숫자는 다 헤아릴 수도 없을 정도다. 구름 한 점 없는 잔잔한 바다를 항해하고 있던 이들의 삶은 잔혹하고 무차별적인 코로나19의 폭풍우에 순식간에 뒤집혔다. 그들을 암담한 운명에서 건져 줄 구명조끼도 없어 수많은 사람이 감염병의 풍랑에서 허우적거렸다.

그중 가장 극심한 고통을 안겨 준 시련이 있다. 그 고통은 사랑하는 사람의 중병, 중상, 죽음을 지켜보는 일이다. 나와 절친한 친구들 중 많은 사람이 부모나 형제자매, 배우자, 심지어 자녀의 만성질병과 죽음을 지켜보는 고통을 겪었다. 이는 그 무엇과도 비교할 수 없는 지독한 고통이다. 이런 고통은 다음날 눈을 떠도 끝나지 않는다.

지난 몇 년 사이에 나의 많은 친구가 중년 나이인 배우자가 암이나 심장발작으로 급작스럽게 세상을 떠나는 경험을 했다. 나와 누구보다 가까운 친구 중 한 명은 임신한 딸이 남편에게 살해를 당하는 참극을 경험했다. 우리 직원 중 한 명은 교회에서 집으로 돌아갔을 때 학교 폭력으로 스스로 목숨을 끊은 열다섯 살 아들의 시신을 발견하고는 정신을 잃었다. 오늘날 자살은 미국 모든 주에서 열다섯 살과 스물 살 사이 젊은이들의 사망 원인 중 두 번째 자리를 차지하고 있다.[1] 약물 남용과 자동차 사고도 젊은이들이 사망하는 가장 큰 원인이다. 심리학자들은 나이에 상관없이 자녀를 잃었을 때의 슬픔이 인간이 경험할 수 있는 가장 큰 슬픔이라고 말한다.[2]

이 글을 쓰는 지금 나는 비행기 안에 있다. 내 옆자리에 앉은 사업가는 스무 살의 아들이 우울증으로 4년 전에 스스로 생을 마감한 이야기를 방금 마쳤다. 이는 우리가 만나는 거의 모든 사람이 자신이나 자신이 사랑하는 누군가 겪은 상상할 수 없는 고통에 관한 이야기를 해 줄 수 있다는 뜻이다.

당신은 인생을 살며, 당신의 세상이 와르르 무너진 순간을 경험한 적이 있는가? 성경에서 요셉은 불과 열일곱 살 때에 그런 순간을 경험했다. 아버지의 사랑을 독차지하는 동생에 대한 증오에 눈이 먼 형들은 그를 구덩이 속에 던져 죽게 놔두었다. 그러다가 이집트로 향하는 상인들을 보고 마음이 바뀌었다. 형들은 요셉을 죽게 놔두는 대신, 구덩이에서 건져 노예로 팔아 버리기로 결정했다(창 37:28). 그리하여 순식간에 요셉은 아버지에게 가장 사랑받는 아들에서 머나먼 외국 땅으로 팔려가는 노예 신세로 전락했다. 사랑했던 모든 사람과 하루아침에 생이별을 하게 된 것이다. 그는 모든 특권을 잃었다. 사랑하는 가족과 친구를 비롯해서 소중히 여기던 전부를 잃었다. 모든 희망과 꿈을 도둑맞았다. 이제 눈에 보이는 미래는 노예로서의 삶뿐이었다.

하지만 천신만고 끝에 요셉은 주인에게 신뢰받는 종이 되었다. 주인의 전 재산을 돌보는 관리자가 되었지만, 주인 아내의 유혹을 뿌리치고 주인에 대한 도리를 지켰으며 하나님께 영광을 돌리는 편을 선택했다. 또 혹독한 상황 속에서 그는 바로의 제국에서 존경받는 가장 높은 관리가 되었다. 그의 여러 행동들은 이집트와 이스라엘을 굶주림에서 구했다.

삶에서 주저앉았다면

인생을 통째로 도둑맞고 미래까지 지독히 암담했던 사람에게 어떻게 이런 일이 일어날 수 있었을까? 답은 하나님과의 친밀하고 특별한 관계에서 발견할 수 있다. 요셉의 삶을 보면 그의 태도와 행동 이면에서 작용한 열두 가지 원칙을 발견하게 된다. 하지만 그에 관한 기록은 많지 않아서 이런 원칙을 우리의 삶에 어떻게 적용할지 보여 주는 가르침을 성경에서 직접 얻을 수는 없다. 어떻게 하면 그가 경험한 것과 똑같은 기적적인 변화를 우리도 경험할 수 있을까? 그의 이야기만 봐서는 답을 얻기 힘들다.

이는 나쁜 소식이다. 하지만 좋은 소식이 있다. 1,600년 뒤 예수 그리스도는 요셉이 경험한 기적적인 변화와 상상할 수 없이 놀라운 열매를 우리도 경험할 수 있도록 정확한 행동 단계들을 밝혀 주셨다. 그 행동 단계들을 통해 우리는 하나님과 더 친밀한 관계로 나아갈 수 있다. 요셉과 예수님의 삶을 통해 우리는 우리의 상처, 지난 트라우마, 심지어 가장 가슴 아픈 경험까지 극복하기 위한 놀랍고도 구체적인 단계들을 볼 수 있다. 이 단계들을 통해 오늘이나 어제 일어난 가슴 아픈 일, 심지어 우리가 아주 오래전에 겪은 일까지 충분히 극복할 수 있다.

"정말 안타까운 일이야!"

"생각만 해도 소름 끼치는 일이야!"

"너무 가엾어!"

"너무 끔찍한 사건이야!"

"어떻게 너한테 그런 행동을 할 수 있지?"

"너무 잔인해."

"혐오스러워."

우리는 평생 이런 표현을 수없이 듣고 말하고 느낀다. 이는 슬픔과 낙심과 절망을 낳는 사건과 경험에 관한 표현들이다. 이런 일은 우리에게서 회복과 행복에 대한 소망을 앗아간다. 이런 경험은 하나님에 대한 우리의 믿음을 갉아먹고 심지어 파괴하기까지 한다. "사랑의 하나님이 어떻게 이런 끔찍한 일이 일어나도록 허락하신단 말인가."

관계의 변화에서 비롯한 상심은 삶을 불안하게 만들고, 삶을 송두리째 흔들기도 한다. 약물 남용, 중독, 이혼, 죽음으로 인해 소중한 사람을 잃는 일이 너무나 흔하다. 살면서 이런 상실을 한 번도 경험하지 않는 사람은 거의 없다. 사랑하는 사람이 끔찍한 시련을 겪고 있다는 소식을 연달아 듣고 삶이 주저앉는 경우도 많다. 직업이나 커리어의 변화도 우리에게 좌절감, 두려움, 우울함, 절망, 분노와 원망을 안겨 줄 수 있다.

당신은 어떤가?

지난 몇 년 동안 당신은 어떤 시련과 고통과 충격적인 일을 경험했는가? 지금 당신이 이겨 내려고 애쓰는 상황이 있는가? 당신이 알거나 사랑하는 사람들에게 어떤 비극이 닥쳤는가? 당신이나 당신이 사랑하는 사람이 "왜 하나님은 이런 일이 일어나게 놔두시는가?"라는 질문을 던진 적이 얼마나 많은가? 혹시 하나님에 대한 믿음이 송두리째 흔들렸는가?

나는 물론이고 누구도 하나님이 그런 비극을 일어나게 허락하신 이유를 정확하게 말해 줄 수는 없다. 하지만 당신이 요셉 원칙들을 적용하면 모든 것이 달라진다는 사실을 자신 있게 말할 수 있다. 그런 비극을 바라보는 당신의 시각뿐 아니라 당신 삶의 모든 측면을 바꿀 수 있는 숨은 보물을 발견할 수 있다. 믿음을 잃어버렸어도 회복할 수 있다. 당신이 어떤 믿음을 가졌든지 그 믿음이 상상을 초월하는 수준까지 자라날 수 있다. 당신을 괴롭혀 온 실망감과 무거운 마음, 찢어진 마음에서 해방될 수 있다. 당신의 삶 속에 깊이 뿌리를 내리고 행복으로 가는 길을 가로막았던 분노와 원망에서 해방될 수 있다.

내가 발견한 요셉 원칙들은 기분을 끌어올리거나 긍정적인 사고를 위한 것이 아니다. 그렇게 하면 기껏해야 피상적이고 일시적인 위안만 얻을 뿐이다. 잠시 의기소침에서 벗어날 수는 있지만 얼마 있지 않아 전보다 더 큰 낙심과 절망에 빠져든다. 긍정적인 생각은 이내 현실 앞에서 증발해 버린다. 비극적인 사건들이 벌어지면 결국 우리의 생각은 그 사건에 집중된다.

요셉 원칙이 줄 변화와 유익

요셉 원칙들은 기적적인 변화가 일어나기 위한 구체적인 기초를 제공해 준다. 하지만 거기서 멈추지 않는다. 이 책에서 당신은 이 원칙들을 더 깊이 이해할 뿐 아니라 이 원칙들을 적용해 영광스러운 유익을 거두기 위한 구체적인 행동 단계들을 배우게 될 것이다. 이 단계들은 크고 작은 상처로 인해 겪고 있는 억압과 속박에서 우리를 해방시켜 줄 수 있다. 이 기적적인 해방과 변화를 경험하고 나면 상처에 속박되고 억압된 채 살고 있는 다른 사람들도 해방시킬 수 있게 된다. 가족, 특히 자녀가 크고 작은 시련을 겪고 있을 때 그들이 이 과정을 차근차근 밟도록 돕고 선한 길로 안내해 줄 수 있다. 주변에 괴롭힘을 당하고 있는 사람들이 있다면 이 원칙들이 말 그대로 생사의 차이를 만들어 낼 수 있다.

그 크기나 무게에 상관없이 역경이 다가오면 언제나 두 가지 중 하나의 결과를 낳는다. 역경은 우리와 하나님 사이의 교제를 방해하고 가로막거나, 그분과의 더 친밀한 관계로 도약하기 위한 도약대 역할을 한다. 안타깝게도, 대부분의 사람들에게 역경은 하나님과의 동행을 방해하는 걸림돌 역할을 한다. 하지만 요셉 원칙들을 알고 그 원칙들을 적용하면 정반대의 결과를 얻는다. 이 원칙들은 하나님과 매일, 매순간 동행하며 변화를 받는 삶으로 도약하기 위한 도약대를 만들어 낸다. 그렇게 되면 하나님의 임재를 밤낮으로 전에 없이 깊이 경험할 수 있게 된다.

역경을 삶의 도약대로 만들며

상처로 신음하는 사람들에게 종교는 전혀 치료제 역할을 하지 못한다. 가슴이 무너져 내렸을 때 교회에 가서 탁월한 설교나 놀라운 찬양 예배를 경험했는가? 예배당 문을 나올 때까지도 가슴속의 상처는 전혀 사라지지 않았는가? '내게 무슨 문제가 있는 걸까? 왜 어떻게 해도 고통이 사라지지 않지?'라는 생각을 해 보았는가. 누군가에게 상처를 입은 뒤로 이를 갈고 있는가? 그를 용서해야 한다는 것을 알지만 도무지 용서할 수 없는가? 하지만 이 책을 다 읽고 내려놓을 즈음이면 하나님이 당신의 영혼 깊은 곳에서 그 어떤 종교적 활동도 이룰 수 없는 기적을 행하셨다는 사실을 발견하게 될 것이다. 여기 좋은 소식이 있다. 상처가 클수록 성부, 성자와 더 깊은 친밀함을 경험하게 될 것이다. 성부 하나님과 주 예수 그리스도를 전에 없이 분명하게 보고 경험하게 될 것이다. 예수님은 마음이 상한 자를 치유하고 포로에게 자유를 주시기 위해 이 땅에 오셨다고 말씀하셨다.

지금 우리가 어떤 상황인지는 중요하지 않다. 우리의 마음이 아무리 아프고, 우리의 실망감이 아무리 크고, 우리의 절망감이 아무리 깊어도, 예수님은 탈출할 길을 마련해 주셨다. 그 길에서 우리의 슬픔이 기쁨으로 바뀌는 놀라운 기적이 일어난다. 이 땅의 어떤 것도 앗아갈 수 없을 만큼 큰 기쁨이 찾아온다. 바울은 다음과 같이 말했다. "사람이 감당할 시험 밖에는 너희가 당한 것이 없나니 오직 하나님은 미쁘사 너희가 감당하지 못할 시험 당함을 허락하지 아니하시고 시험 당할 즈음에 또한 피할 길을 내사 너희로 능히 감당하게 하시느니라"(고전 10:13).

내가 아끼는 사람들은 오래전부터 이 책을 쓰라고 권면했다. 가족과 친구들도 이 책을 쓰라고 여러 차례 말했다. 하지만 시일이 좋지 않았다. 나는 지금까지 살아오면서 가슴 아픈 일을 많이 겪었다. 그때마다 신실하신 하나님은 요셉 원칙들과 행동 단계들을 사용해 나를 패배와 절망에서 건지시고 기적적인 승리와 기쁨으로 이끌어 주셨다.

지금 일어나기를 원하는가

요한복음 5장에서 예수님은 몸이 아파 38년간 누워 있는 사람을 보고 이렇게 물으셨다. "네가 낫고자 하느냐"(6절). 이것은 "예" 아니면 "아니요"로 답하면 되는 간단한 질문이다.

하지만 그 남자는 당장 "예"라고 대답하지 않고 자신의 문제와 좌절감만 토로했다. 그는 '자신의 한계' 때문에 나아질 수 '없다'고 설명했다. 보다시피 그는 예수님이 누구시며 어떤 일을 행하실 수 있는지 깨닫지 못하고 있었다. 그는 자신이 만왕의 왕이요 만유의 주이신 분과 이야기를 나누고 있다는 사실을 몰랐다. 그는 자신이 거친 풍랑이 이는 바다를 단 한 마디로 잠잠하게 하실 수 있는 분과 이야기를 나누고 있다는 사실을 몰랐다. 그는 자신을 내려다보고 있는 남자가 눈먼 자의 눈을 뜨게 하고, 병자를 고치고, 심지어 죽은 자까지도 살리실 수 있다는 사실을 알지 못했다.

이 남자의 눈은 예수님이 아닌 자신의 문제와 한계에 고정되어 있었다. 그는 예수님의 해법에 귀를 기울이지 않았다. 예수님은 "믿음이 적은 자여"라며 그냥 몸을 돌려 가실 수도 있었다. 하지만 예수님은 연민의 사람이셨다. 그가 믿음이 부족함에도 한 가지 간단한 명령을 내리셨다. 그리고 그가 예수님의 명령에 순종하자 즉시 치유되었다.

예수님은 사랑하는 당신에게 지금, "네가 낫고자 하느냐?"라고 물으신다. 그분은 당신이 자신의 문제와 한계를 나열하기를 바라지 않으신다. 그런 문제와 한계 때문에 상처의 치유가 불가능했다는 신세한탄을 듣기 원하지 않으신다. 그분은 당신에게 해법을 알아내거나 제안하라고 말씀하지도 않으신다. 그분의 질문에 그저 "예" 아니면 "아니요"라고만 답할 것을 요구하신다. 당신의 답이

"예"라면 장담컨대 그분의 기적적인 구원과 변화를 경험하게 될 것이다. 단순히 내가 깨달은 사실에 따라 장담하는 것이 아니다. 예수 그리스도의 절대적으로 확실한 약속에 근거해 장담하는 것이다. 당신에게 필요한 것은 그저 예수님이 처방해 주신 간단한 행동 단계들을 밟는 것이다. 이어지는 장들에서 그 단계들을 발견하게 될 것이다. 자, 어떤가? 당신은 나아지고 싶은가? 어떤 대답을 할 것인가?

The

Joseph

Principles

Part 1

삶에서
주저앉았다면

1. 시련, 뜻밖의 복

한탄만 할 것인가,
그분께 달려갈 것인가

요셉의 원칙 1. 시련 속에 형통의 비밀이 숨어 있다

최근 아흔 살이 된 한 할머니가 실버타운으로 이사하기 위해 프랑스의 작은 집을 팔았다. 그리고 한 경매 회사에 가구를 비롯해서 집 안에 돈이 될 만한 물건을 처분해 달라고 부탁했다. 그 회사는 가구를 비롯한 백여 점의 품목을 총 6천 달러(한화로 약 790만 원)에 판매했다. 그 주 안에 판매되지 않은 품목들은 버리기로 했다.

주방 가스레인지 바로 위의 벽에는 20×25cm 크기의 그림 한 점이 걸려 있었는데, 수십 년간의 조리로 인해 시꺼멓게 음식 때가 덮여져 있었다. 그림은 워낙 볼품없어 보여서, 할머니는 그것을 어떻게 구했는지조차 기억하지 못하고 있었다. 경매 기간 동안 그녀의 집을 오간 사람들 중에 누구도 그 그림을 사겠다고 가격을 제시하지 않았다. 그 그림은 버려질 운명에 처했다. 경매인은 할머니에게 이렇게 말했다. "결정을 하세요. 갖고 가실래요? 아니면 버릴까요?"

할머니에게 처음 든 생각은 버리자는 것이었다. 작고 새까맣고 무가치해 보이는 그림을 굳이 가져갈 필요가 없어 보였기 때문이다. 할머니는 그 그림을 버리기로 결정했다.

하지만 경매인은 그 그림을 더 자세히 뜯어보았다. 새까만 먼지 아래에 한 중심인물에게 시선을 고정한 작은 무리의 사람들이 보였다. 경매인은 할머니에게 이렇게 말했다. "버리기 전에 한 번 감정을 받아보면 어떨까요? 다만 얼마라도 값을 쳐 줄지 모르잖아요." 할머니는 고개를 끄덕였고, 경매인은 감정을 받기 위해 그 그림을 가져갔다.

몇몇 전문가의 감정 결과, 버려질 운명에 처한 이 볼품없는 그림의 감정가는 무려 4-7백만 달러(약 한화로 50-90억)였다. 하지만 그 전문가들도 그 그림의 진정한 가치를 과소평가한 것이었다. 그 그림은 경매에서 약 2천 7백만 달러(350억)에 낙찰되었다.[1] 그런데 안타깝게도 이 아흔 살의 할머니는 경매가 끝난 지 몇 달 안 되어서 세상을 뜨고 말았다.

생각해 보라. 수십 년간 이 할머니는 가진 돈이 적어 가난하게 살았다. 하지만 이 할머니의 현실은 그녀의 믿음이나 경험과 전혀 달랐다. 그녀가 무가치하게 여겼던 그림은 사실 엄청난 가치를 지닌 보물이었다. 진작 그것을 팔았다면 상상도 못했던 부유한 삶을 살 수 있었을 것이다. 자신만 잘 먹고 잘 사는 것이 아니라 수많은 사람에게 복을 더해 주는 자선가가 될 수도 있었다. 나아가, 자자손손 그 복을 누릴 수 있었을 것이다. 할머니가 이 단순하지만 더없이 귀중한 보물의 진정한 가치를 알아봤다면 말이다.

삶과 경험 속 숨겨진 보물

곧 알게 되겠지만 당신의 삶과 경험 속에도 값을 헤아릴 수 없이 귀중한 보물들이 많이 숨겨져 있다. 이것들은 금전적인 부분보다 훨씬 더 의미 있는 보물들이다. 당신은 이 보물들을 보지 못했기 때문에 여태 그것이 존재하지 않는 것처럼 살아왔다. 그리고 당신이 그것들에 관해서 알지 못했기 때문에 주변 사람들도 그것들을 보지 못했을 가능성이 높다. 당신의 가족, 친구, 함께 일하는 사람들, 당신이 살며 만난 사람들까지 모두가 당신 안에 있는 보물들을 보지 못했다. 앞서 말한 이야기 속 할머니와 친척, 친구, 경매일에 할머니의 집을 찾은 사람들은 다 그 그림을 가치 있게 여기거나 즐기지 않았다. 그 그림은 아무도 눈여겨보지 않은 채로 조용히 벽에 걸려 있었다. 심지어 전문 감정사들도 그 그림의 진짜 가치를 알아보지 못했다. 마찬가지로, 당신도 자신을 몹시 과소평가하며 살아왔을지 모른다. 다른 사람들이 당신의 진정한 가치를 눈여겨보지도, 인정하지도 않았을지 모른다(고후 4:7 참조).

요셉 원칙들을 살펴보기 전에 내 친구이자 멘토인 게리 스몰리(Gary Smalley)가 40년도 더 전에 내게 주었던 놀라운 선물을 당신에게 전해 주고 싶다. 스몰리는 내가 경험한 문제와 시련과 역경이 내 삶속에서 만들어 낸 숨은 보물을 찾을 수 있도록 한 가지 간단한 과정을 가르쳐 주었다. 그 뒤로 평생에 걸쳐서 이 숨은 보물을 발견해 온 결과, 내 태도와 삶의 궤적이 완전히 변했다. 덕분에 절망이 소망으로, 후회가 감사로, 슬픔이 행복으로, 염세주의가 낙관주의로 바뀌었다. 심지어 나는 매일 하나님과 동행하는 인생을 살게 되었다. 게리는 이 과정을 '보물찾기'라고 불렀다. 나는 내 삶뿐 아니라 내가 상담하고 가르치고 영향을 미쳤던 사람들의 삶 속에서 이 '보물찾기'가 인생을 변화시키는 장면을 똑똑히 목격했다.

숯이 다이아몬드가 되는 과정

현재 숯은 1파운드(약 0.5킬로그램) 무게에 약 1달러(1300원)에 판매된다. 그런데 과학자들에 따르면, 1파운드의 숯을 33억 년 동안 강한 열과 1평방인치 당 72만 5천 파운드의 압력에 노출시키면 1파운드의 다이아몬드로 변한다.[2] 이렇게 탄생한 1파운드의 다이아몬드는 1달러가 아니라 1천 7백만 달러 이상의 가치를 지닌다. 탄소의 양은 변함이 없지만 숯이 극도로 높은 열과 견디기 힘들 만큼 강한 압력에 노출되면 아름답고, 영광스럽고 극도로 높은 가치를 지닌 다이아몬드로 탈바꿈한다. 다음번에 숯불구이를 해 먹을 때 값싼 숯 한 덩어리를 다이아몬드 반지 옆에 나란히 놓고 열과 압력이 만들어내는 엄청난 차이를 느껴 보라. 아름다움과 가치가 수백만 배 이상 증가된다.

스몰리는 내게 역경과 시련의 열과 압력이 '언제나' 새까만 숯 덩어리를 아름다운 다이아몬드로 변화시킨다고 말했다. 그런데 자연 속에서 다이아몬드는 '땅 위'에 놓여 있지 않다. 다이아몬드는 대개 '땅속' 깊은 곳에 묻혀 있다. 다이아몬드를 찾기 위해서는 광부가 진흙과 모래와 돌을 파야 한다. 다이아몬드는 저 깊은 곳에 숨겨져서, 발견되기만 기다리고 있다.

스몰리에게서 이 사실을 배우고 나니 몇몇 성경 구절이 더 깊은 의미로 다가왔다. 야고보는 우리에게 이렇게 말한다. "내 형제들아 너희가 여러 가지 시험을 당하거든 온전히 기쁘게 여기라 이는 너희 믿음의 시련이 인내를 만들어 내는 줄 너희가 앎이라 인내를 온전히 이루라 이는 너희로 온전하고 구비하여 조금도 부족함이 없게 하려 함이라"(약 1:2-4).

예전에는 이 구절을 읽고 이런 생각을 했다. '내가 지금 겪고 있거나 과거에 겪었던 시련에 관해서 어떻게 기뻐하고 행복해 할 수 있을까?' 하지만 모든 시련이 보물을 낳는 줄 아는 지금은 기뻐할 수 있다! 나는 숨은 보물을 찾는 것이 단지 시간문제임을 알고 있다. 바울은 또 우리에게 이렇게 말한다. "범사에 감사하라 이것이 그리스도 예수 안에서 너희를 향하신 하나님의 뜻이니라"(살전 5:18). 모든 시련 속에 보물이 있음을 알면 감사할 수 있다. 범사에, 심지어 역경과 시련을 낳는 상황에서도 하나님께 감사할 수 있다.

요셉이나 예수님이 이 보물찾기 방식을 사용하지는 않았을 것 같다. 하지만 그들의 삶을 살펴보고 말에 유심히 귀를 기울여 보면 공통적으로 시련 속에서 보물을 찾을 때 생명을 얻는 유익을 경험했다는 사실을 분명히 알 수 있다. 그들은 시련 속에서 보물을 찾은 덕분에 감사하는 마음을 얻었을 뿐 아니라, 그 보물은 그들의 삶 속에서 하나님의 놀라운 주권을 드러냈다. 요셉의 마음은 미움과 복수심 대신 감사와 사랑과 자비로 가득했다. 그는 형들에게 하나님이 이집트와 이스라엘을 굶주림에서 구하시기 위해 그들의 악한 행동을 선하게 사용하셨다고 말했다. 그 순간, 사랑 많으신 하나님의 주권이 만천하에 온전히 드러났다.

예수님을 통해 이 점을 더 분명하게 볼 수 있다. 우리는 모든 시련 속에서 보물을 드러내시는 예수님을 볼 수 있다. 예수님의 부모가 열두 살의 예수님을 잠시 잃어버린 적이 있었다. 그때 예수님은 겁에 질리거나 흥분하거나 짜증을 내는 대신, 성전에서의 시간을 보물처럼 소중히 활용하셨다. 부모가 돌아와서 화를 냈지만 예수님은 감사하는 모습을 보이셨다.

예수님은 사역을 시작하시기 전 40일간 금식하신 후 하나님 말씀의 영광스러운 진리로 사탄의 시험을 물리치셨고 이를 통해 하나님을 영화롭게 하셨다. 예수님은 십자가에서 돌아가시기 몇 시간 전, 영혼이 극도로 괴로운 와중에도 인류를 죄에서 구원하고 아버지께 비할 데 없는 영광을 돌리는 일이라는 '다이아몬드'를 보셨다. 예수님은 바로 이것이 이 땅에 오신 이유라고 선포하셨다(요 12:27). 십자가에서의 끔찍한 고통이 끝나자 예수님은 인류 역사상 시련 속에서 탄생한 가장 위대한 다이아몬드의 완성을 선언하셨다. "다 이루었다"(요 19:30). 예수님은 아버지의 사역을 성공적으로 완성하셨다. 우리 죄의 헤아릴 수 없는 빚을 남김없이 다 갚으셨다.

물론 요셉과 예수님이 항상 스몰리의 보물찾기 방식을 사용하지는 않았다. 하지만 모든 시련 속에서 영광스럽게 빛나는 다이아몬드를 발견했다. 스몰리의 보물찾기 과정을 통해 우리도 같은 경험을 할 수 있다.

보물찾기는 타이밍이 중요하다

보물찾기 과정에서는 타이밍이 매우 중요하다. 4주 전 내 친구의 열여덟 살 딸이 교통사고로 죽을 뻔했다. 그 아이는 자동차의 앞유리를 완전히 뚫고 나갔지만 기적처럼 목숨을 건졌다. 그 아이의 가족들은 몇 개월, 아니 몇 년 동안 그 사건에서 보물을 찾아낼 수 없었다. 시련 속에서 보물을 찾는 시간은 시련 도중이나 직후가 될 수 없다. 극심한 슬픔에 잠겨 있는 사람에게 보물찾기를 절대 권하지 말라. 슬픔에 정신을 차릴 수 없는 상황에서는 보물찾기를 할 수 없다! 특히 죽음의 경우가 그렇다. 죽은 사람은 '절대' 죽음에서 보물을 찾을 수 없다. 타이밍이 적절할 때 죽음 '이후'의 상황들 속에서 보물을 찾아야 한다.

예를 들어, 가족의 죽음 이후에는 몇 달 혹은 몇 년 뒤에야 서로의 존재 의미와 서로 함께할 수 있는 시간이라는 보물을 찾고 감사하며 서로를 더욱 사랑할 수 있다. 지독한 비극 이후의 사건 속에서 보물을 찾을 수 있는 적기는 더 오랜 시간 뒤가 될 수 있다. 그렇게 꽤 시간이 흐른 뒤에도 가족 중 한 명이 원할 때만 보물찾기가 이루어진다. 누군가 현재 큰 시련을 겪고 있다면 그것은 보물찾기를 하지 말라는 분명한 적신호로 여기면 된다.

누군가에게 보물찾기를 권할 때는 일단 주황신호를 떠올려라. 다시 말해, 조심스럽고 부드럽게 접근해야 한다. 그렇게 접근했다가 혹시 상대방이 마음이 열리지 않는 것 같은 느낌이 조금이라도 든다면 일단 멈추어야 한다. 우리가 이 과정을 진행해도 된다는 청신호는 오직 당사자만 줄 수 있다.

시련이 감사가 되는 순간

시련이 삶의 큰 변화를 가져올 수 있다는 사실을 알고 믿는다면 언제라도 원할 때 보물찾기를 시작할 수 있다.

스몰리는 이 과정이 어떻게 이루어지는지를 생생하게 보여 주는 사례 하나를 이야기해 주었다. 수년 전 그는 한 프로 미식축구 스타 부부와 아침식사를 한 적이 있다고 말했다. 이들은 부부 상담을 원했다. 그들은 부부 관계가 점점 나락으로 떨어지고 있어서 몹시 낙심한 상태였다. 아내는 우울증이 심해져만 갔는데 스스로 그 이유를 모르고 있었다. 그녀는 남편을 진심으로 사랑하는데도 성적 친밀함의 욕구를 완전히 상실한 상태였다. 둘 다 어떤 일이 벌어지고 있는지 도무지 알 수 없었기에 관계에 대한 희망을 잃어가고 있었다. 절박해진 부부는 스몰리의 사적인 질문에 숨김없이 답했다. 마침내 스몰리가 아내에게 물었다. "혹시 과거에 성폭력을 당한 적이 있습니까?"

침묵이 이어지다 아내가 입을 열었다. 그녀의 두 눈에는 눈물이 한가득 고였다. "네. 사실, 여섯 살 때부터 열여섯 살이 되어 집을 나올 때까지 매일 아버지에게 성적 괴롭힘을 당했어요." 그녀가 펑펑 울자 남편은 그녀의 손을 꼭 쥐었다가 힘껏 안아 주었다.

스몰리는 조용히 물었다. "지금 아버님은 어디 계신가요?"

"감옥에 있어요. 저는 아버지를 용서했어요. 가끔 면회도 갑니다."

그때 스몰리는 매우 이상하게 들리는 질문을 했다. "아버님에 대해서 하나님께 감사한 적이 있나요?"

놀란 그녀의 눈이 휘둥그레졌다. "당연히 아니죠!"

남편은 스몰리의 질문에 화가 난 기색이 역력했다. 하지만 스몰리는 아내의 대답에서 그녀가 아버지를 진정으로 용서하지 못했다는 사실을 파악했다. 그녀는 아버지를 용서하고 나서 그 일을 털어버리고 싶었지만 어떤 벽에 부딪혀서 그렇게 할 수가 없었다. 스몰리는 아내에게 이 점을 설명한 뒤에 그 벽을 넘게 해 줄 간단한 활동을 해 보자고 말했다. 그 벽을 이루고 있는 벽돌들은 슬픔과 분노, 좌절감, 비탄, 죄책감, 절망, 두려움 등이었다.

아내는 미심쩍은 표정을 지었다. "정말 간단한 활동 하나로 그런 벽을 넘을 수 있을까요?"

스몰리는 이렇게 말했다. "그 벽을 넘을 뿐 아니라 앞으로 다시는 기쁨과 행복을 빼앗기지 않도록 아예 부숴 버릴 수 있습니다."

이어서 스몰리는 다이아몬드에 관한 교훈과 보물찾기 과정을 설명했다. 그는 그녀의 끔찍한 경험에서 보물을 찾을 것이라고 말했다. 이어진 문답식 대화는 다음과 같았다.

스몰리 : 딸들이 다른 집에서 자는 것을 허용하시나요?

T 부인 : 아니요! 절대 안 됩니다!

스몰리 : 이유가 뭔가요?

T 부인 : 딸들에게 어떤 일도 일어나지 않기를 바라기 때문이에요.

스몰리 : 가족끼리 친하게 지내는 집이라면 괜찮지 않나요?

T 부인 : 아니요! 가족끼리 아무리 친하게 지내도 그 집의 아버지나 아들 혹은 친구나 친척이 무슨 짓을 할지는 알 수 없으니까요.

스몰리 : 딸들이 친척 집에서 자고 오는 것은 허용하시나요?

T 부인 : 아니요. 딸의 동성 친구들이 '우리' 집에서 자는 건 괜찮아요. 여자 사촌들이 우리 집에서 자는 것도 괜찮고요.

스몰리 : 교회에서 소풍을 가면 딸들을 계속 주시하나요?

T 부인 : 물론이죠. 딸들이 항상 제 시야 안에 있어야 해요.

스몰리 : 대단하세요. 딸들을 철저히 보호하시는군요. 왜 그러시는 거죠?

T 부인 : 딸들이 제가 겪었던 일을 겪길 바라지 않기 때문이에요. 절대!

스몰리 : 바로 그겁니다. 자, 찾았어요.

T 부인 : 뭘요?

스몰리 : 우리의 첫 번째 다이아몬드요. 부인은 어릴 적, 아버지에게서 겪은 끔찍한 시련 때문에 자녀들을 철저히 보호하는 부모가 되었어요. 이 보물이 없다면 딸들에게 벌써 큰일이 생겼을지도 몰라요. 하지만 지금까지 무사하죠. 딸들이 부인의 품 안에 있는 동안에는 절대 큰일이 나지 않을 거예요.

T 부인 : 그런 생각은 해 보지 못했네요. 생각해 보니 정말 큰 선물이네요!

스몰리 : 혹시 성폭력을 당한 다른 여성들을 만난 적이 있나요?

T 부인 : 네, 물론이죠.

스몰리 : 그분들이 가슴 아픈 사건을 고백할 때 부인은 어떤 반응을 보이셨나요?

T 부인 : 함께 울면서 안아 주었어요. 그러고 나서 한참 동안

손을 꼭 잡아 주었지요.

스몰리 : 자, 두 개의 다이아몬드가 추가되었네요! 부인은 연민
과 공감이 가득한 사람이 되었어요. 요즘 같은 시대에
는 그런 다이아몬드가 점점 더 귀해지고 있어요. 사랑
을 절실히 필요로 하는 사람들에게 하나님의 사랑을
전해 줄 수 있으니 그야말로 진정한 보물이지요. 그분
들에게 무슨 말을 해 주시나요?

T 부인 : 보통은 아무 말도 하지 않아요. 그냥 손을 꼭 잡고 함
께 울어 준답니다. 그러고 나서 언제든지 제가 필요하
면 연락하라고 해요.

스몰리 : 또 다른 다이아몬드군요. 섣불리 조언하지 않고 묵묵
히 들어주는 것은 큰 보물이랍니다. 이것은 가장 전문
적인 상담 치료사들도 좀처럼 찾지 못하는 다이아몬
드죠. 자, 아버님이 부인께 저지른 끔찍한 짓으로 인
해 부인이 얻은 더없이 값진 다이아몬드를 벌써 네
개나 찾았습니다. 이 다이아몬드들은 부인의 자녀와
깊은 상처로 신음하는 사람들의 삶에 큰 도움이 되고
있습니다. 지금 기도한다면 이 귀한 선물들과 그 선물
들이 부인과 남들의 삶에 더해 준 놀라운 가치에 대해
하나님께 감사하실 수 있겠어요?

T 부인 : 네, 할 수 있어요.

스몰리 : 심지어 아버님에 대해서도 하나님께 감사하실 수 있겠어요?

T 부인 : 네, 할 수 있습니다.

스몰리 : 부인이 아버님을 용서한다고 해서 그분의 죄가 없어지는 것은 아닙니다. 아버님의 행동에는 분명 결과가 따를 겁니다. 하지만 부인의 용서로 인해 아버님은 무거운 마음을 조금이나 덜 수 있을 겁니다. 무엇보다도 부인이 아버님으로 인해 겪은 지독한 상처의 굴레에서 해방될 수 있습니다.

그녀와 남편, 스몰리, 이렇게 세 사람은 함께 기도를 드렸다. 그녀는 보물들을 밝혀 주신 하나님께 감사했다. 이어 기쁨의 눈물을 흘리며 진심으로 육신의 아버지에 대해 하나님께 감사를 드렸다. 심지어 그녀는 마음속에서 아버지를 향한 새로운 용서가 솟아난 것에 대해 하나님께 감사를 드렸다. 스몰리는 기도를 마치고 나자 그녀의 눈이 반짝거리고 얼굴에 환한 미소가 떠올랐다고 말했다. 두어 달 뒤 스몰리가 그녀를 다시 만났을 때 그녀는 완전히 다른 사람으로 변해 있었다. 그녀는 내내 기쁨의 미소를 지었다. 그녀는 가정이 완벽히 치유되었고 남편과의 친밀함이 전에 없이 깊어졌다고 말했다. 그리고 학대받은 여성들과 아이들을 위한 쉼터에서 자원봉사를 시작했다고 덧붙였다.

마지막으로 그녀는 스몰리에게 이렇게 말했다. "선생님, 지난 주에 어떤 일이 있었는지 아세요? 믿지 못하실 거예요. 여섯 살짜 리 여자아이가 제가 다가와서 '저도 아줌마처럼 행복해질 수 있을 까요?'라고 말했답니다. 믿어지세요? 이제 저는 행복의 대명사처럼 여겨지고 있어요. 심지어 아이들도 제 안의 행복을 보고 있답니다." 그녀는 이렇게 덧붙였다. "제가 지난 몇 주간 다른 문제와 시련에서 도 얼마나 많은 다이아몬드를 발견했는지 들으시면 깜짝 놀랄 거예 요! 하나님께 정말 감사해요. 제 평생에 이렇게 감사로 충만했던 적 은 없어요."

다이아몬드를 찾는 과정

게리 스몰리에게서 보물찾기에 관해 배울 당시 나는 개인적인 삶에서나 직업적인 삶에서 많은 상심을 겪고 있었다. 놀랍게도 내 가 보물찾기를 적용한 모든 시련이나 상심 속에는 값을 따질 수 없 을 만큼 귀한 다이아몬드가 가득했다. 그 다이아몬드를 찾는 과정 에서 나는 감사하는 마음과 큰 지혜를 얻었다. 그 지혜 자체도 값을 따질 수 없을 만큼 귀한 보물이다.

직업적인 측면에서 나는 대학교 졸업 후 6년 사이에 아홉 번의 실직을 경험했다. 세 번째 직장에서 해고되었을 때는 단순히 상심 한 것이 아니라 씻지 못할 굴욕을 당했다! 당시 내 상사(마케팅 부사장)

는 점심시간 직후에 나를 해고할 것이라고 온 부서에 떠들고 다녔다. 점심시간 후 그는 나를 자신의 사무실로 불러서 자리에 앉으라고 했다. 그러고 나서 책상 모퉁이에 걸터앉아 나를 뚫어져라 쳐다보며 한마디 한마디에 힘주어서 말했다. "자네는 내 '평생에' 단연 가장 실망스러운 존재야! 자네는 마케팅 분야에서 '절대' 성공하지 못할 거야! 지금부터 이십 분을 줄 테니 서둘러 책상을 비우게!"

실로 치욕스러운 경험이었다. 나는 대학에서 마케팅을 전공했는데 마케팅 전문가에게 내가 선택한 분야에서 절대 성공할 수 없다는 말을 들었다. 부서의 모든 사람이 힐끔힐끔 쳐다보는 가운데 책상을 비우는 내내 뼛속까지 굴욕감이 밀려왔다.

최악의 순간이 남아 있었다. 집에 와서 아내에게 또 다시 직장을 잃었다고 말해야 했다. 모아 둔 돈도 없는데 아내와 아홉 살배기 딸을 어떻게 돌봐야 할 지 앞이 캄캄했다. 대학을 졸업한 지 2년 밖에 되지 않았는데 그 짧은 시간에 세 번째 직장을 잃었다. 그때만 해도 내가 이후 4년 동안 여섯 번의 실직을 더 경험할 줄은 몰랐다. 하지만 잠언과 보물찾기 활동 덕분에 내 상사의 예언은 빗나갔다. 결국 나는 마케팅 분야에서 성공했다. 그것도 그냥 성공이 아닌 엄청난 성공을 거두었다.

하지만 직장을 잃을 때마다 나는 엄청난 충격을 받았다. 홀로 가정의 생계를 책임지다가 해고를 당해 본 적이 있는 사람이라면 무슨 말인지 이해할 것이다. 뼈저린 패배감, 해고를 당하는 순간의 굴욕감, 새 직장을 찾지 못해 가족의 기본적인 생계마저 책임질 수 없을지 모른다는 두려움…. 이것들이 나를 무겁게 짓눌렀다. 크리스천으로서 나는 왜 하나님이 내 기도에 응답해 주시지 않는지 이해할 수 없었다. 아무리 노력해도 일이 잘 풀리질 않았다. 하지만 꽤 많은 세월이 흐른 뒤 마침내 내 직업적 분야의 가슴 아픈 실패들에서 보물을 찾기 시작하자 다이아몬드 하나가 아니라 다이아몬드로 줄줄이 엮은 목걸이가 발견되었다.

열 번째 일에 도전했을 때 나는 한 동업자와 작은 사업을 시작했다. 그는 5천 달러를 투자했고, 나는 우리가 확보한 상품의 판로를 개척했다. 그때 내가 개발한 텔레비전 광고와 마케팅 캠페인은 불과 5개월 만에 우리의 매출을 제로에서 한 주에 백만 달러(10억)까지 끌어올렸다. 이후 35년간 나는 수백 편의 광고와 수십 개의 마케팅 캠페인을 만들어 이 작은 사업체로 수십억 달러의 매출을 올렸다.

지금 와서 보면 나는 처음 아홉 개 직장에서 매번 새로운 기술을 익혔다. 이 아홉 가지 기술은 열 번째 일에서 성공하기 위해 꼭 필요한 것이었다. 나는 보물찾기를 통해 하나님이 나를 사랑하지 않아서 매번 직장에서 실패하게 하신 것이 아니라는 사실을 깨달았다. 사실 하나님은 늘 내 기도에 응답해 주고 계셨다. 다만, 그분의 타이밍과 방식대로 일을 이루셨을 뿐이다. 그분은 내가 새로운 직장에 들어갈 때마다 요청했던 작은 성공을 주시는 대신, 매번 실패를 통해 새로운 직장에 들어가 새로운 기술을 익히게 하셨다. 그렇게 아홉 가지 기술을 장착했을 때 마침내 열 번째 일을 다룰 준비가 되었다. 판매량과 순익에서 나의 작은 회사는 미국에서 가장 생산적인 회사가 되었다. 매출은 3백만 달러를 넘어섰고, 직원당 수익은 백만 달러에 달했다. 내가 재난이라고 생각했던 실패가 사실은 보물이었다. 내가 달라고 기도했던 것보다 훨씬 더 값진 보물이었다.

하나님은 내게 아홉 번의 작은 성공 대신, 수백만 명의 삶에 복을 더해 줄 하나의 거대한 성공을 주셨다. 내 모든 실패에서 보물찾기를 마쳤을 때 나는 당연히 내가 겪은 모든 해고에 대해 하나님께 진심으로 감사를 드렸다. 심지어 내가 온 부서의 직원들 앞에서 굴욕을 당했던 직장에 대해서도 하나님께 감사를 드렸다.

내가 처음 아홉 개 직장에서 발견한 숨은 다이아몬드는 다음과 같다.

◇ **직장 1 :** 중요한 판매 기술을 배우고, 고객의 특정한 니즈에 맞게 제품을 제시하는 법을 배웠다. 다른 사람들의 준거기준을 발견하고 어색한 순간의 침묵을 이용하는 법을 배웠다.

◇ **직장 2 :** 끈기와 뛰어난 기업가가 되는 법을 배웠다.

◇ **직장 3 :** 광고용 우편물과 신문 광고를 잘 쓰는 법을 배웠다.

◇ **직장 4 :** 3년 뒤 나의 동업자가 될 사람을 소개받았다. 나중에 그는 내 인생의 궤적을 송두리째 바꿔 놓고 내

게 상상도 할 수 없는 큰 성공의 기회를 제공하게
된다.

◇ **직장 5** : 시장 조사를 하는 법을 배웠다. 35명을 전도하고 3
년간 그들을 제자로 훈련시킬 수 있었다.

◇ **직장 6** : 대학교에서 배우지 않은 것들을 할 수 있다는 점을
깨달았다. 성공을 거두기 위해서는 타인과 잘 협력
할 줄 알아야 한다는 점을 깨달았다.

◇ **직장 7** : 카탈로그를 잘 만드는 법을 배웠다.

◇ **직장 8** : 나중에 함께 수십억 달러 규모의 사업체를 창업할
사람을 다시 소개받았다.

◇ **직장 9** : 제품 판매를 위해 텔레비전 광고를 제작하는 법을
배웠다. 텔레비전 마케팅 캠페인을 제작하고 관리
하는 법을 배웠다.

내 삶의 직업적 측면에서 발견한 보물 외에도 극심한 개인적 고
통 속에서도 보물을 발견할 수 있었다. 나는 아버지와 어머니의 죽
음, 그리고 절친한 친구들의 죽음으로 인한 슬픔에서 보물을 찾았
다. 아버지가 돌아가시기 전까지는 아버지를 잃은 친구들의 슬픔에
진정으로 공감하지 못했다. 나는 그런 일을 이성적인 눈으로만 바
라보았다. 예를 들어 '사람은 누구나 늙어서 죽어' 혹은 '잘 살다가
가셨어. 이제는 털고 일어설 때야'라고 생각했다. 이런 말이나 그 이

면의 태도에는 그 어떤 연민도 공감도 없었다. 그때는 아버지를 잃은 사람의 아픔과 감정을 전혀 이해하지 못한 것이다.

그러다 내 아버지가 돌아가시면서 변화가 일어났다. 나는 공감과 연민이라는 다이아몬드를 발견했다. 이제 친구가 아버지를 잃으면 꼭 찾아가 안아 주거나 하다못해 전화라도 해서 그의 슬픔에 귀를 기울인다. 내가 겪었던 일을 겪는 사람을 보면 진정으로 마음이 아프다. 이제 상대방은 내가 진심으로 공감하고, 부르면 언제라도 달려갈 준비가 되어 있다는 것을 안다.

최근 나는 코로나 확진으로 입원한 일에서 보물찾기를 했다. 몇 개의 10캐럿짜리 다이아몬드를 발견했다. 그 보물 중 하나는 하나님이 그분과의 관계와 내 사역에 관해 주신 통찰이었다. 다른 보물은 가족과 친구들에게서 분에 넘치는 사랑을 받은 것이다. 코로나를 통해 경험한 일에 대해 하나님께 진심으로 감사한다. 또 다른 보물은 이 땅에서 나의 시간이 유한하다는 사실을 절실히 깨달은 것이다. 남은 시간 동안 하나님이 주신 잠재력을 최대한 이루고 맡기신 일을 온전히 감당하기로 결심하게 되었다.

다이아몬드를 발견한 사람들

몇 달 전 나의 가족은 코스타리카에 우리 회사의 제품을 판매하는 대리점을 열지 고민하기 위해 회사의 본사를 방문했다. 그때 내가 이 책을 쓰고 있다는 이야기를 하자 스물네 살의 아들이 초고를 보여 달라고 했다. 초고의 책장을 넘기던 아들은 이번 장을 읽고서 내게 최근의 한 비극에서 보물을 찾는 일을 도와달라고 부탁했다. 1시간 뒤 따로 만난 아들은 몇 달 전에 절친했던 세 살 위의 형이 자살했다고 말했다. 다시 말하지만 죽은 사람은 보물찾기를 할 수 없다. 하지만 우리 아들이 친한 형의 죽음 이후 경험한 아픔에서는 보물을 찾을 수 있었다. 보물찾기를 마치고 나서 아들은 우리가 함께 찾은 놀라운 다이아몬드에 관해서 다른 가족들에게 이야기했다.

그러자 이번에는 어머니가 집에 갈 때 초고를 가져가고 싶다고 말씀하셨다. 그래서 나는 어머니에게 사본을 주었다. 2주 뒤 어머니에게서 극심한 시련 속에서 보물찾기를 한 결과 큰 변화를 경험하게 되었다는 편지를 받았다. 어머니는 처음으로 아버지의 '용서할 수 없는' 행동들을 용서할 수 있게 되었다. 어머니는 내게 그 이야기를 하며 한없이 기쁨의 눈물을 흘리셨다. 아버지는 어머니의 용서에서 크나큰 사랑과 연민을 보고서 아내에게 그런 사랑과 연민을 주신 하나님을 어떻게 하면 자신도 만날 수 있는지 물었다. 아버지는 죽어가고 있었다. 죽음을 불과 몇 주 앞두고서 아버지는 예수님을 구주로 영접하셨다.

이제 당신 차례다

당신의 지난 시련과 가슴 아픈 일에서 보물을 찾을 준비가 되었는가? 혹시 이렇게 묻고 싶은가? "내가 왜 그렇게 해야 하죠?" 혹은 "왜 굳이 지금일까요?" 답은 성경에 있다! 우리가 범사에 감사하는 것이 하나님의 뜻이기 때문이다(살전 5:18). 내 경우에는 상처와 시련에서 보물을 찾는 일을 시작하기 전까지는 그런 감사가 불가능했다. 물론 입으로는 언제든지 "주님, 감사합니다"라고 말할 수 있었다. 하지만 진심이 아닐 때가 너무도 많았다. 입술은 감사한다고 말하지만 마음은 전혀 감사하지 않았다. 하지만 보물찾기는 슬픔과 후회의 마음을 감사와 기쁨의 마음으로 변화시켜 주었다. 보물찾기를 배우고 실천하기 위해서는 약간의 시간과 노력이 필요하다. 하지만 크게 어렵지 않다. 그리고 할수록 더하고 싶어진다.

하나님은 감사로 충만한 마음을 키우는 일에서 당신이 협력하기를 원하신다. 모든 행복은 감사에서 흘러나온다. 감사하는 마음을 품지 않으면 진정한 행복과 기쁨을 누리는 것이 불가능하다. 반대로, 감사하는 마음을 품고 있으면 불행해지는 것이 불가능하다. 감사하는 마음은 우리를 더 행복하게 만들어 줄 뿐만 아니라 주변 사람들도 행복하게 해 준다. 잠언 17장 22절은 이렇게 말한다. "마음의 즐거움은 양약이라도 심령의 근심은 뼈를 마르게 하느니라." 감사는 우리를 더 행복하게 만들 뿐 아니라 건강한 삶을 살게 해 준다.

이것은 감사하는 마음을 길러야 하는 많은 이유 중 몇 가지일 뿐이다. 그리고 감사하는 마음을 보물찾기만큼 빨리 길러 주는 것도 없다. 또한 앞서 살폈듯이 보물찾기는 우리에게 상처를 준 사람을 더 쉽게, 더 진심으로 용서할 수 있게 해 준다. 보물찾기는 우리의 삶이 전진하고 비상하게 해 준다. 한편, 보물찾기의 목적은 자신의 고통을 별일 아닌 것처럼 축소하거나 정당화하는 것도 아니다. 고통을 누그러뜨리기 위함도 아니다. 보물찾기의 목적은 단순히 고통스러운 경험 속에 숨어 있는 특별한 보물을 찾는 일이다. 당신의 시련 속 보물이 삶의 큰 변화를 가져올 수 있다는 사실을 알고 믿는다면 언제라도 원할 때 보물찾기를 시작할 수 있다.

자, 준비가 되었는가? 네 단계밖에 되지 않는다. 첫째, 다음 쪽의 '들여다보기'에 당신이 경험한 시련이나 상처받은 경험을 적으라. 가장 먼저 떠오르는 일을 가장 위에 적고 그 일에 관해서 먼저 보물찾기를 하라. 최근 사건도 좋고 어린 시절처럼 아주 오래전의 일도 상관없다. 둘째, 각 시련에 대해서 그 일로 인해서 경험한 긍정적인 변화들을 나열하라. 예를 들어, 태도나 행동, 삶의 방향의 변화 등을 적으라. 셋째, 배우자나 친한 친구, 형제, 부모 혹은 장성한 자녀에게 그 경험에서 함께 보물을 찾아 달라고 부탁하라(이때 시간 제한을 둔다). 그들은 당신의 내면이나 삶의 방향에서 당신이 보지 못한 변화를 알아볼 가능성이 있다. 마지막으로, 나열한 모든 보물에 대해 하나님께 기도하고 감사하라. 그 보물을 탄생시킨 시련이나 역경에 관해서 하나님께 감사하라.

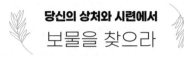

당신의 상처와 시련에서
보물을 찾으라

1. 지금 나의 상처나 시련은 무엇인가?

2. 이 시련을 통해 어떤 긍정적인 변화를 경험했는가?

3. 그 경험이 다른 사람을 대하거나 상호작용하는 방식에 어떤 영향을 미쳤는가?

4. 내 삶의 방향에 어떤 긍정적인 변화를 주었는가?

5. 태도에서 어떤 긍정적인 영향이나 변화가 나타났는가?
   (겸손, 연민, 공감, 감사, 친절, 용기, 믿음, 끈기 등)

The

Joseph

Principles

Part 2

시련, 형통한 삶의
도약대가 될 수 있다

2. 사무치는 외로움 속에 있다면

나를 떠나지도
버리지도 않는 분이 계시다

요셉의 원칙 2. 하나님은 우리를 떠나지도, 버리지도 않으신다

어떤 종류의 시련이든 그것을 겪는 순간에는 외로움을 느끼는 것이 정상이다. 많은 사람에게 둘러싸여서 사는 사람이라도 조용한 순간에는 외로움이 밀려오기 마련이다. 자신이 겪는 참을 수 없는 고통을 다른 사람은 알 수 없다고 느낄 때, 나를 제외한 주변 세상이 아무 일도 없었던 것처럼 정상적으로 돌아가고 있을 때 외로움은 가중된다. 자신만 속으로 죽어 가고 있다. 거의 모든 사람이 살면서 이런 고통을 여러 번 경험한다.

나도 여덟 살 때 이런 고통을 처음 느꼈었다. 리틀리그 야구에서 첫 삼진아웃을 당한 때였다. 그 뒤 여자 친구와 헤어질 때마다 이 고통을 다시 느꼈다. 열네 살 때, 오랫동안 함께하며 정이 깊이 들었던 강아지가 눈을 감고 다시 뜨지 않았을 때도 지독히 외로웠다. 나이를 먹을수록 이 고통은 점점 더 깊어지고 점점 더 떨쳐 내기 힘들어졌다. 직장에서 해고되고 사업에서 실패할 때마다 상심과 굴욕, 두려움이 찾아왔다. 마흔여섯 살에 아버지가 돌아가셨을 때 느낀 고통은 내가 그 전까지 알던 고통과는 차원이 달랐다. 그다음에는 아들 중 한 명이 폭발 사고로 거의 죽을 뻔했다. 그때의 고통은 더 깊었다.

그로부터 8개월 뒤, 다른 아들이 암 진단을 받았다. 그 고통은 죽을 만큼 힘들었다.

지난 몇 년 사이에 죽음은 나와 많은 친구들을 갈라놓았다. 그 중 가장 각별하게 친했던 친구의 죽음은 나를 지독한 외로움으로 몰고 갔다. 그는 바로 나의 오랜 벗 게리 스몰리다. 나에게 보물찾기에 관한 귀한 교훈을 가르쳐 준 그가 세상을 떠났다. 그는 세상 누구보다도 나를 격려해 주던 사람이었다. 내가 쓴 책은 거의 다 그의 권유로 집필한 것이었다. 43년 동안 그는 언제나 내게 필요한 답을 주었다. 그런 벗을 잃은 것은 전혀 새로운 차원의 고통이었다. 하지만 내가 겪은 다른 모든 상처와 마찬가지로, 큰 뒤집기(Big Flip)가 일어나는 것은 시간문제다. 그리고 다른 모든 경우와 마찬가지로, 복과 기적이 함께 왔다. 큰 뒤집기에 관해서는 다음 장에서 살펴보도록 하자. 이번 장에서 우리가 살필 질문은 "상심의 고통과 혼자라는 끔찍한 기분이 처음 찾아올 때 어떻게 이겨 낼 수 있는가?"이다. 그냥 방치하면 몇 달, 심지어 몇 년이 갈 수도 있는 이 상심과 외로움의 시기를 어떻게 헤쳐 나가야 하는가?

사무치는 외로움 속에도 당신은 혼자가 아니다

요셉은 형들의 손에 노예로 팔려갈 당시 열일곱 살이었다. 우리는 그의 마음속에 아버지가 믿는 하나님에 대해 진정한 믿음이 있었다고 가정할 수 있다. 그는 꿈과 그 꿈을 해석하는 능력이 자신이 믿고 예배한 하나님의 선물이라고 믿었다. 물론 그는 형들의 손에 노예로 팔리던 날, 하나님께 버림받은 기분을 느꼈을지도 모른다. 하지만 그것은 사실이 아니었다. 전능하신 하나님은 한시도 요셉의 곁을 떠나신 적이 없었다.

보디발의 노예가 되었을 때 요셉은 하나님이 함께하신다는 사실을 일말의 의심도 없이 확신했다. 성경은 요셉이 보디발을 위해 일하기 시작할 때 "여호와께서 요셉과 함께하시므로 그가 형통한 자가 되어"(창 39:2)라고 말씀한다. 다음 구절은 요셉이 맡은 일마다 번영하므로 심지어 주인도 하나님이 그와 함께하시는 줄 알았다고 말한다. 요셉이 거둔 성공이 너무도 놀랍고 특별해서 이교도인 주인조차도 요셉이 말한 하나님이 초자연적인 성공을 만들어 내셨다는 것 외에 다른 설명이 불가능하다고 인정할 수밖에 없었다.

나중에 요셉은 보디발의 아내에게 모함을 당해 감옥에 갇혔다(창 39:20). 그때도 여전히 하나님은 그와 함께하셨다. "여호와께서 요셉과 함께하시고 그에게 인자를 더하사 간수장에게 은혜를 받게 하시매"(21절). 그는 하나님을 볼 수 없었지만 그분이 감옥 안에서도 자신과 함께하신다는 사실을 알았다. 그래서 공포에 사로잡히거나 낙심하지 않고 모범수가 되어 간수장의 신임을 얻는다. 덕분에 간수장은 감옥의 제반 업무를 요셉에게 맡겼다. 성경을 보면 그곳에서도 요셉이 한 모든 일이 형통했다(22-23절).

당신은 요셉과 같은 초자연적인 평강과 성공을 경험한 적이 없는가? 어떠한 순간에도 분명 하나님은 당신을 버리지 않으셨다. "내가 결코 너희를 버리지 아니하고 너희를 떠나지 아니하리라"(히 13:5). 당신이 살면서 수없이 외로움을 느꼈다고 해도, 아니 지금 외로움을 느끼고 있다 해도, 하나님은 당신을 결코 혼자 두신 적이 없다. 하나님은 당신이 사랑하는 이들이 고통을 겪을 때도 그들을 버리신 적이 없다. 내가 그것을 어떻게 아는가? 당신과 나는 요셉에게서 무언가를 보고 있다. 그것은 요셉의 꿈과 해몽 능력보다 무한히 더 좋은 것이다. 그것은 우리의 느낌보다 훨씬 더 확실한 것이다. 바로 하나님의 영원하신 아들 주 예수 그리스도의 말씀과 가르침에 관한 기록이다.

참된 친밀함 속으로 들어가려면

예수님의 말씀에 따르면 당신과 나는 그분과의 참된 친밀함 속으로 들어가기 위해 필요한 모든 것을 갖추고 있다. 그리고 그분과의 참된 친밀함 속으로 들어가면 삶의 모든 것, 심지어 가장 가슴 아픈 사건조차도 우리를 옭아매는 힘을 잃는다. 하지만 그분과의 이런 친밀함 속으로 들어가려면 먼저 몇 가지 질문에 답해야 한다. 단순히 머리로 답하고 고개를 끄덕이는 것이 아니라 가슴속에서 우러나온 답이어야 한다.

잠시 멈춰서 기도하기를 바란다. 하나님이 진짜이신지 그분께 물어보라. 예수님이 정말로 그분의 영원하신 아들인지 물어보라. 당신이 그분께 정말로 중요한 존재인지 물어보라. 당신을 진정으로 사랑하시는지 물어보라. 지금 이 순간에도 당신과 함께하시는지 물어보라. 이런 질문에 대한 답을 확신할 수 없거든 기도로 그 사실을 솔직히 아뢰라. 확신하지 못하겠다고, 잘 모르겠다고 고백하라. 하나님은 솔직한 말에 기분 나빠하시지 않는다.

물론 상처로 신음하고 있을 때는 기도하기가 힘든 줄 안다. 그렇다면 다음에 나온 기도를 드리기를 바란다. 이 기도에 뭐든 원하는 대로 덧붙여도 좋다. 한 문장씩 집중해서 기도하라. 이 기도를 할 때 뭔가 느껴질 수도 있고, 느껴지지 않을 수도 있다. 답을 속삭이시는 하나님의 음성을 들을 수도 있고, 그렇지 않을 수도 있다. 지금 중요한 것은 솔직하고 투명해지는 것이다.

하나님, 당신은 진짜이십니까?
지금 여기에 저와 함께하십니까?
예수님이 정말로 당신의 영원한 아들이십니까?
하나님, 제가 정말로 당신께 중요한 존재입니까?
저를 정말로 사랑하십니까?
당신이 진짜인지 알고 싶습니다.
예수님이 정말로 당신의 아들인지 알고 싶습니다.

당신이 정말로 지금 저와 함께하시는지 알고 싶습니다.

하나님, 이 모든 것에 대한 답을 알고 싶습니다.

이 모든 것이 사실이라면 제가 당신의 아들을

믿고 따를 믿음을 주십시오.

하나님, 당신을 친밀히 알고 싶습니다.

아멘.

이 기도를 한 번만 읽어야 할 수도 있고 여러 번 읽거나 기도해야 할 수도 있다. 하지만 어떤 경우든 당신이 진리를 진정으로 알고자 한다면 장담컨대 이 책을 읽는 동안 하나님이 반드시 진리를 밝혀 주실 것이다. 그분의 아들을 믿는 마음과 그 아들을 따를 마음과 용기를 주실 것이라 확신한다. 예수님이 직접 그렇게 약속해 주셨기 때문이다. "구하라 그리하면 너희에게 주실 것이요 찾으라 그리하면 찾아낼 것이요 문을 두드리라 그리하면 너희에게 열릴 것이니 구하는 이마다 받을 것이요 찾는 이는 찾아낼 것이요 두드리는 이에게는 열릴 것이니라"(마 7:7-8).

이 얼마나 놀라운 약속인가. 구하고 찾고 두드리면 받고 찾고 문이 열릴 것이다. 예수님은 그저 구하고 찾고 두드리는 모든 사람에게 이 약속을 주신다. 그러고 나서 또 다른 약속과 놀라운 계시를 주신다. "너희 중에 누가 아들이 떡을 달라 하는데 돌을 주며 생선을 달라 하는데 뱀을 줄 사람이 있겠느냐 너희가 악한 자라도 좋은 것으로 자식에게 줄 줄 알거든 하물며 하늘에 계신 너희 아버지께서 구하는 자에게 좋은 것으로 주시지 않겠느냐"(마 7:9-11). 그분의 놀라운 계시는 하나님이 당신에게 좋은 선물을 주기 원하신다는 것이다. 그분은 육신의 부모, 아니 당신 자신보다도 더 당신을 사랑하신다.

그분이 이런 약속을 주셨다는 사실을 알고 나면 앞서 소개한 간단한 기도를 다시 드리고 싶어질 것이다. 그리고 그분의 말씀이 단순한 정보와 진리 이상의 것을 준다는 사실을 (전에 발견하지 못했다면) 이 책에서 발견하게 될 것이다. 그분은 이렇게 말씀하셨다. "내가 너희에게 이른 말은 영이요 생명이라"(요 6:63). 따라서 그분의 말씀에는 말 그대로 그분의 영을 우리의 영에, 그분의 생명을 우리의 삶에 부어 주는 힘이 있다. 그분의 말씀은 우리의 마음속에 그 어떤 말도 이르지 못하는 구석까지 이른다. 이것이 예수님이 이렇게 말씀하신 이유이다. "너희가 내 말에 거하면 참으로 내 제자가 되고 진리를 알지니 진리가 너희를 자유롭게 하리라"(요 8:31-32). 예수님의 말씀은 포로 된 자들을 해방시키고 절망에 빠진 자들을 깊은 억압의 구덩이에서 끌어올린다. 지금 이 사실을 믿지 못하겠더라도 초조해하지 말라. 이 책을 다 읽고 나면 믿게 될 것이다.

기적의 약속을 붙들라

예수님이 제자들에게 80개 이상의 약속을 주셨다는 사실을 아는가? 그분을 따르기로 선택하면 이 모든 약속이 우리의 것이 된다.

그런데 대부분의 약속은 조건부이다. 예수님은 간단한 조건이나 필수적인 믿음의 행위를 제시하신 다음, 그대로 따르면 특정한 유익이 따를 것이라고 약속하신다. 예를 들어, 요한복음 8장 31-32절을 보면 제자가 되는 것, 진리를 아는 것, 해방되는 것에 관한 약속에 한 가지 간단한 조건이 붙는다. "너희가 내 말에 거하면." 예수님의 말씀 안에 거한다는 것은 그분이 하신 말씀을 찬찬히 읽고 우리의 일상적인 태도와 행동에 적용한다는 뜻이다. 현재나 과거의 힘겨운 상황이 계속해서 상처나 부담이 되고 있는가? 여기서 예수님의 약속은 그분의 말씀을 듣고 행하면 당신을 짓누르고 있는 그 상처와 짐에서 해방된다는 것이다.

예를 들어, 현재 외로움에 시달리고 있는가? 예수님은 이렇게 약속하셨다. "내가 결코 너희를 버리지 아니하고 너희를 떠나지 아니하리라"(히 13:5). 현재 상처로 신음하고 있는가? 삶의 무게가 버거운가? 낙심했는가? 우울감에 빠져 있는가? 예수님은 이렇게 약속하셨다. "수고하고 무거운 짐 진 자들아 다 내게로 오라 내가 너희를 쉬게 하리라 나는 마음이 온유하고 겸손하니 나의 멍에를 메고 내게 배우라 그리하면 너희 마음이 쉼을 얻으리니 이는 내 멍에는 쉽고 내 짐은 가벼움이라"(마 11:28-29). 이러한 구절에서 예수님은 우리를 버리거나 떠나지 않고 우리에게 등을 돌리지 않을 것임을 약속하신다. 예수님은 다가오는 우리를 밀어내지 않을 것이라고 약속하신다. 예수님은 우리가 상처로 신음하거나 무거운 짐에 허덕일 때 그분께로 나오면 우리의 고통을 덜고 우리의 짐을 벗겨 줄 것이라고 약속하신다. 예수님은 우리가 "내게 배우"면 이해력을 주고(29절) 우리의 문제를 온유하고 겸손하게 다루어 줄 것이라고 약속하신다. 일반적인 상담자들과 달리 예수님은 시계를 쳐다보며 "시간이 다되었네요. 다음 주에 봅시다"라고 말씀하시지 않는다. 그분은 사실상 이렇게 말씀하신다. "어서 들어와서 푹 쉬어라. 너에게 필요한 모든 시간과 이해와 도움을 줄 것이다. 사실 네 짐을 짊어질 때 내 힘을 사용할 수 있다. 너는 그냥 쉬어라. 무거운 짐은 내가 다 들어 줄 테니."

이는 예수님이 우리에게 주시는 80개 이상의 약속 중 몇 가지에 불과하다. 이 약속들을 무시하고 있는가? 이 약속들을 듣기는 하되 믿지는 않고 있는가? 아니면 이 약속들을 듣고 믿고 그에 따라 행동하려는가? 선택은 당신의 몫이다. 이 약속들을 어떻게 할지는 당신에게 달려 있다. 이 약속들을 배우고 그에 따라 행동하면 믿음이 자라고 기적이 나타날 것이다.

3. 미움과 시기 속에 있다면

똑같은 상처로 되갚아 주고 싶은
마음을 내려놓다

요셉의 원칙 3. 사랑의 하나님이 우리 삶을 주관하심을 신뢰하라

교회에 다니는 사람이라면 누구나 요셉과 그 형들의 이야기를 잘 알 것이다. 그 이야기에는 교훈이 가득하다. 주일학교 교사와 목사들이 이 이야기를 즐겨 예화로 사용하는 이유가 있다. 요셉의 이야기에서 우리는 시기와 질투와 미움이 일으킨 참극을 볼 수 있다.

　요셉은 하나님을 굳게 믿고 반듯한 인격을 지닌 젊은이였다. 그는 도덕적 타협을 거부한 탓에 박해를 받고 감옥에까지 들어갔다. 하지만 하나님은 요셉의 핍박과 역경을 통해 그의 삶뿐만 아니라 그가 영향을 미친 사람들의 삶 속에서 기적의 변화를 이끄셨다. 그리고 남다른 믿음으로 인해 변함없이 의로운 길로만 걸어갔다. 그리고 하나님의 놀라운 주권을 굳게 믿었기에 미움 가득한 형들과 주인(보디발)의 악한 아내가 가져온 지독한 고통 속에서도 오히려 감사할 수 있었다. 마지막으로 우리는 그가 형들을 용서하는 모습을 본다. 이 이야기에서 우리는 아버지의 죽음에 가슴 아파하는 요셉의 모습을 본다. 그리고 형들을 용서한다. 그것은 형들이 용서받을 만했기 때문이 아니다. 심지어 그들이 회개했기 때문도 아니다. 그것은 요셉이 삶의 모든 면에 대한 하나님의 사랑과 주권을 굳게 믿었기 때문에 가능한 일이었다.

창세기 50장에 기록된 이 이야기의 클라이맥스를 재빨리 살펴보자. 이것은 요셉이 사랑하는 아버지가 죽은 직후에 벌어지는 상황이다. "요셉의 형제들이 그들의 아버지가 죽었음을 보고 말하되 요셉이 혹시 우리를 미워하여 우리가 그에게 행한 모든 악을 다 갚지나 아니할까 하고 요셉에게 말을 전하여 이르되 당신의 아버지가 돌아가시기 전에 명령하여 이르시기를 너희는 이같이 요셉에게 이르라 네 형들이 네게 악을 행하였을지라도 이제 바라건대 그들의 허물과 죄를 용서하라 하셨나니 당신 아버지의 하나님의 종들인 우리 죄를 이제 용서하소서 하매 요셉이 그들이 그에게 하는 말을 들을 때에 울었더라 그의 형들이 또 친히 와서 요셉의 앞에 엎드려 이르되 우리는 당신의 종들이니이다 요셉이 그들에게 이르되 두려워하지 마소서 내가 하나님을 대신하리이까 당신들은 나를 해하려 하였으나 하나님은 그것을 선으로 바꾸사 오늘과 같이 많은 백성의 생명을 구원하게 하시려 하셨나니 당신들은 두려워하지 마소서 내가 당신들과 당신들의 자녀를 기르리이다 하고 그들을 간곡한 말로 위로하였더라"(창 50:15-21).

요셉 원칙들의 기초는 간단하다. 그것은 요셉의 다음 말에서 발견된다. "당신들은 나를 해하려 하였으나 하나님은 그것을 선으로 바꾸사"(20절). 이 구절은 쉽게 외울 수 있으나 대부분의 사람들은 이 말씀을 마음으로 믿지 않음을 태도와 행동으로 알 수 있다. 예수님은 우리의 행동이 머릿속에 품은 의견이나 신념이 아닌 마음의 믿음에서 나온다고 가르쳐 주셨다(마 15:18). 이것이 우리의 행동이 머릿속에서 품고 말로 공언하는 신념과 상반된 경우가 많은 이유다. 우리는 대부분 전능하신 하나님의 사랑과 주권을 믿는다고 말하지만 행동은 전혀 딴판인 경우가 많다. 예수님의 정의에 따르면 행동은 우리가 마음속에서 진정으로 믿는 것의 표현이다.

하나님이 주권적이시며 우리를 그 누구보다 더 사랑하신다고 진정으로 믿는다면, 극심한 역경 속에서도 초자연적인 평강과 기쁨을 누릴 수 있다. 우리에게 큰 상처를 준 사람들을 진정으로 용서할 수 있는 기적을 경험하게 된다. 주 예수 그리스도의 아버지이신 하나님의 사랑과 주권을 믿고 감사하는 마음에서 놀라운 평강과 기쁨과 용서가 생수의 강처럼 흘러나온다(요 7:38). 혹시 당장 이렇지 않다고 해도 초조해하지 말라. 이 책을 다 읽고 덮을 즈음에는 이렇게 될 것이다.

요셉 이야기의 요점들을 다시 정리해 보자.

첫째, 시기와 질투를 재빨리 다루지 않고 방치하면 미움으로 발전하고, 그 미움이 사람의 마음을 지배해 살인의 영에서 비롯한 끔찍하고 악한 행동을 낳는다. 형들은 요셉을 죽이려던 애초의 계획을 바꾸었지만, 예수님의 기준에 따르면 요셉을 노예로 팔고 아버지에게는 그가 짐승에게 죽임을 당했다고 거짓말한 것은 똑같은 살인적인 영에서 비롯한 것이었다.

둘째, 형들이 자신을 노예로 파는 악행을 저질렀음에도 요셉의 마음속에는 분노나 원망이나 복수심이 오랫동안 남아 있지 않았다. 그의 마음속에는 하나님을 향한 원망이나 반항심도 없었다. 노예로 팔려갈 때도 그의 마음은 변함없이 하나님을 향해 있었다. 일반적인 사람들은 하나님에 대한 믿음을 버리고 그분께 등을 돌렸겠지만 그는 그러지 않았다. 그는 하나님의 사랑과 주권을 계속해서 믿었고, 변함없는 순종으로 그 믿음을 증명해 보였다.

셋째, 요셉의 마음은 형들에 대한 미움이나 복수심이 아닌 연민으로 가득했다.

넷째, 요셉은 형들이 자신에게 절을 하는 것을 바라지 않았다. 형들이 자신을 두려워하는 것도 원치 않았다. 그것은 자신이 한낱 인간일 뿐이고 심판과 경의, 항복은 오직 하나님께만 속한 것임을 알았기 때문이다.

다섯째, 요셉은 평생 자신이 겪은 끔찍한 시련과 악행이 어디까지나 하나님의 완벽하고도 사랑 가득한 주권적인 뜻 안에서 일어난 것임을 진정으로 믿었다.

여섯째, 요셉은 형들을 완전히 용서했다. 그것은 그들이 용서를 받을 만했기 때문이 아니라 그가 하나님과 그분의 주권을 믿었기 때문이다. 수십 년의 기간 동안 그는 하나님이 형들의 악행을 통해 이루어 주신 기적적인 결과들을 경험했다. 덕분에 그와 그의 가족만

이 아니라 애굽과 이스라엘 사람들이 굶주림에서 벗어났다.

일곱째, 요셉은 형들을 진정으로 용서했기 때문에 그들과 그들의 자손에게 자비와 사랑과 축복을 베풀 수 있었다.

여덟째, 요셉의 마음속은 하나님의 은혜에 대한 감사로 가득했기 때문에 형들을 판단하거나 정죄하거나 따끔하게 훈계하지 않고 오히려 선한 말로 그들을 위로할 수 있었다.

시기와 미움이 우리 운명을 바꾸게 하지 말라

한편, 요셉의 놀라운 믿음과 거기서 비롯한 행동은 전혀 자연스럽지 않다. 그런 반응은 인간의 본성 혹은 자연스러운 성향에서 비롯한 것이 아니다. 오히려 그것은 인간의 본성과 철저히 어긋나는 행동이다. 누군가 상처를 주면 똑같은 상처로 갚아 주려고 하는 것이 우리의 자연스럽고도 즉각적인 반응이다. 누군가 우리에 관한 험담을 하면 똑같이 그에 관한 험담을 하게 된다. 이것이 이기적인 인간 본성이다. 요셉의 믿음과 거기에서 비롯한 삶과 행동은 인간 본성과 상반된 것이었다. 하지만 이것이 성령께는 지극히 자연스러운 일이다.

이어지는 장들을 보면 요셉 원칙들이 예수님의 가르침을 완벽하게 반영하고 있다는 점을 알 수 있을 것이다. 또한 예수님이 요셉 원칙들을 사용해 우리 마음을 변화시킬 수 있도록 우리에게 구체적인 단계들을 주셨다는 점도 알 수 있다. 물론 이 일은 하나님의 도움과 은혜, 성령의 역사를 통해서만 가능하다. 그리스도의 가르침에서 발견되는 이 단계들을 밟으면 스트레스가 평강으로, 슬픔이 말할 수 없는 기쁨으로, 혼란이 불가해한 이해와 인도하심으로, 두려움이 용기로, 의심이 초자연적인 믿음으로 바뀐다. 하나님에 대해서 느꼈던 모든 거리감이 사라지고 매순간 그분의 임재를 친밀하게 경험하게 된다. 무엇보다도 성부 및 성자와의 진정한 친밀함 속으로 들어가게 된다. 성령이 우리의 삶을 철저히 다스림으로 사랑과 희락과 화평과 오래 참음과 자비와 양선과 충성과 온유와 절제의 열매를 맺게 된다(갈 5:22-23).

세 번째 요셉 원칙은 매우 간단하다. 그것은 시련 속에서도 하나님의 영광스러운 주권과 우리를 향한 비할 데 없는 사랑을 믿는 것이다. 그리고 그분의 사랑과 주권에 대한 참된 믿음에서 그에 상응하는 태도와 행동이 흘러나온다. 요셉의 말에서 이런 믿음이 분명히 엿보인다. "당신들은 나를 해하려 하였으나 하나님은 그것을 선으로 바꾸사"(창 50:20). 다시 말해, 누군가 미움을 품고서 우리에게 상처가 되는 말이나 행동을 한다 해도 그의 악행은 우리의 삶 속에서 하나님의 뜻을 뒤엎고 우리의 영원한 운명을 바꿀 힘이 없다. 이 요셉 원칙은 미움으로 우리를 해치려고 벌인 일조차도 하나님의 완벽한 뜻을 이루기 위한 그분의 도구로 사용된다는 점을 보여 준다. 남들의 악행조차 우리에게 유익할 뿐 아니라 하나님과 그분의 나라에 영광이 되는 결과를 낳게 된다.

나는 이 원칙의 속성들 중 하나에 대해서 '큰 뒤집기'라는 표현을 즐겨 사용한다. 성경에서 이 속성이 펼쳐지는 것을 계속해서 볼 수 있다. 사탄과 그의 졸개들, 그들에게 지배당하는 자들이 악한 일을 벌이면 하나님은 그 일을 뒤집어 좋고 놀라운 뭔가를 이끌어 내신다. 우리가 상상할 수 있는 것보다 훨씬 더 좋은 뭔가를 만들어 내신다. 이것이 바울이 자신 있게 말하는 이유다. "우리가 알거니와 하나님을 사랑하는 자 곧 그의 뜻대로 부르심을 입은 자들에게는 모든 것이 합력하여 선을 이루느니라"(롬 8:28).

하나님이 허락하시지 않으면 그 어떤 악도 우리에게 오거나 우리를 덮칠 수 없다. 그리고 하나님이 악을 허락하실 때 그 악을 사용해 우리를 위한 놀라운 일을 행하신다. 이생에서 혹은 내세에 우리에게 유익이 될 숨은 보물을 만들어 내신다(마 13:44).

하나님이 행하신 큰 뒤집기

구약의 아브라함, 야곱, 모세, 욥, 다윗, 다니엘, 요나, 에스더를 비롯한 수많은 사람의 삶 속에서 '큰 뒤집기'를 볼 수 있다. 마찬가지로 신약에서도 간음 현장에서 잡힌 여인과 우물가 여인의 삶이 큰 뒤집기를 보여 준 예다. 베드로와 바울을 비롯한 예수님의 제자들의 삶에서도 큰 뒤집기를 볼 수 있다. 물론 가장 큰 뒤집기는 그리스도의 삶 속에서 나타난다.

예수님은 모함을 받아 잘못된 판결을 받고 십자가에서 끔찍한 처형을 당하셨다. 분명 사탄과 그 졸개들은 메시아를 성공적으로 죽이고 하나님의 계획을 무산시켰다며 기뻐했을 것이다. 하지만 큰 뒤집기가 나타났다. 예수님이 무덤에서 일어나셨고 그분의 십자가 죽음은 죄인들이 영원한 형벌과 죄의 결과에서 구원을 받는 수단이 되었다. 그분의 십자가 사역은 하나님의 어린 양이 우리의 죄를 흡수하고 사하는 수단이 되었다. 그리고 그분의 완벽한 의가 우리의 것이 되었다.

그로 인해 이제 우리는 하나님 앞에서 거룩하고 흠 없는 신부가 되었다. 바울은 이 일을 이렇게 설명한다. "하나님이 죄를 알지도 못하신 이를 우리를 대신하여 죄로 삼으신 것은 우리로 하여금 그 안에서 하나님의 의가 되게 하려 하심이라"(고후 5:21). 사탄과 인류가 저지른 역사상 가장 큰 악이 뒤집혀서 하나님의 가장 큰 기적이 되었다. 깨끗해져서 하나님께 받아들여질 일말의 희망조차 짓밟으려고 벌인 일이 오히려 인간을 깨끗하게 하고 그리스도를 믿는 자들에게 그분의 의미를 주기 위한 하나님의 도구가 되었다.

하나님이 행하시는 큰 뒤집기는 성경 시대만큼이나 지금도 자주 일어난다. 사실, 큰 뒤집기는 내가 아는 모든 그리스도의 제자에게 일어났다. 그 일은 우리와 주변의 모든 사람에게 일어나고 있다. 하지만 안타깝게도 우리는 대개 그 일을 보지 못한다. 우리는 그 일을 눈여겨보지 않고 넘어가기 때문에 그에 따르는 기적을 놓친다. 하지만 삶 속에서 그 일을 한 번 보고 예수님의 인도하심을 따르면 그로 인해 나타나는 기적은 우리를 놀라게 할 뿐 아니라 주 예수 그리스도와 우리의 하늘 아버지께 영광이 된다. 하나님의 주권과 사랑을 믿으면 믿음의 태도와 행동이 나오고 남들에게 사랑의 행동과 태도를 보이게 된다.

내 인생도 완전히 변할 수 있다

마이라 와팅거(Myra Wattinger)는 결혼했다가 이혼했지만 아이를 가진 적은 없었다. 그녀의 직업은 호스피스 간호사였다. 그녀는(당시 40세) 자신이 돌보던 노인의 집에서 기거하고 있었다. 그런데 어느 날 밤, 알코올 중독자인 그 노인의 아들이 방으로 들어와 그녀를 강간했다. 설상가상으로 그녀는 그 일로 인해 임신까지 하게 되었다. 그녀는 휴스턴의 병원에 가서 낙태를 요청했다. 하지만 생명은 귀하다고 믿는 의사가 거부하는 바람에 그녀는 한 가톨릭 병원의 자선 시설에서 아들 제임스(James)를 출산했다. 그녀는 아이를 원하지 않았고 그 아이를 부양할 능력도 없었다. 그래서 지역 신문에 광고를 냈고, 얼마 뒤 그 아이를 입양할 부부가 나타났다.

5년 뒤 마이라는 마음이 바뀌어 그 부부를 찾아가 아들 제임스를 돌려 달라고 말했다. 제임스는 그 일이 인생에서 가장 충격적인

사건 중 하나였다고 말했다. 침대 아래에 숨어 있던 그는 친모에게
질질 끌려가면서 손톱으로 나무 바닥을 긁었던 손끝의 느낌이 여전
히 생생하다고 말했다. 그는 자신이 알던 유일한 부모와 생이별을
했다. 그렇게 나온 모자는 히치하이킹을 통해 오스틴까지 280킬로
미터를 이동했다. 그들은 지독한 가난 속에서 살면서 이후 십 년 동
안 15번이나 이사를 했다.

십대 시절 제임스는 무가치하고 형편없는 삶을 살았다. 그러다
가 그 인생에 큰 뒤집기가 일어났다. 마이라는 제임스에게 십 년 전
강제로 떠나온 사랑 많은 양부모에게 한 주간 다녀오라고 말했다.
제임스가 양부모의 집에 나타났을 때 그 부부는 한없이 눈물을 흘렸
다. 어느 날 밤, 부부는 제임스를 교회에 데리고 갔고 거기서 제임스
는 일생일대의 결심을 했다. 그는 예수님을 구주로 영접하고 평생
그분을 따르겠노라 결단했다.[1]

그로부터 오래지 않아, 그의 어머니를 강간했던 알코올 중독자
가 모자의 삶에 다시 나타났다. 그는 마이라의 목을 졸랐다. 마이라
가 기절하자 그는 그녀가 죽은 줄로 생각했다. 이어서 그는 제임스
의 방으로 들어가 그를 죽이겠다고 위협했다. 제임스는 자신을 방
어하기 위해 총을 집어 그를 겨누었다. 그가 한 발자국이라도 더 다
가오면 제임스는 방아쇠를 당길 생각이었다. 다행히 남자는 욕만
하고 다가오지 못했다. 그렇게 제임스는 경찰이 도착해 체포할 때
까지 그를 붙잡아둘 수 있었다.[2]

마이라가 강간을 당할 때 필시 사탄과 그 졸개들은 서로 기뻐했을 것이다. 제임스가 방탕한 어린 시절을 보내고 자신의 친부를 죽일 뻔했을 때도 놈들은 신이 나서 덩실덩실 춤을 췄을 것이 분명하다. 하지만 놈들은 큰 뒤집기를 막을 수 없었다. 3년 뒤 18세가 된 제임스는 하나님이 자신을 목회자로 부르신다는 사실을 느꼈다. 그는 20세가 되었을 때 온 도시에서 전도 활동을 벌였다. 제임스 곧 제임스 로비슨(James Robison)의 사역을 통해 수백만 명이 예수 그리스도께 삶을 바쳤다.[3]

나중에 그는 국제 라이프 아웃리치(Life Outreach International)를 통해 개발도상국에서 가난한 자들을 섬기는 사역을 했다. 음식을 제공하고 우물을 파는 그의 사역을 통해 5백만 명 이상이 목숨을 건졌다. 또한 그는 홈스 포 라이프(Homes for Life) 프로그램을 통해 아시아와 아프리카, 중남미, 동유럽의 수많은 국가에서 수많은 고아들에게 아름다운 집을 선사했다.[4] 그렇다. 큰 뒤집기는 지금도 벌어지고 있다. 누군가 우리를 해하려고 벌인 짓을 하나님이 선으로 바꾸시는 일이 지금도 계속해서 일어나고 있다(창 50:20).

이것은 요셉 원칙들의 기초인 큰 뒤집기를 보여 주는 무수히 많은 이야기 중 하나일 뿐이다. 하지만 이 이야기가 감동에서 그치면 안 된다. 이 놀라운 원칙이 우리의 삶과 우리가 사랑하는 사람들의 삶을 변화시킬 수 있다고 믿는 것이 중요하다. 내 삶 속의 충격적인 일과 시련 속에서 하나님이 큰 뒤집기를 행하실 수 있다고 믿으면 그 어떤 고통도 평강과 확신으로 인내할 수 있다.

나의 아들 중 한 명이 이번 장을 읽다가 물었다. "큰 뒤집기를 경험하지 못하는 사람들은 어떻게 되는 건가요? 이를테면 홀로코스트 희생자들처럼 구함을 받지 못한 사람들은요?" 내 대답은 간단하다. 대개 우리는 현재의 생에서 일어나는 일만 본다. 하지만 하나님의 주권과 사랑은 죽음 이후의 삶으로까지 연결된다. 참새 한 마리도 하나님 사랑의 뜻에서 벗어난 상태에서는 땅바닥에 떨어지지 않으며, 하나님은 주권적인 사랑과 연민을 영원토록 펼치실 수 있다. 남들의 잘못을 바로잡는 하나님의 역사는 꼭 한 사람이 이 땅에서 사는 짧은 시간 동안에만 이루어지는 것이 아니다. 하나님께는 큰 뒤집기를 행하실 영원의 시간이 있다. 예수님은 이 점을 분명히 지적하셨다. "인자로 말미암아 사람들이 너희를 미워하며 멀리하고 욕하고 너희 이름을 악하다 하여 버릴 때에는 너희에게 복이 있도다 그날에 기뻐하고 뛰놀라 하늘에서 너희 상이 큼이라"(눅 6:22-23).

이 땅에서 우리의 삶은 하나님의 영원이라는 방대한 해변의 모래 한 알에 불과하다. 바울은 이렇게 썼다. "하나님이 자기를 사랑하는 자들을 위하여 예비하신 모든 것은 눈으로 보지 못하고 귀로 듣지 못하고 사람의 마음으로 생각하지도 못하였다"(고전 2:9).

4. 걱정과 두려움 속에 있다면

하나님과 함께
현재 속에서 살라

요셉의 원칙 4. 하나님과 함께 사람들과 더불어 현재를 살라 걱정과 두려움을 얼마나 자주 느끼는가? 당신이 대부분의 사람들과 같다면 "너무 자주"라고 대답할 것이다. 대개 걱정이나 두려움, 스트레스는 다른 생각의 등을 타고 우리의 마음속으로 들어온다. 혹은 우리가 보거나 들은 무언가에 대한 반응으로 나타난다. 안타깝게도 그런 걱정과 두려움은 순식간에 우리의 마음을 장악하고 우리의 관심을 온통 사로잡게 된다.

슬픔이나 후회가 얼마나 자주 이런 식으로 당신의 마음을 사로잡는가? 먼저, 이런 것이 우리의 마음속에 들어온다. 그리고 부지불식간에 이것들이 우리의 마음을 온통 차지하고는 강한 감정들을 불러일으킨다. 후회와 슬픔은 기억이나 노래, 향기, 장소 등 우리가 보고 듣는 거의 모든 것을 통해 발동할 수 있다. 이것들은 불과 몇 초 만에 우리의 마음과 감정을 장악하여 비탄이나 절망, 심지어 우울증으로 몰아간다.

나의 귀한 크리스천 친구들이 내게 "그만 걱정해!"라고 권면한 적이 얼마나 많은지 모른다. 그들은 다음과 같이 말했다. "성경에서 두려워하지 말라고 계속해서 말하고 있잖아." 혹은 예수님의 명령을 상기시켰다. "두려워하지 말고 믿기만 하라"(막 5:36). 혹은 바울의 권고를 상기시키기도 했다. "아무것도 염려하지 말고"(빌 4:6, 요 14:27). 그들은 믿음과 걱정은 서로 정반대의 것이고 우리의 마음을 동시에 차지할 수 없으니 걱정을 믿음으로 대체하라고 말했다.

또 내가 슬퍼할 때면 그들은 "힘내"나 "이겨내" 혹은 "그냥 털어버려"라고 말했다. 하지만 어떻게 해야 그렇게 할 수 있는지를 말해 주는 사람은 아무도 없었다. 물론 그들은 "기도해" 혹은 "주님을 믿어"와 같은 조언을 했다. 물론 그들은 나를 사랑하는 마음에서 그런 조언과 격려를 한 것이었다. 하지만 누구도 내게 하나님을 믿는 방법을 알려 주지 않았다.

걱정과 후회의 리셋 버튼

요셉은 걱정, 두려움, 후회, 슬픔이 밀려올 때마다 사용할 수 있는 리셋 버튼을 갖고 있었다. 그가 그 버튼을 누르자마자 그 모든 짐은 그의 마음과 정신에 대한 지배력을 일순간에 잃었다. 그 모든 짐은 더 이상 한눈을 팔도록 그의 집중력을 방해할 수 없다. 그 모든 짐은 더 이상 그의 온 마음을 갉아먹을 수 없다. 그 모든 짐은 더 이상 그의 감사나 하나님을 향한 사랑이나 도덕성을 약화시킬 수 없었다. 그의 리셋 버튼은 이토록 강력했다. 나도 이 버튼을 이해하고 사용하고 싶었다.

안타깝게도 요셉은 이 리셋 버튼을 매일 사용면서도 우리에게 그 사용법을 보여 주지 않았다. 하지만 예수님은 이 버튼을 밝혀 주실 뿐 아니라 그것을 어떻게 눌러야 하는지를 정확하게 알려 주셨다. 사실, 예수님은 걱정이나 두려움, 스트레스, 슬픔, 후회가 우리의 마음속에 들어올 때마다 그런 방식으로 버튼을 누르라고 명령하셨다. 하지만 리셋 버튼과 그 사용법을 살펴보기 전에 먼저 당신에게 두 가지 질문을 던지고 싶다.

> 질문 1. 지금 당신이 걱정하고 있는 한 가지 혹은 당신이 지난 24시간 동안 걱정했던 한 가지는 무엇인가? 그것은 밤잠을 설치면서 걱정했던 것일 수도 있고 낮에 계속해서 생각했던 것일 수도 있다. 어쩌면 한 가지가 아닐 수도 있다. 주기적으로 당신을 괴롭히는 걱정이나 두려움이 여러 개일 수도 있다.
>
> 질문 2. 숨이 턱 막히고 맥이 풀리게 만드는 슬픔이나 후회는 무엇인가? 이번에도 하나가 아니라 여러 개라면 그 모든 것에 관해서 생각해 보라.

노트나 종이에 두 가지 질문에 대한 답을 적어 보라. 많은 시간을 들일 필요가 없다. 잠시 잠깐, 몇 분간 생각하고서 답을 적으라. 이 활동은 매우 중요하다. 따라서 이 활동을 마치기 전까지는 이 책을 다시 펴지 말라. 쓰기를 마친 뒤에는 노트나 종이를 옆에 두고서 이 쪽을 다시 펴라.

미래에 고정된 시선, 걱정과 두려움을 가져오다

이제 당신이 적은 것을 보라. 당연한 말을 해서 미안하지만 당신이 쓴 모든 걱정과 두려움은 보통 미래에 관한 것이다. 그 미래는 지금부터 10분 뒤일 수도 있고, 지금부터 3주 뒤 혹은 3개월 뒤일 수도 있다. 타이밍에 상관없이 우리의 걱정과 두려움은 모두 미래에 관한 것이다. 그것들은 현재에 관한 것이 아니다.

과거에 고정된 시선, 슬픔과 후회와 원한과 분노를 준다

이제 당신이 적은 슬픔과 후회들을 보라. 분명 그것들은 모두 과거의 사건이나 상황에서 비롯했을 것이다. 걱정이나 두려움과 마찬가지로, 그것들은 현재에 관한 것이 아니다. 당신은 어떤지 모르겠지만 나는 매일같이 후회와 슬픔을 마주한다. 예수님이 사랑하라고 명령하신 리셋 버튼을 사용하지 않으면 그것들은 순식간에 내 관심을 사로잡고 집중을 방해한다. 그럴 때 재빨리 이 버튼을 누르지 않으면 결국 그것들이 내 마음과 감정을 장악한다. 그러면 절벽 아래로 추락하는 자동차처럼 나는 순식간에 슬픔, 심지어 절망 속으로 빨려 들어간다. 감사하게도, 나는 이 리셋 버튼을 발견한 뒤로 절벽 아래로 추락하는 법이 좀처럼 없다.

하나님과 현재 순간 속으로 들어가라

지금 내가 이야기하고 있는 리셋 버튼은 우리의 마음을 장악하고 있는 과거나 미래에 관한 생각에서 즉시 벗어나 현재 속으로 들어가게 해 주는 버튼이다. 그렇게 이동을 하는 순간, 우리의 걱정과 두려움, 슬픔과 후회는 우리의 정신과 마음에 대한 강한 장악력을 '즉시' 잃는다.

하지만 우리가 현재 순간을 떠나 다시 과거나 미래에 시선을 고정하면 이것들은 사라질 때만큼이나 재빨리 돌아온다. 예수 그리스도의 제자로서 우리는 현재 속으로 이동되었을 뿐 아니라 하나님의 임재 속으로 이동할 수 있다. 하나님은 과거 속에서 살지 않고 미래 속에 거하지 않으신다. 그분은 전적으로 현재 속에 거하신다.

현재 순간들을 기적으로 바꾸라

오래전에 기도하면서 요한복음을 읽던 중 하나님은 내 눈을 밝히시고 이 리셋 버튼을 보게 해 주셨다. 곧 나는 그것이 그리스도와의 관계 속에서 내가 경험한 가장 놀라운 원칙과 실제 중 하나라는 사실을 깨달았다. 그것은 인생의 가장 큰 변화를 가져올 수 있는 도구이자 내 삶의 모든 순간에 적용할 수 있는 도구였다. 그것은 내 마음과 일상을 변화시키기 위해 성령이 사용하시는 가장 위대한 도구 중 하나였다. 나중에 요셉의 이야기와 요셉 원칙들을 돌아보던 중에 이 원칙과 실제가 요셉이 형들의 손에 노예로 팔린 이후의 삶을 살아가는 데 큰 역할을 했다는 사실을 깨닫게 되었다.

이 원칙과 습관 덕분에 요셉은 시련을 견딜 수 있었을 뿐 아니라 성령의 도우심으로 유례없는 성공을 거둘 수 있었다. 생각해 보라. 이스라엘의 노예가 애굽의 최고 자리까지 올라갔다. 이 원칙은 '현재 속에서 살라'는 것이다. 과거나 미래에서 재빨리 시선을 돌려 지금 우리가 있는 순간에 시선을 고정하는 법을 배워야 한다. 크레인에 달려서 공중에서 대롱거리고 있는 거대한 전자석을 상상해 보라. 폐차장에서 사용하는 것과 같은 전자석 말이다. 켜짐 버튼을 누르는 순간 자석에 전류가 흘러들어가 1톤짜리 자동차도 너끈히 들어 올릴 수 있다. 하지만 꺼짐 버튼을 누르는 순간, 자석은 모든 힘을 잃고 자동차를 떨어뜨린다.

요셉의 리셋 버튼을 눌러 정신을 현재에 고정하면, 그 즉시 미래 속에 있는 두려움과 과거 속에 있는 후회의 힘이 사라진다. 그 전자석처럼 이것들은 즉시 힘을 잃고, 우리는 그 마수에서 해방되어 현재 순간에 온전히 집중할 수 있다.

혹시 이렇게 생각하는 사람이 있을지 모르겠다. '이게 무슨 새로운 이야기인가? 뉴 에이지 운동의 저자들과 동기 부여 강사들이 예전부터 늘 해 오던 이야기잖아.' 어느 정도는 맞다. 1997년 한 뉴 에이지 저자가 '현재 속에 사는 법'에 관한 책을 발표했다. 그것은 에크하르트 톨레(Eckhart Tolle)의 《지금 이 순간을 살아라》(The Power of Now)다. 그 책은 전 세계적인 베스트셀러가 되었다. 모든 사람이 이 저자의 놀라운 통찰과 가르침에 열광했다. 영국에서 온 한 친구가 그 책을 내 얼굴 앞에서 흔들며 "마침내 답을 찾았다"고 말했던 기억이 난다. 그 친구는 막대한 성공을 거둔 사업가였지만 심한 우울증에 시달리고 있었다. 그는 그 책에서 내내 찾던 해법을 찾았다. "이제 내게 우울증은 옛날 이야기라네." 그는 그렇게 선포하며 미소를 지었다.

하지만 안타깝게도 불과 몇 개월 만에 그 친구는 다시 우울증의 깊은 바다로 빠져 들어갔다. 보다시피 현재 속에서 살아야 한다는 사실을 아는 것만으로는 부족하다. 그런 삶을 가능하게 해 주는 동력원이 필요하다. 그 동력원은 바로 예수 그리스도이시며, 그 힘을 전달하는 전류는 성령이시다.

다른 수많은 진리와 마찬가지로, 현재 속에서 사는 것은 좋은 개념이지만 적절한 동력원 없이 그런 삶을 꾸준히 유지하는 것은 불가능에 가깝다. 2010년 〈사이언스〉(Science)지에서 발표한 하버드대학교 연구에 따르면, 오늘날 사람들은 깨어 있는 시간의 거의 50퍼센트를 과거나 미래에 관해 생각하는(그리고 과거나 미래 속에서 사는) 데 사용한다고 한다.[1] 에크하르트 톨레가 이 원칙을 발견한 것으로 알려져 있지만 사실 예수님은 2천 년 전에 이 원칙을 말씀하셨다. 예수님은 제자들에게 현재 속에서 살라고 명령하셨을 뿐 아니라 남은 평생 매일 그렇게 살아갈 '방법'도 알려 주셨다. 감사하게도 그분은 자신의 삶을 통해 완벽한 본보기까지 보이셨다. 제자들은 그분이 자신들과 함께하는 매순간 현재 속에서 사시는 것을 똑똑히 지켜보았다.

기적은 오직 현재 순간에만 일어난다

내가 말하는 과거나 미래는 단순히 10년이나 5년 전후를 의미하지 않는다. 예수님도 그런 과거나 미래를 말씀하신 것이 아니다. 여기서 과거는 오늘 아침만큼 가까운 과거, 어쩌면 10분 전 혹은 1분 전을 말한다. 그리고 미래는 돌아오는 주말이나 1시간 뒤만큼 가까운 미래를 뜻한다. 심지어 5분 뒤에 점심을 먹으러 갈 것도 미래다. 직장 동료와 이야기를 나누다가 갑자기 점심 메뉴로 무엇을 선택할까 고민한다면 현재 순간에서 벗어나 미래로 떠나간 것이다. 엘리베이터에서 내리다가 '오늘 아침 남편이 그런 말을 할 줄 정말 몰랐어'라고 생각한다면 과거 속에 거하고 있는 것이다. 만약 그때 경비원을 마주한다면 마음이 담긴 진심의 인사를 하지 않을 것이다. 마음이 현재 순간에 있지 않기 때문에 친절을 베풀 눈앞의 기회를 완전히 놓치는 것이다.

이에 대한 몇 가지 놀라운 현실을 소개한다.

- 하나님은 과거나 미래 속에 거하시지 않는다. 하나님은 현재 속에 사신다.

- 하나님과의 친밀함은 과거나 미래 속에서 이루어지지 않는다. 오직 현재 순간에만 이루어진다.
- 기적은 과거나 미래 속에서 일어나지 않는다. 오직 현재 순간에만 일어난다.
- 사랑은 과거나 미래에 표현되지 않는다. 오직 현재 순간에만 표현된다.

우리의 마음이 단 한순간에라도 과거나 미래에 쏠려 있으면 무엇을 놓치게 될지 생각해 보자. 우리는 현재 순간의 하나님 임재를 놓친다. 현재 속에서 하나님과 친밀히 교제하는 기쁨을 놓친다. 현재 순간에서 기적을 경험할 기회를 놓친다. 현재 순간에서 하나님과 남들에게 사랑을 표현할 기회를 놓친다. 우리의 정신이나 마음이 과거나 미래에 쏠려 있을 때 이런 안타까운 일이 벌어진다. 심지어 하나님은 자신을 현재의 하나님으로 정의하신다. 출애굽기 3장 13-14절에서 하나님과 모세 사이의 대화를 보라.

"모세가 하나님께 아뢰되 내가 이스라엘 자손에게 가서 이르기를 너희의 조상의 하나님이 나를 너희에게 보내셨다 하면 그들이 내게 묻기를 그의 이름이 무엇이냐 하리니 내가 무엇이라고 그들에게 말하리이까 하나님이 모세에게 이르시되 나는 스스로 있는 자이니라 또 이르시되 너는 이스라엘 자손에게 이같이 이르기를 스스로 있는 자가 나를 너희에게 보내셨다 하라."

여기서 하나님은 자신을 "스스로 있는 자"라고 부르셨다. 그렇다. 스스로 있던 자나 스스로 있을 자가 아니라 스스로 있는 분이다.

누가복음 9장 61절에서 한 남자는 예수님께 그분을 따르겠지만 먼저 집으로 돌아가 작별인사를 하고 싶다고 말한다. 그러자 예수님은 이렇게 대답하셨다. "손에 쟁기를 잡고 뒤를 돌아보는 자는 하나님의 나라에 합당하지 아니하니라"(눅 9:62).

본문에서 예수님이 매정하게 구신 것이 아니다. 단지 진실을 이야기하셨을 뿐이다. 예수님은 이 남자의 마음이 여전히 과거 속에 있다는 사실을 아셨다. 이 남자는 과거에 대한 애착을 끊고 싶지 않았다. 또한 예수님은 이 남자가 그분과 그분이 제시하신 놀라운 기회를 제대로 알아보지 못했음을 아셨다. 만약 그가 전능하신 하나님 나라를 섬길 기회가 얼마나 놀라운지 제대로 알아봤다면 집으로 돌아갈 생각조차 하지 않았을 것이다.

누군가 다이아몬드가 가득한 보물 상자를 제시하는데 한낱 구슬이나 챙기자고 집에 돌아갈 사람이 어디 있을까. 집에 무엇이 기다리고 있든 그것은 만왕의 왕이요 만주의 주이신 분을 따라 그분의 사명을 수행할 때 찾아오는 놀라운 기쁨과 영원한 복에 비할 바가 못 된다. 예수님이 계속해서 앞으로 나아가시는 동안 이 남자는 고개를 돌려 뒤를 보고는 집으로 갔다.

여기서 우리는 단순히 한 남자의 상황이 아니라 예수님이 선포하신 진리에 주목해야 한다. 농부가 뒤돌아 밭을 똑바로 갈 수 없는 것처럼, 정신이나 마음이 과거를 향하고 있는 사람은 자신이 있는 현재 속에서 하나님의 임재를 경험할 수 없다. 이 남자는 과거에 집중한 나머지 그리스도가 누구시며 하나님이 자신에게 무엇을 제시하는지를 제대로 알아보지 못했다. 우리의 정신과 마음이 과거에 쏠려 있으면 우리가 지금 있는 순간에서 하나님을 온전히 경험할 수 없다. 또한 그분이 우리를 위해서 바라시는 모든 것을 온전히 경험할 수 없다.

그런데 현재 속에서 살지 못하도록 방해하는 것은 과거 속에 사는 것만이 아니다. 산상수훈에서 예수님은 이렇게 말씀하셨다. "그러므로 내일 일을 위하여 염려하지 말라 내일 일은 내일이 염려할 것이요 한 날의 괴로움은 그날로 족하니라"(마 6:34). 그리고 바로 직전에 이렇게 말씀하셨다. "그러므로 염려하여 이르기를 무엇을 먹을까 무엇을 마실까 무엇을 입을까 하지 말라"(31절). "이는 다 이방인들이 구하는 것이라 너희 하늘 아버지께서 이 모든 것이 너희에게 있어야 할 줄을 아시느니라 그런즉 너희는 먼저 그의 나라와 그의 의를 구하라 그리하면 이 모든 것을 너희에게 더하시리라"(32-33절).

예수님은 우리의 시선을 과거에 고정하지 말라고 명령하실 뿐 아니라 미래에 시선을 고정하지 말라고 명령하신다. 심지어 하루 뒤의 일에 시선을 집중해서도 안 된다. 과거에 집착하는 것과 마찬가지로 미래에도 시선을 고정하면 현재의 순간에서 하나님의 음성을 듣고 그분과 친밀히 교제하는 일이 방해를 받는다.

현재 순간 속에서 살아야 한다는 것이 미래에 관해서는 절대 생각하지 말거나 과거에 관해서 절대 회상하지 말아야 한다는 뜻일까? 전혀 아니다. 미래에 관해서 생각하거나 과거의 추억을 즐기는 것 자체는 아무런 문제가 없다. 사실, 성경은 미래를 위해 열심히 준비하고 계획하라고 자주 가르친다. 또한 과거에 관한 추억은 우리에게 기쁨과 위로를 가져다줄 수 있다. 인생의 가장 큰 교훈은 과거의 성공과 실패를 돌아볼 때 얻는 경우가 많다. 이스라엘 백성은 하나님이 과거에 행하신 위대한 역사를 기억하지 않은 탓에 틈만 나면 징계를 받았다(시 78:42). 나는 직업적으로 실패할 때마다 지난 실패를 돌아보고 내가 무엇을 어떻게 잘못했는지 분석하려고 노력했다. 그렇게 해야 다음에 똑같은 실수를 되풀이하지 않을 수 있기 때문이다.

다시 말해, 특별한 목적이 있을 때는 과거를 돌아보거나 미래를 계획해도 괜찮다. 하지만 대부분의 경우에는 현재에 집중하는 편이 우리에게나 주변 사람들에게 더 좋다. 그리고 다른 사람과 함께 있을 때는 과거나 미래를 생각하지 말고 그 사람과의 현재 순간에 집중하는 것이 중요하다. 또한 어떤 일을 하거나 하나님 말씀을 묵상할 때, 하나님과 단 둘이 만날 때도 현재에 오롯이 집중하는 것이 중요하다.

요셉과 사마리아 여인

요셉의 정신과 마음이 과거에 묶여 있었다면 그는 그토록 놀라운 성공을 거두지 못했을 것이다. 오히려 분노와 원한, 원망, 미움, 복수심에 사로잡혀 우울하게 살았을 것이다. 그렇게 살면서 좋은 관계를 쌓고 남다른 성공을 거두는 것은 불가능하다. 하지만 요셉의 삶은 동료 노예들이나 주인들, 동료 죄수들의 관계에서 분노와 원한, 원망, 미움, 복수심 같은 것이 전혀 없었다. 그가 마침내 형들과 상봉했을 때도 부정적인 감정들을 눈곱만큼도 볼 수 없었다. 그의 삶 속에는 정반대의 것들, 이를테면 인자, 사랑, 자비, 은혜, 리더십, 성공만 가득했다.

동시에, 요셉의 정신과 마음은 미래를 떠돌지도 않았다. 미래만 골똘히 생각하면 근심, 스트레스, 두려움, 특권 의식, 시기, 질투에 빠질 뿐이다. 요셉에게서는 이런 것을 전혀 볼 수 없었다. 만약 그가 과거나 현재 속에서 살았다면 하나님과의 역동적이고도 개인적인 관계도 놓쳤을 것이다. 하나님과 매순간 친밀하게 동행하는 삶을 누리지 못했을 것이다. 그의 마음속에 하나님에 대한 믿음 대신 의심이나 불신, 심지어 반항심만 가득했을 것이다. 하지만 그의 삶에서는 이런 것을 조금도 볼 수 없다. 성경은 이렇게 말한다. "여호와께서 요셉과 함께하시므로"(창 39:2). 하나님과 친밀한 마음에서 놀라운 목적과 기쁨, 사랑, 성공이 흘러나왔다.

개인적으로 나는 요한복음 4장에 기록된 예수님께서 우물가에서 만난 사마리아 여자에 관한 이야기를 읽다가 현재 순간의 기적을 경험하는 것의 중요성을 깨달았다. 그 우물가에서 어떤 일이 벌어졌는지 살펴보자.

정오가 다 된 시각, 예수님과 제자들은 아침 6시부터 작열하는 사막의 태양 아래를 걸어온 상태였다. 지치신 예수님은 사마리아의 수가 마을에서 잠시 쉬어가기로 하셨다. 예수님은 사마리아인들이 '야곱의 우물'이라고 부르는 우물 근처에 앉으셨다. 제자들은 근처 마을로 가서 요기할 음식을 구해 오기로 했다.

예수님이 앉아 계시는 동안 다른 마을에서 온 한 사마리아 여자가 큼지막한 항아리에 물을 채워 집으로 가져가기 위해 우물로 다가왔다. 여인이 물을 긷기 전에 예수님은 그녀에게 물을 달라고 부탁하셨다. 이에 여인은 충격을 받았다. 당시 유대인들은 '절대' 사마리아인들에게 말을 걸지 않았기 때문이다. 유대인들은 사마리아인들에게 말을 걸기는커녕 그들과 접촉하기도 싫어했기에 그 지역을 멀리 돌아가는 편을 선택했다. 하지만 이 유대인 남자는 사마리아 여자에게 말을 걸었다. 그 여자는 예수님께 물었다. "당신은 유대인으로서 어찌하여 사마리아 여자인 나에게 물을 달라 하나이까"(요 4:9). 이어진 대화와 사건들은 그야말로 기적이었다.

대화가 끝날 무렵 예수님은 그 전까지는 아무에게도 하시지 않았던 말씀을 여자에게 하셨다. 심지어 자신이 그녀가 기다리던 메시아라는 말씀까지 하셨다. 여자는 신자가 되었고, 놀라운 이야기에 어찌나 흥분했던지 깜박 잊고 물 항아리도 가져가지 않을 정도였다. 예수님이 여자와 대화를 마칠 즈음 제자들이 돌아왔다. 그들은 예수님이 아직도 여자와 대화하고 계신 것을 보고 놀랐지만 아무런 말도 하지 않았다.

여자가 떠나자 제자들은 예수님께 다가와 자신들이 가져온 음식을 드시라고 권했다. 하지만 예수님은 음식을 거절하시며 이렇게 말씀하셨다. "내게는 너희가 알지 못하는 먹을 양식이 있느니라"(요 4:32). 그리고 나서 다시 이렇게 말씀하셨다. "나의 양식은 나를 보내신 이의 뜻을 행하며 그의 일을 온전히 이루는 이것이니라 너희는 넉 달이 지나야 추수할 때가 이르겠다 하지 아니하느냐 그러나 나는 너희에게 이르노니 너희 눈을 들어 밭을 보라 희어져 추수하게 되었도다"(34-35절).

한편, 자신의 마을에 도착한 사마리아 여자는 동네 사람들에게 일어난 일을 전부 이야기했다. 동네 사람들은 그 말을 믿었고, 서둘러 수가로 가서 예수님을 직접 만나 가르침을 들었다. 그 결과, 그들도 예수님을 참 메시아로 믿는 신자가 되었다. 그들은 완전히 변화되었고 예수님께 자신들 곁에 머물러 달라고 간청했다. 이에 예수님은 이틀을 더 그들과 머물면서 가르침을 펼치셨다. 그 사흘 동안 그리스도의 신자요 제자가 된 사람들의 숫자는 실로 놀라웠다.

이제 이야기에 살짝 변화를 줘 보자. 예수님이 우물가에 앉아 계신다. 그런데 그분이 과거에 집중하고 계셨다면 어떤 상황이 벌어졌을까? 그분이 이런 생각을 하고 계셨다면 어땠을까? '20분 전 베드로와 빌립이 그렇게 입씨름을 벌이다니 생각할수록 한심하군.' 그분이 불과 20분 전의 과거에 관한 생각에 골몰하고 있을 때, 여자가 우물에 와서 항아리에 물을 가득 채워 집으로 돌아갔다면 여자는 거듭나지 못했을 것이다. 마을 사람들도 마찬가지다. 예수님은 새로운 신자나 제자 없이 그냥 가던 길을 계속해서 가신다. 마을 전체는 그분의 빛 없이 계속해서 어둠 속에서 살아간다.

이번에는 예수님이 몇 분 뒤의 미래 속에서 살고 계셨다고 해 보자. '제자들은 도대체 언제 돌아오는 거야? 몹시 배가 고프군! 이왕이면 내 입맛에 맞는 음식을 가져오면 좋겠는데.' 이번에도 여자는 우물에 와서 물 항아리에 물을 가득 채워 집으로 돌아간다. 예수님이 8시간 뒤의 미래 속에서 살고 계셨다고 해 보자. '빨리 밤이 왔으면 좋겠어. 오늘은 밤새 기도해야겠어. 밤새 아버지와 대화해야겠어. 모든 사람에게서 벗어나 아버지와 단 둘이 시간을 보내면 정말 복된 시간이 될 거야.' 이번에도 여인은 우물에 와서 물 항아리에 물을 가득 채워 집으로 돌아간다. 우리 구주께서 영원한 열매를 단 하나도 거두지 못하신다.

다행히 예수님의 정신과 마음은 과거나 미래에 사로잡혀 있지 않았다. 예수님은 현재 순간 속에서 성부 및 성령과 함께하셨다. 여인이 우물가에 도착하자 예수님은 즉시 그녀를 그분의 순간 속으로 이끄셨다. 그리고 얼마 뒤 성령은 그녀를 다시 거듭나게 하셨다. 그러자 그녀는 순식간에 예수 그리스도를 위한 담대한 증인이요 전도자가 되었다. 그리고 그녀가 예수님을 증언한 직간접적인 결과로 수십 명이 그리스도의 제자가 되었다. 아니, 수백 명일지도 모른다. 나중에 믿은 사마리아인까지 포함하면 수천 명을 헤아릴지도 모른다. 이 모든 일은 여인이 우물에 도착했을 때 예수님이 그 순간 속에 계셨기 때문에 일어났다.

감사하게도 예수님은 이와 비슷한 상황들을 통해 제자들에게 현재 속에 사는 것의 중요성을 보여 주고 가르치셨다. 우리처럼 제자들은 미래 속에 사는 습관이 있었다. 그들은 5천 명의 집단 식사나 눈먼 자의 치유 혹은 죽은 자의 부활 같은 다음번의 큰 기적을 기다리고 있었다. 그들은 예수님이 스스로를 왕으로 선포하고 궁극적인 나라의 통치자가 될 날을 기다리고 있었다. 때로 그들은 하늘에서 누가 그분의 테이블에 앉게 될지를 놓고 논쟁을 벌이기까지 했다 (막 10:35-41). 그들이 그 순간에 무엇을 생각하고 있었던 간에, 예수님은 그들을 향해 지금 눈을 떠서 바로 앞에 놓인 밭과 무르익은 곡식을 보라고 명령하셨다. 곡식은 익을 대로 익어서 넉 달 뒤, 심지어 2시간 뒤도 아닌 지금 당장 추수해야만 했다.

예수님의 명령은 지금 우리에게도 동일하다. 예수님은 우리에게 눈앞에 있는 사역을 미루지 말라고 명령하신다. 눈을 떠서 지금 우리 앞에 있는 밭을 보라고 하신다. 예수님은 우리에게 현재 속에 있는 모든 사람에게 주님을 보이라고 하신다. 포옹이 필요한 이에게 예수의 팔이 되어 주라. 대화가 필요한 이에게 예수의 입이 되어 주라. 들을 귀가 필요한 이에게 예수의 귀가 되어 주라. 공감이 필요한 이에게 예수의 공감을 표시하라. 지혜나 지도가 필요한 이에게는 우리 구주의 가르침을 제시하라. 복음이 필요한 이에게는 말과 행동으로 예수의 증인이 되라.

과거나 미래 속에서 즉시 빠져나와 현재 이 순간에 마음을 고정하도록 해 주는 리셋 버튼을 어떻게 눌러야 할까?

리셋 버튼을 누르면

하버드대학교에서 2천 250명을 연구한 결과, 최소 깨어 있는 시간의 46.9퍼센트 동안 그들의 마음은 현재 순간 속에 있지 않고 과거나 미래를 방황하고 있었다.[2] 우리의 마음은 현재 순간에서 벗어나 표류하기가 정말 쉽다. 심지어 특별한 방해 요소 없이도 그렇게 될 수 있다. 과거나 미래에 초점을 맞추는 것은 우리의 본성이다. 이것은 나쁜 소식이다. 부정적인 생각과 감정은 대개 과거나 미래를 골똘히 생각할 때 마음속에 들어오기 때문이다. 모든 스트레스, 불안, 걱정, 두려움은 미래에 관해서 생각할 때 마음속에 들어온다.

대부분의 슬픔, 후회, 분노는 과거에 집착할 때 마음속에 들어온다. 하지만 하나님의 임재와 그에 수반하는 기쁨과 평강과 기적은 '오직' 현재 속에만 존재한다. 좋은 소식은 우리가 순식간에 초점을 현재로 바꿀 수 있다는 것이다.

현실로 돌아오게 하는 리셋 버튼들

우리 마음은 현재 순간에서 벗어나 방황하기가 너무도 쉽다. 따라서 우리의 생각이 미래나 과거에 사로잡혀 있다는 사실을 깨닫기 위해서 도움이 필요하다. 우리가 현재 순간 속에 거하고 있지 않다는 사실을 즉각적으로 알려 주는 경고 신호들이 많다. 불안이나 걱정, 두려움, 스트레스가 느껴지면 곧바로 우리가 미래 속에 거하고 있다고 알려 주는 경고 신호로 받아들일 수 있어야 한다. 혹은 슬픔이나 후회, 수치, 원망, 분노가 느껴지면, 우리가 과거로 표류하고 있다는 경고 신호로 받아들일 수 있어야 한다. 초점을 원상태로 돌리기 위한 수많은 리셋 버튼을 누를 수 있다. 그중 하나만 누르면 즉시 현재 순간으로 돌아올 수 있다.

예수님이 우물가의 여인을 만난 직후에 제자들에게 밝혀 주신 세 가지 리셋 버튼을 살펴보자. 예수님은 제자들에게 이렇게 말씀하셨다. "너희는 넉 달이 지나야 추수할 때가 이르겠다 하지 아니하느냐 그러나 나는 너희에게 이르노니 너희 눈을 들어 밭을 보라 희어져 추수하게 되었도다"(요 4:35). 여기서 예수님의 두 번째 문장은 "보라"라는 단어로 시작된다. 원어에서 이 단어는 극도로 강한 표현이다. 이것은 반드시 해야 하는 것, 곧 명령어다. 이 말씀은 이런 뜻이다.

"지금 당장 현재 순간 속으로 들어와 내가 하는 말에 관심을 집중하라." 그러고 나서 예수님은 제자들에게 세 가지 명령을 주셨다. 첫째, "눈을 들어", 둘째, "밭을 보라." 그리고 밭이 희어져 추수하게 되었다는 문장에는 세 번째 명령이 함축되어 있다. 셋째, 추수를 즉시 시작하라. 계속해서 예수님은 추수꾼들이 이미 밭에서 일하고 있으니 서둘러 추수를 시작하라고 말씀하신다(36절). 따라서 현재 순간으로 즉시 돌아가기 위해서 눌러야 하는 처음 세 가지 리셋 버튼은 다음과 같다.

리셋 1: 눈을 들라

첫 번째 리셋 버튼은 '눈을 드는' 것이다. 마음의 눈이 무엇을 보고 있는가? 과거에 머물러 반복해서 상황을 돌아보고 있는가? 아니면 막연한 미래를 보고 있는가? 어떤 경우든 현재의 순간으로 즉시 초점을 바꾸어야 한다. 눈을 빠르게 깜박인다거나 고개를 끄덕이는 식으로 약간의 자극을 주어도 좋다. 깊은 심호흡을 하거나 볼을 꼬집는 것과 같은 행동도 좋다. 어떤 방법을 사용하든 육체의 눈과 마음의 눈을 떠 현재 순간으로 향하라.

리셋 2: 밭을 보라

두 번째 리셋 버튼은 현재 순간 속에서 누가 우리와 함께 있는지 주변을 둘러보는 것이다. 그 사람은 자녀일수도 있고 배우자일수도 있다. 동료일 수도 있고 잠깐 스치는 사람일 수도 있다. 대리운전 기사일수도 있고 식당 종업원일 수도 있다. 현재 실제적으로 우리와 함께 있는 사람이 없다면 머릿속에 전화를 걸거나 문자 메시지를 보내야 할 사람이 떠오를 수도 있다. 누구든 하나님이 생각나게 하시는 바로 그 사람이 우리가 추수해야 할 흰 밭이다.

리셋 3: 추수를 시작하라

세 번째 리셋 버튼은 추수를 시작하는 것이다. 즉 행동을 취하는 것이다. 이는 상대방에게 복음을 전해야 한다는 뜻이 아니다. 그 순간 그 사람에게 예수 그리스도를 보여 주어야 한다는 뜻이다. 그 사람을 향한 미소나 감사의 표정, 격려의 말, 포옹, 경청하는 귀가 필요할 수 있다. 그 사람을 위하여 혹은 그와 함께 기도해 줄 필요도 있다. 내가 겪은 일을 털어놓을 사람이 필요할 수도 있다. 우리를 향한 예수님의 놀라운 사랑에 관해서 말할 필요가 있을 수도 있다. 억지로 상황을 만들어 가려고 할 필요는 없다. 그저 관심을 기울여 주기만 하면 된다. 대부분의 경우, 미소나 끄덕임, 심지어 눈맞춤만으로도 상대방을 존중하고 가치 있게 여긴다는 마음을 전할 수 있다. 수줍음이 많다 해도 걱정할 필요가 없다. 심지어 무슨 말을 해야 할지 고민할 필요도 없다. 그냥 "안녕하세요"라고 인사하거나 "주말에 어떻게 보낼 계획인가요?", "아이들은 잘 지내죠?"라고 간단하게 물으면 된다.

아프가니스탄 전쟁이 한창일 때 공항에서 군복을 입은 한 군인이 나에게 다가오는 것을 보았다. 나는 그를 멈춰 세우고 나라를 위한 그의 섬김에 감사를 표시했다. 그가 감사하다고 말하자 나는 "어디로 가시는 중인가요?"라고 물었다.

"중동으로 새롭게 배치를 받았습니다."

"제가 잠시 당신을 위해 기도해 드려도 될까요?"

"물론입니다."

우리는 함께 고개를 숙였고, 나는 하나님께 머나먼 타지에서도 그와 함께하시고 그의 가족을 안전하게 지켜 달라고 짧게 기도했다. 내가 기도를 마치자 그는 눈물이 맺힌 눈으로 나를 보며 말했다. "선생님의 기도가 얼마나 큰 힘이 되었는지 모릅니다. 지금 제 마음속에는 한 번도 느껴보지 못한 평강이 가득합니다." 그가 손을 내밀었고, 우리는 뜨거운 악수 후에 서로를 안아 주었다. 이 만남은 3분도 채 걸리지 않았지만 하나님은 그 현재 순간 속에서 우리를 만나 주셨다.

보너스 리셋 버튼 : 기도

우리를 미래나 과거에서 벗어나 현재 순간 속으로 이끌어 주는 또 다른 리셋 버튼이 있다. 이는 보너스 버튼이다! 바로 '기도'다. 우리가 현재 순간 속에 있지 않다고 경고하는 신호를 보는 순간, 기도를 시작할 수 있다. 기도는 하나님과 대화하는 기본적인 행위이다. 우리가 골똘히 생각하고 있는 문제에 관해서 기도하면 된다. 실제로 하나님은 빌립보서 4장 6-7절에서 그렇게 하라고 명령하셨다. "아무것도 염려하지 말고 다만 모든 일에 기도와 간구로, 너희 구할 것을 감사함으로 하나님께 아뢰라 그리하면 모든 지각에 뛰어난 하나님의 평강이 그리스도 예수 안에서 너희 마음과 생각을 지키시리라."

두어 마디만 해도 좋고 원하는 만큼 길게 해도 좋다. 어느 곳에서건 기도는 우리를 현재 순간 속으로 즉시 불러오며, 그 순간 속에는 하나님이 계신다.

나는 기도를 다이아몬드에 비유하기를 좋아한다. 다이아몬드의 맨 윗부분을 크라운(crown)이라고 부른다. 다이아몬드에서 핵심 혹은 가장 큰 부분은 파빌리온(pavilion)이라고 부른다. 마지막으로, 다이아몬드에는 많은 면이 있다. 크라운과 면들은 다이아몬드의 아름다움을 돋보이게 만들지만, 핵심 혹은 파빌리온은 다이아몬드에 진정한 속성(깊이, 맑음, 색깔, 강함, 궁극적인 아름다움과 가치)을 부여한다. 다이아몬드와 마찬가지로 기도는 가시적인 크라운과 많은 면을 갖고 있다. 하지만 가장 중요한 것은 핵심이자 정수다. 기도의 진정한 핵심 혹은 정수는 현재 순간 속에서 이루어지는 하나님과의 솔직하고도 투명한 커뮤니케이션이다. 이런 기도는 현재 순간 속에서 하나님과 다른 이들과 함께 산다는 요셉 원칙을 즉시 경험할 수 있게 해 준다.

기도 분석의 예(빌립보서 4장 6-7절)

"아무것도 염려하지 말고 다만 모든 일에 기도와 간구로, 너희 구할 것을 감사함으로 하나님께 아뢰라 그리하면 모든 지각에 뛰어난 하나님의 평강이 그리스도 예수 안에서 너희 마음과 생각을 지키시리라"(빌 4:6-7).

아무것도 염려하지 말고

이는 이중적인 의미를 지니고 있다. 첫째, 기도로 하나님께 무엇을 아뢰거나 구할지에 관해서 조심스러워할 필요가 없다는 뜻이다. 달리 표현하면 "거리낌 없이 모든 것을 다 아뢰라"라고 할 수 있다. 여기서 바울은 뭐든 마음속에 떠오르는 것을 하나님께 정확히 표현하라고 말한다. 하나님과 대화할 때는 돌려서 말할 필요가 없다. 그냥 있는 그대로 아뢰면 된다. 둘째 의미는 현재 순간 속에서 하나님께 기도하고 간구하는 행동으로 대체하면 미래에 관한 근심과 걱정을 없앨 수 있다는 뜻이다.

다만 모든 일에 기도와 간구로 … 감사함으로

기도는 단순히 우리의 생각과 감정을 하나님께 아뢰는 일이다.

간구는 우리의 바람이나 요구를 놓고 기도하는 행위다. 현재 상황을 있는 그대로 아뢰고 그 상황에서 우리가 생각하고 원하는 것을 솔직히 아뢰는 것이 기도다. 동시에 하나님께 감사해야 한다. 우리의 상황에 대해서 하나님께 진심으로 감사할 수 없다면 그분이 우리의 간구를 들으시고 우리를 사랑하신다는 점에 대해서 감사해야 한다. 우리가 어떤 상황에 처해 있든 하나님이 우리와 죄를 위해 아들을 희생시키시고 가장 귀한 선물인 영생을 주심으로 우리를 향한 무한한 사랑을 이미 증명해 보이셨다는 사실을 의심하거나 잊어버려서는 안 된다(롬 5:8, 요 3:16).

너희 구할 것을 감사함으로 하나님께 아뢰라

한마디로, '우리가' 원하는 것을 하나님께 아뢰라는 뜻이다. 우리가 원하는 것이 하나님이 원하시는 것과 다르다 해도, 하나님은 상관없이 그것을 아뢰라고 명령하신다.

나는 철저히 이기적으로 하나님께 간구할 때가 있었다. 심지어 주님의 뜻에 어긋난 것을 간구할 때도 있었다. 그래도 그분의 원함과 상관없이 내가 원하는 것을 있는 그대로 아뢰었다. 그 순간의 나는 그분의 뜻을 원하지 않았다. 나의 뜻을 원했다. 옳지 않게 느껴져도 그것이 이 구절이 우리에게 명령하고 있는 바다. 하나님은 우리의 마음과 거기서 우러나오는 바람을 솔직하게 아뢰라고 명령하신다. 이어지는 7절의 진술은 모든 것을 설명하고 해결해 준다.

그리하면 … 하나님의 평강이 … 너희 마음과 생각을 지키시리라

기도에 관한 다른 많은 구절과 달리 이 구절은 우리가 원하는 응답을 약속하지 않는다. 대신, 그보다 무한히 더 좋은 무언가를 약속한다. 바로, "하나님의 평강"이다. 여기 우리 안에 들어와 그리스도 예수 안에서 우리의 마음과 생각을 철통같이 지켜 주는 초자연적인 평강이 있다. 우리가 원하는 것을 솔직히 아뢰라는 하나님의 명령에 순종하는 즉시 이 평강이 찾아올 것이다. 때로는 기도가 끝난 뒤에 찾아올 수도 있다.

나는 대학을 졸업한 뒤, 퍼지기 직전의 낡은 차를 끌고 다녔다. 반면, 내 친구 중 한 명은 1년밖에 되지 않은 스포츠카를 타고 다녔다. 나는 그 스포츠카가 너무 갖고 싶었다. 솔직히 그 차를 사는 것이 하나님의 뜻이든 아니든 상관없이 무조건 갖고 싶었다. 그래서 나는 빌립보서 4장 6-7절의 명령에 따라 매일 하나님께 그 차를 살 돈을 달라고 기도했다. 하나님의 뜻이든 아니든 상관없이 그 차를 갖고 싶다고 매일같이 하나님께 솔직히 아뢰었다. 그렇게 기도한 지 며칠 뒤 마침내 하나님의 속삭임이 들려왔다. 하나님은 내게 이렇게 물으셨다. "네가 이 차를 타다가 다치게 된다 해도 갖고 싶으냐? 이 차를 타다가 다른 사람을 다치거나 죽게 한다 해도 갖고 싶으냐? 심지어 네 아내가 이 차 안에서 죽을지 모른다 해도 갖고 싶으냐?"

질문 하나가 끝날 때마다 완고했던 내 마음은 점점 부드러워지고 내 대답은 점점 더 강해졌다. "아닙니다, 주님. 그런 일이 벌어진다면 이 차를 원하지 않습니다!" 이어서 하나님은 이렇게 물으셨다. "이 차를 원하느냐? 아니면 내 뜻을 원하느냐?" 나는 주저 없이 대답했다. "주님, 당신의 뜻을 원합니다." 그것은 진심이었다. 결국 나는 그 차를 얻지 못했지만 무한히 더 좋은 무언가를 얻었다. 그것은 바로 하나님의 평강이라는 값을 따질 수 없는 선물이었다. 그리고 그 평강이 찾아오자 내 정신과 마음은 모두 현재 순간 속에 머물 수 있었다.

물론 이 원칙의 가장 좋은 사례는 겟세마네 동산에서 발견된다. 예수님은 아주 조금의 죄도 짓지 않으셨다. 그분은 악한 생각이나 동기를 단 한순간도 품으신 적이 없었다. 하지만 그분은 다음날 실제로 우리의 모든 죄를 짊어질 생각을 하면서 큰 두려움에 빠지셨다. 그 두려움이 너무 커서 그분은 간곡히 기도하셨다. "내 아버지여 만일 할 만하시거든 이 잔을 내게서 지나가게 하옵소서."

그렇게 기도하자마자 두려움이 물러가고 하나님의 평강이 임해 이렇게 기도하실 수 있었다. "그러나 나의 원대로 마시옵고 아버지의 원대로 하옵소서"(마 26:39). 예수님은 비슷한 기도를 두 번 더 하셨는데, 그때마다 하나님의 평강이 그분의 정신과 마음속으로 들어왔다. 그 기도를 세 번째로 하실 때는 하나님의 평강이 그분의 마음을 완전히 사로잡았다. 덕분에 그분은 하나님이 의도하신 대로 사명을 완벽하게 수행하실 수 있었다. 그분의 정신과 마음을 지킨 평강은 너무도 강력하여 불가능한 사명을 끝까지 완수하게 만들었다.

진정으로 원하는 것을 솔직히 아뢰며 기도하면 결국 하나님의 평강이 우리 마음에 임하여 우리의 뜻이 아닌 하나님의 뜻을 진심으로 구할 수 있게 된다. 나는 지금까지 살면서 이것을 수없이 경험했다. 때로는 하나님의 평강이 임하기까지 몇 분밖에 걸리지 않았다. 때로는 훨씬 더 오래 걸릴 때도 있었다. 하지만 빌립보서 4장 6-7절의 명령에 따라 기도하기만 하면 결국 평강이 찾아올 뿐 아니라 현재 순간으로 돌아올 수 있다.

하나님이 처음 내 눈을 열어 현재 순간 속에서 사는 것의 중요성을 보여 주신 뒤, 그 원칙은 나의 일상을 완전히 바꿔 놓았다. 나는 수많은 사람에게 그리스도의 인자와 사랑을 보여 줄 수 있었다. 나는 그들에게 관심을 기울이고 그들이 나와 하나님께 진정으로 귀한 존재임을 보여 주는 말이나 행동을 했다.

최근 절친한 친구 존(John)을 만나기 위해 뉴욕 시에 다녀왔다. 존은 암으로 죽어 가고 있었다. 그의 아내 캐롤리(Carolee)가 내게 전화를 해서 남편의 상태가 급격히 나빠지고 있다고 알려 왔기에 서둘러 채비를 해서 집을 나섰다. 나는 뉴욕 시에 도착하자마자 캐롤리에게 전화를 걸었다. 그녀는 남편이 좋아하는 것 중 하나는 병문안 오는 사람들이 밀크셰이크를 가져오는 것이라고 귀띔해 주었다. 그녀는 남편이 에맥 앤 볼리오스(Emack & Bolio's)라는 작은 가게의 밀크셰이크를 특히 좋아한다며 장소를 알려 주었다. 하지만 나는 금방 잊어버리고서 존 부부의 아파트에서 한참 떨어진 다른 에맥 앤 볼리

오스 지점을 찾아갔다. 내 딸은 나를 그 가게 밖에 내려 주었다.

가게 앞으로 가 보니 문이 닫혀 있었다. 오픈 시간이 20분 뒤인 것을 보고 한숨이 터져 나왔다. 가게 안을 보니 서둘러 오픈 준비를 하는 여성이 보였다. 나는 그녀를 향해 미소를 지어 보이며 손을 흔들었다. 처음에는 그녀가 고개를 흔들었지만 내가 몇 번이나 다급하게 손을 흔들자 결국 빙그레 웃으며 문 쪽으로 걸어와 열어 주었다. 나는 친구가 죽어 가는데 이곳의 밀크셰이크를 너무 좋아하니 좀 사정을 봐 달라고 부탁했다. 그녀는 다시 한 번 빙그레 웃더니 나를 안쪽으로 안내했다. 나는 친구가 무슨 맛을 좋아하는지 몰라 바닐라와 초콜릿을 하나씩 달라고 말했다.

그러고 나서 잠시 내 마음은 과거로 흘러갔다. 4주 전에 존을 방문했던 일을 떠올렸다. 그러다 이내 내 마음은 미래로 날아갔다. 나는 친구의 정신이 그나마 또렷할 때 그의 집에 도착할 수 있을지 걱정하기 시작했다. 그의 의식이 있는지 없는지 궁금했다. 그러다 퍼뜩 내가 현재 순간 속에 있지 않다는 사실을 깨달았다. 그 즉시 내 시선을 리셋하고서 그녀에게 도움을 준 일에 얼마나 감사한지 모르겠다고 말했다. 그녀에게 어디 출신인지 물어보자 "필리핀인이에요"라는 답변이 돌아왔다. 나는 마닐라에 여러 번 다녀왔고 필리핀 사람들을 좋아한다고 말했다. 그녀가 가게 주인인지 물어보자 언니와 형부가 주인이라고 말했다. 순간 그녀의 낯빛이 어두워지더니 얼마 전에 언니가 남편과 자식을 남겨 두고 암으로 세상을 떠났다고 말했다. 나는 얼마나 마음이 아프겠냐고 위로하며 그녀와 언니의 가족을 위해 기도해 주겠다고 말했다. 그녀는 즉시 고개를 끄덕였고 나는 그녀의 어깨에 손을 얹고 기도했다.

내가 기도를 마치자 그녀는 눈물이 가득한 눈으로 감사를 표시했다. 나는 생판 모르는 사람을 위해서 20분 일찍 문을 열어 줘서 오히려 더 고맙다고 말했다. 그러면서 이렇게 말했다. "저는 대중 앞에서 강연을 자주 합니다. 앞으로 아가씨에 관해서 사람들에게 자주 이야기하게 될 것 같군요."

그러자 그녀는 이렇게 말했다. "저는 나중까지 기다리지 않을 거예요. 오늘밤 선생님에 관해서 이야기할 거예요. 집에 도착한 즉시요! 온 가족에게 선생님이 저희를 위해 기도하셨다는 이야기를 할 거예요."

내가 현재 순간으로 돌아오지 않았다면 우리가 함께한 그 짧은 시간에 그녀를 향한 하나님의 놀라운 사랑을 경험하지 못했을 것이다. 다행히 나는 하나님이 그녀의 슬픔을 아시며 그녀와 그녀의 가족을 위해 누군가를 가게로 보낼 만큼 그녀를 깊이 사랑하신다는 사실을 그녀에게 보여 줄 수 있었다.

그리스도께서는 우리에게 현재 속에 살라고 명령하신다. 밭을 보고 눈앞의 곡식을 추수하라고 명령하신다. 우리가 이 명령을 따르기 시작하면 장담컨대 현재 순간 속에서 그분의 놀라운 사랑을 경험하게 될 것이다. 남은 삶 동안 거의 매일같이 그분의 사랑을 나눌

자연스러운 기회들을 얻게 될 것이다.

이 책에서 다른 것을 다 놓치고 이 원칙 하나만 실천해도 매일 이 기적으로 변할 것이다. 하나님이 우리 안에서 그리고 우리를 통해 놀라운 역사와 때로는 기적을 행하시는 모습을 보며 큰 기쁨을 누리게 될 것이다. 하나님은 오직 현재 속에 거하시며, 그분의 기적도 마찬가지다.

지금까지 읽은 내용을 생각하면서, 이번 장의 첫머리에서 당신을 걱정하게 했던 한 가지를 다시 한 번 떠올려 보라. 그 걱정이 무엇이든 현재 순간으로 시선을 돌리기 위해 어떤 리셋 버튼을 누를 수 있을지 생각해 보라.

이제, 당신의 마음이 현재에서 떠나게 만들곤 하는 슬픔이나 후회를 생각해 보라. 그 슬픔이나 후회가 당신의 마음과 감정을 과거로 끌고 갈 때마다 현재 순간으로 시선을 돌리기 위해 어떤 리셋 버튼을 누를 수 있을지 생각해 보라.

이 리셋 버튼을 사용하여 마음과 정신을 현재 순간으로 되돌리는 연습을 할수록 점점 더 자연스러워진다. 이 활동에 수반하는 놀라운 유익과 기적을 경험할수록 하나님, 그리고 그분이 우리 삶 속으로 보내 주시는 사람들과 현재 속에서 함께하는 시간이 점점 더 늘어날 것이다.

경고 신호가 들릴 때마다
현재로 시선을 돌리라
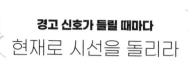

우리가 '미래' 속에 있다는 경고 신호	우리가 '과거' 속에 있다는 경고 신호
· 불안	· 슬픔
· 두려움	· 후회
· 스트레스	· 수치
· 공포	· 분노
· 기대	· 향수(鄕愁)

5. 지독히 가슴 아픈 상황 속에 있다면

통제할 수 없는 상황 너머의
그분의 약속을 붙들라

요셉의 원칙 5. 매일 하나님의 세미한 음성에 귀를 기울이라 요셉을 생각하면 대개 꿈과 해몽을 떠올린다. 그런데 7장에서 보겠지만 해몽에 관한 이야기가 나올 때마다 그는 그것이 자신의 해몽이 아닌 하나님의 해몽이라는 점을 지적했다. 바로가 자신의 두 가지 꿈을 해석해 달라고 부탁하자 요셉은 힘주어서 이렇게 말했다. "내가 아니라 하나님께서 바로에게 편안한 대답을 하시리이다"(창 41:16).

요셉은 바로에게 꿈을 주신 분이 하나님이시고 자신에게 꿈의 의미를 알려 주실 분도 하나님이심을 알았다. 하나님은 어떻게 꿈의 의미를 알려 주셨을까? 요셉의 마음과 영에 속삭이셨다. 요셉은 하나님이 자신에게 꿈의 의미를 속삭이셨다는 것을 알고 그 속삭임을 바로에게 자신 있게 전했다. 요셉이 하나님의 속삭이심을 얼마나 자주 들었는지는 모르겠지만 그가 꿈의 의미를 말할 때는 그분의 속삭이심을 들었다는 것을 확실히 안다. 또한 그가 엄청난 성공을 거둔 사업적 결정에 관해서도 그분의 속삭이심을 들었을 가능성이 높다. 노예로 살 때와 감옥에 갇혀 있을 때도 내내 그분의 속삭이심을 들었을지 모른다. 다시 말하지만 그가 바로 왕의 꿈 해몽이 필요할 때만 그분의 속삭이심을 들었는지 평소에 늘 그분의 속삭이심을 들었는지는 알 수 없다. 하지만 그가 그분의 속삭이심을 들었다는 것만큼은 확실하다.

뉴욕에 갔을 때 한 월스트리트 펀드매니저에게 초대를 받은 적이 있다. 뛰어난 재무 분석가와 그의 주요 고객 중 한 명도 자리를 같이 했다. 그들은 모두 독실한 신자였다. 예수님과 동행한 지 얼마나 되었냐는 물음에 나는 복음서에 기록된 거의 2천 개에 달하는 예수님의 말씀을 지난 십 년간 묵상해 왔다고 대답했다. 나는 그들이 마주한 중요한 질문이나 문제 중에서 예수님이 다루시지 않은 것은 하나도 없다고 말했다. 지난 몇 년 동안 누군가 내게 자신이 다루고 있는 질문이나 문제나 상황에 관해서 이야기할 때마다 성령님은 내 마음속에 예수님의 말씀을 속삭이셨다. 그분의 말씀은 항상 답과 해법을 밝혀 주었다. 나는 하루도 빠짐없이 그분의 말씀을 묵상해 왔다. 성령은 요한복음 14장 26절에 기록된 그분의 놀라운 약속을 매일 이루어 주셨다. 그 구절에서 예수님은 성령에 관해서 말씀하시면서 이렇게 약속하셨다. "그가 너희에게 모든 것을 가르치고 내가 너희에게 말한 모든 것을 생각나게 하리라."

또한 나는 예수님의 말씀에 대한 질문을 받을 때마다 성령이 즉시 그 질문에 대한 답이 되는 구체적인 성경 구절을 생각나게 하셨다고 했다. "사람들은 제가 예수님의 말씀을 수백 개는 외우고 있는 줄 압니다. 그렇지 않습니다. 제가 그들의 상황에 맞는 예수님의 말씀을 인용할 수 있는 것은 성령님이 예수님의 말씀을 생각나게 하는 사역을 하고 계시기 때문입니다."

재무 분석가는 나의 말을 시험해 보기로 하고서 자신이 오랫동안 고민해 온 한 가지 문제를 이야기했다. "좋습니다. 예수님은 이 문제에 관해서 뭐라고 말씀하실까요? 독실한 신자로서 저는 하나님이 미래에 주실 짝을 위해 순결을 지켜왔습니다. 현재 저는 마흔일곱 살이 되었는데 아직도 짝을 보내 주시지 않네요."

그 즉시 성령님은 내 마음속에 예수님의 말씀을 속삭이셨다. 나는 빙그레 웃으면서 재무 분석가에게 말했다. "와우! 하나님이 선생님을 정말 많이 사랑하시는군요! 방금 하나님은 그분의 뜻이 아니면 참새 한 마리도 땅에 떨어지지 않는데 그분께 선생님은 참새들보다 훨씬 더 귀하다고 말씀하셨습니다. 하나님은 선생님을 그분의 둥지 안에서 안전하게 보호하고 계십니다. 큰 행복이라 생각하며 결혼했다가 둥지에서 땅으로 떨어진 친구들을 떠올려 보세요. 지금까지 하나님은 선생님을 보호하기 위해 둥지에 두신 겁니다."

내가 이 말을 하는 동안 재무 분석가의 눈에는 눈물이 가득 고였다. 그는 우리에게 이렇게 말했다. "너무 감격해서 눈물이 납니다. 작년에 하나님께 제게 필요한 성경 말씀을 달라고 기도했거든요. 제가 남은 평생 부여잡을 수 있는 인생 구절을 달라고요. 방금 선생님이 인용하신 그 구절이 바로 하나님이 제게 주셨던 구절이랍니다. 지금 하나님은 선생님의 마음속에 그 구절을 속삭이셨어요.

그래서 선생님이 이것이 저를 위한 하나님의 답이라고 말씀해 주신 거예요!"

그 자리에 있던 모든 사람이 크게 놀랐다. 사복음서에는 예수님의 말씀이 약 1천 900개가 기록되어 있다. 그 순간 하나님이 내게 속삭이신 말씀은 바로 1년 전 그 재무 분석가에게 주셨던 말씀이었다. 바로 이것이 요한복음 14장 26절에 약속된 성령의 역사다. 누구나 매주 꾸준히 예수님의 말씀을 묵상하면 이런 역사를 경험할 수 있다.

아들의 전화

수년 전 나는 많은 청중 앞에서 우리 회사와 새 제품을 소개하기 위해 다른 지역에 갔다. 그곳의 한 호텔 룸에서 프레젠테이션을 준비하며 쉬고 있는데 휴대폰이 울렸다. 받아보니 청천벽력과도 같은 소식이 들려왔다. 스무 살의 내 아들이 급속도로 자라나는 거대한 종양으로 인해 우루과이에서 집으로 돌아오고 있다는 연락이었다. 병원에서는 암으로 진단했다. 아들의 생명이 경각에 달했으니 내가 아는 인맥을 다 동원해서 최고의 의사를 찾아야 했다. 전화를 끊자마자 나는 호텔 룸 바닥에 주저앉아 대성통곡을 했다. 이제 겨우 스무 살인 아들을 살려 달라고, 아들 대신 내가 암에 걸리게 해달라고 울며 부르짖었다.

그 순간 하나님은 내 귀에 속삭이셨다. "네 책을 펴라." 당시 나는 1천 900개의 예수님 말씀을 225개의 주제로 정리한 책을 2년간 집필한 상태였다. *The Greatest Words Ever Spoken*(역사상 가장 위대한 말씀들)이라는 제목의 그 책은 4개월이 지나도록 출간되지 않고 있었지만 출판사는 다음날 있을 나의 텔레비전 인터뷰를 위해 네 권을 가제본 상태로 제작해 주었다. 나는 즉시 가제본의 포장을 뜯어 책을 폈다. 그러자 190쪽이 펴졌고 주제는 '불안과 걱정과 두려움'이었다. 그 쪽에서 빨간색으로 된 첫 번째 말씀은 "내니 두려워하지 말라"였다(요 6:20). 그리고 그 다음 말씀은 "너희는 마음에 근심하지 말라 하나님을 믿으니 또 나를 믿으라"였다(요 14:1).

이 주제에 관해 예수님이 하신 말씀을 읽고 있자 내 이해를 초월하는 놀라운 평강과 평안이 나를 감쌌다. 하지만 내 마음을 가득 채운 주님의 위로와 평강에도 불구하고 아들의 상황만 생각하면 여전히 가슴이 아팠다. 아들이 곧 겪을 일을 생각하면 다시 눈물이 흘렀다. 그래서 하나님께 그날 밤 사업 파트너들을 대상으로 한 프레젠테이션을 도무지 못하겠다고 말씀드렸다. 그 즉시 하나님이 시편 15편의 한 구절을 속삭이셨다. "그의 마음에 서원한 것은 해로울지라도 변하지 아니하며"(시 15:4). 이것은 내가 여러 번 읽었던 구절이었다. 이는 약속을 했다가 나중에 그 약속으로 인해 손해를 볼 것을 알아도 무조건 지켜야 한다는 뜻이다. 하나님은 이렇게 속삭이셨다. "그 약속을 지켜야 한다. 어제 너는 두 교회의 예배 때 사람들에게 오늘밤 프레젠테이션을 할 것이라고 말했다. 그곳의 교인들 중에도 그 프레젠테이션을 들으러 올 사람들이 있을 것이다. 그러니 가야만 한다!"

하지만 도무지 내키질 않았다. "주님, 이 상황에서 어떻게 프레젠테이션을 한단 말입니까? 지금은 그저 울고만 싶습니다."

그러자 다시 하나님의 속삭이심이 들려왔다. "내가 네 입을 열어 말하게 할 것이다."

나는 마음을 억지로 추스르고 모임 장소로 갔다. 프레젠테이션을 하고 나서 청중들에게 내 상황을 이야기했다. 나는 그곳에 모인 사람들에게 내 아들이 주님의 기적으로 낫도록 한 주간 기도를 해 달라고 부탁했다. 그러자 나와 만난 지 3일밖에 되지 않은 한 목사님이 앞으로 나왔다. "기다릴 필요가 있을까요? 지금 당장 기도하죠." 그는 몇몇 리더들을 불러 내 주위로 모이게 하고 기도하기 시작했다. "아버지, 당신은 위대한 의사이신 줄 압니다. 당신에게는 불가능한 일이 없습니다. 지금 예수 그리스도의 이름으로 간구합니다. 이 형제님의 아들을 괴롭히는 종양이 수증기처럼 증발해 버리게 해 주십시오. 말끔히 사라지게 해 주십시오. 의사가 아들의 몸을 열어 보고 나서 이 형제님에게 이렇게 말하게 해 주십시오. '혼란스럽네요! 암을 찾을 수가 없어요! 도무지 이해할 수가 없어요! 이런 일은 처음 봤어요!'라고 말하게 해 주십시오. 그래서 주님이 기적을 행하시는 분이며 오직 당신만이 영광을 받으신다는 사실을 저희 모두가 알게 해 주십시오."

그 목사는 기도를 마치고 나서 나를 내려다보며 말했다. "하나님이 기도에 응답하셨다는 사실을 절대적으로 믿길 바랍니다. 분명 아드님은 괜찮습니다. 이제 아무것도 걱정할 필요가 없습니다." 그의 기도가 감사하긴 했지만 솔직히 그의 말을 곧이곧대로 믿을 수는 없었다.

다음날, 유타대학병원 비뇨기과 과장이 아들을 봐 주기로 했고, 사흘 뒤 아들이 집에 도착하면 곧장 병원으로 데려오라고 말했다. 금요일에 아들이 공항에 도착하자마자 점심식사도 하지 않고 곧바로 병원으로 향했다. 병원에서 아들은 비뇨기과 과장인 블레이크 해밀턴(Blake Hamilton) 박사에게 검사를 받았다. 간단한 검사 후 해밀턴 박사는 우리를 사무실로 불렀다. 그는 암이 맞다며 월요일에 수술 일정을 잡았다고 말했다. 종양의 크기와 위치로 볼 때 전이될 확률이 매우 높기 때문에 조직 검사 후 가슴과 뇌를 촬영할 것이라고 했다. 만약 전이되었다면 꽤 오래 항암 치료를 받아야 한다고 했다.

월요일이 되었고, 수술은 오후 12시 30분에 시작되었다. 아들이 수술실에 들어간 지 2시간 뒤, 나와 아내를 찾는 전화벨이 울렸다. 간호사가 우리를 불러서 아내를 보며 말했다. "해밀턴 박사님은 아직 수술 중이시지만 보호자분과 할 얘기가 있다고 하십니다."

나는 아내에게 그 목사의 기도에 관한 이야기를 하지 않은 상태였다. 그의 말을 믿을 수 없었기 때문이다. 아내가 전화를 받았고,

잠시 후 수화기에 대고 이렇게 말했다. "혼란스럽다고요?" 아내는 몇 번 "헉" 하는 소리를 하더니 전화를 끊었다.

나는 아내에게 말했다 "혹시 의사 선생님이 혼란스럽다고 말씀하셨나요?"

아내는 울면서 말했다. "네, 의사 선생님이 혼란스럽다고 하셨어요."

"그러고 나서 암을 찾을 수 없다고 하셨고요?"

놀란 아내가 대답했다. "네, 맞아요. 암을 찾을 수 없다고 하셨어요. 동결절편의 조직 검사를 했더니 암이 없다는 결과가 나왔대요."

"그러고 나서 도무지 이해할 수가 없다고 하셨고요?"

"맞아요. 도무지 이해할 수 없다고 몇 번이나 반복하셨어요."

"그러고 나서 이런 일은 처음 봤다고 하셨고요?"

아내는 잠시 숨을 돌리고서 말했다. "아뇨. 그런 말씀을 하시지 않았어요."

이제 나는 일주일 전 그 목사의 기도에 관해서 아내에게 말했다. 그 말에 아내는 "그 목사님이 정말 그렇게 기도하셨어요?"라고 말했다.

"네, 150명 앞에서 큰 소리로 기도하셨죠. 그러고 나서 하나님이 자신의 기도에 응답하셨으니 우리 아들이 괜찮을 거라고, 아무것도 걱정할 것이 없다고 말씀하셨죠. 여보, 암은 사라졌어요. 의사 선생님은 네 문장 중 세 문장을 똑같이 말하셨어요. 이런 일은 처음 봤다는 말만 하지 않으셨죠."

우리는 둘 다 놀라서 벌린 입을 한동안 다물지 못했다. 1시간 뒤 해밀턴 박사가 수술복을 입은 채로 대기실에 들어와 우리 맞은편에 앉았다. 그는 하늘로 두 팔을 들었고, 그의 입에서 처음 나온 말은 "이런 일은 처음 봤어요!"였다. 이어서 그는 이렇게 말했다. "암이 입힌 손상은 다 있는데 암은 없었어요."

우리 아들의 몸에 암이 없었다. 다음날 그 목사에게 전화를 걸어 이 이야기를 했더니 그는 차분히 이렇게 대답했다. "당연한 결과입니다. 하나님이 제 기도에 응답하셨다고 했잖아요."

하나님은 이 겸손한 목사가 요청한 기적을 행하셨을 뿐 아니라 성령을 통해 그에게 이미 기도가 응답되었다는 확신까지 주셨다. 그는 암이 증기처럼 증발해 버렸고 우리가 의사에게서 네 마디를 들을 것이라고 100퍼센트 확신했다. 성령은 그에게 "장래 일"을 밝혀 주셨다(요 16:13).

오늘날 이런 성령의 역사가 얼마나 자주 일어나는가? 미래에는 얼마나 자주 일어날까? 알 수 없다. 하지만 한 가지는 확실하다. 나는 성령의 어떤 역사가 일어날 수 없다는 의심의 말을 더 이상 하지 않을 것이다. 나중에 나는 그 목사가 믿음의 은사를 지녔고 그가 사역하는 동안 그런 일이 일어난 것이 처음이 아니라는 사실을 알게 되었다.

예수님의 말씀이 주는 강력한 힘

내가 아는 예수님의 제자들은 대부분 성령의 역사를 경험했다. 그들은 다양한 상황에서 성령의 인도하심을 보았다. 그들 중 상당수는 성령이 적시에 특정한 성경 구절을 생각나게 하신 적이 있다. 그리고 성령의 인도하심을 따르지 않고 성경의 가르침에 불순종했을 때, 죄를 깨우치고 바로잡아 주는 성령의 역사를 경험했다. 많은 이들이 다양한 성령의 은사를 경험했고, 대부분의 신자들도 성령의 열매를 보았다. 하지만 내가 말하고 있는 예수님의 '속삭이심'을 듣는 것은 약간 다른 경우다. 그것은 마태복음 10장 27절에 기록된 예수님의 명령과 요한복음 14장 26절에 기록된 그분의 약속에 관한 것이다.

마태복음 10장 27절에서 예수님은 이렇게 말씀하셨다. "내가 너희에게 어두운 데서 이르는 것을 광명한 데서 말하며 너희가 귓속말로 듣는 것을 집 위에서 전파하라." 본문 말씀에서 예수님은 제자들에게 그분이 밤에 말씀하시는 것을 낮에 선포하고 귀에 속삭임으로 듣는 것을 강한 확신으로 선포하라고 명령하신다. 요한복음 14장 26절에 기록된 예수님의 가르침을 여기에 더하면 이런 결론을 도출할 수 있다. 우리가 예수님의 말씀과 가르침을 묵상하면 성령이 꼭 필요한 때에 그 말씀과 가르침을 생각나게 해 주실 것이다. 예수님이 제자들에게 말씀하신 귓속말 곧 속삭이심을 듣는 것이 바로 이런 것을 뜻한다.

개인적으로 내가 네 번째 요셉 원칙을 적용한 방식이 바로 예수님의 속삭이심을 듣는 경우다. 다행히 우리는 꿈이나 해몽을 기다릴 필요가 없다. 우리는 예수님의 속삭임을 훨씬 더 구체적이고 쉽게 접할 수 있다. 곧 하나님의 지혜와 뜻에 관한 가장 확실한 계시를 통해서다. 예수님의 말씀을 들어보자. "천지는 없어질지언정 내 말은 없어지지 아니하리라"(마 24:35). 예수님은 그분의 말씀에 대하여 21개의 약속을 주셨다. 그분의 말씀은 무엇과도 비교할 수 없는 역할과 힘을 지니고 있다.

"모든 성경은 하나님의 감동으로 된 것으로 교훈과 책망과 바르게 함과 의로 교육하기에 유익하니"(딤후 3:16). 모든 성경은 하나님의 감동으로 쓰여 특별한 목적을 위해 우리에게 주어진 것이다. 하지만 예수님은 그분의 말씀에 관해서 매우 강력한 약속과 선포를 하셨다. 예수님은 성경에서 발견되는 다른 어떤 말이나 격언, 가르침에 관해서 그런 선포를 하신 적이 없다. 예를 들어, 예수님은 이렇게 말씀하셨다. "살리는 것은 영이니 육은 무익하니라 내가 너희에게 이른 말은 영이요 생명이라"(요 6:63). 예수님의 말씀은 계시와 영감을 가져올 뿐 아니라 영과 생명으로 충만하다. 지난 15년간 매일 예수님의 말씀을 묵상한 결과, 나는 그 말씀이 그 어떤 말보다도 강하게 그분의 영과 생명을 내 삶 속에 불어넣는다는 사실을 발견했다. 그 말씀은 마치 내 머리로 들어와 내 마음을 꿰뚫고 내 영혼 깊은 곳까지 미치는 것처럼 느껴진다. 깊은 낙심, 심지어 절망이 밀려올 때 그 말씀은 나의 내면 깊은 곳까지 들어와 그 어디서도 찾을 수 없는 평강과 확신을 전해 준다.

오해하지는 말라. 나는 15년 넘게 성경을 연구해 왔는데, 하나님은 내가 성경에서 어떤 말씀을 읽든 언제나 그 말씀을 통해 그분이 원하시는 뜻을 이루셨다(사 55:11). 예수님의 말씀은 내가 경험한 어떤 것보다도 큰 권위와 능력을 지니고 있다. 예수님의 산상수훈을 듣고 난 뒤, 마태는 이렇게 기록했다. "예수께서 이 말씀을 마치시매 무리들이 그의 가르치심에 놀라니 이는 그 가르치시는 것이 권위 있는 자와 같고 그들의 서기관들과 같지 아니함일러라"(마 7:28-29).

대제사장들과 바리새인들이 예수님을 체포해서 데려오기 위해 관리들을 보냈지만 관리들은 빈손으로 돌아왔다. 대제사장들과 바리새인들이 "어찌하여 잡아오지 아니하였느냐?"(요 7:45)라고 묻자 관리들은 이렇게 대답했다. "그 사람이 말하는 것처럼 말한 사람은 이때까지 없었나이다"(요 7:46). 그들은 돌처럼 굳은 마음으로 예수님을 체포하러 갔지만, 그분이 말씀하실 때 그들의 마음이 녹아내렸다. 그들은 이 사람이 그 어떤 사람과도 같지 않다는 사실을 깨달았다. 그래서 그분을 체포할 시도조차 하지 못했다. 나중에 그분은 다른 군중에게 이렇게 말씀하셨다. "내가 내 자의로 말한 것이 아니요 나를 보내신 아버지께서 내가 말할 것과 이를 것을 친히 명령하여 주셨으니"(요 12:49).

기적은 말씀 안에 거할 때 일어난다

예수님은 베드로와 야고보와 요한을 데리고 높은 산으로 올라가셨다. 거기서 예수님은 변화되셨다. 얼굴이 태양처럼 빛나고 옷은 빛처럼 새하얘졌다. 그 후 이스라엘 역사상 가장 존경받는 두 선지자인 모세와 엘리야가 예수님 곁에 나타나 이야기를 나누었다. 그때 베드로의 성급하게 나서는 버릇이 도졌다. "주여 우리가 여기 있는 것이 좋사오니 만일 주께서 원하시면 내가 여기서 초막 셋을 짓되 하나는 주님을 위하여, 하나는 모세를 위하여, 하나는 엘리야를 위하여 하리이다"(마 17:4).

베드로가 말하는 동안 밝은 구름이 그들을 뒤덮고 하나님의 진노한 음성이 들려왔다. "이는 내 사랑하는 아들이요 내 기뻐하는 자니 너희는 그의 말을 들으라"(5절). 그것이 진노한 음성이었는지 어떻게 알 수 있을까? 다음 구절에서 베드로와 야고보와 요한이 "엎드려 심히 두려워하니"라고 하기 때문이다(6절).

예수님의 세례식 때 증인들은 하나님이 사랑을 담은 음성으로 이렇게 말씀하시는 것을 들었다. "이는 내 사랑하는 아들이요 내 기뻐하는 자라"(마 3:17). 이때는 아무도 두려워서 떨지 않았다. 변화산 사건에서 하나님의 반응은 예수님과 두 선지자의 기념물로 초막 셋을 짓겠다는 베드로의 말이 지독히 잘못된 것임을 보여 주었다. 하나님은 예수님이 이 땅에 오신 뒤로 그분과 그분의 말씀이 모든 선지자와 그들의 말을 대신하게 되었다고 크고도 분명하게 선포하셨다. 예수님은 하나님의 궁극적인 말씀이었다. 모세를 비롯한 모든 선지자는 한낱 인간이었지만, 하나님은 예수님이 그분이 사랑하는 아들이라는 점을 분명히 밝히셨다. 사실 예수님은 곧 모세와 엘리야를 비롯한 다른 선지자들을 죄에서 구원하기 위해 십자가로 향하실 참이었다. 하나님이 정색하시는 모습이 상상된다. "어찌 감히 이런 인간을 내 아들과 비교하느냐! 그의 말을 듣고 그가 하라는 대로 하라!"

히브리서 저자는 변화산에서 말씀하신 그 하나님께 영감을 받아 이렇게 기록했다. "옛적에 선지자들을 통하여 여러 부분과 여러 모양으로 우리 조상들에게 말씀하신 하나님이 이 모든 날 마지막에는 아들을 통하여 우리에게 말씀하셨으니 이 아들을 만유의 상속자로 세우시고 또 그로 말미암아 모든 세계를 지으셨느니라 이는 하나님의 영광의 광채시요 그 본체의 형상이시라 그의 능력의 말씀으로 만물을 붙드시며 죄를 정결하게 하는 일을 하시고 높은 곳에 계신 지극히 크신 이의 우편에 앉으셨느니라"(히 1:1-3).

마지막으로, 예수님은 최후의 만찬에서 제자들에게 말씀하셨다. "내가 너희에게 이르는 말은 스스로 하는 것이 아니라 아버지께서 내 안에 계셔서 그의 일을 하시는 것이라"(요 14:10).

이제 왜 내가 영과 생명으로 충만한 예수님의 말씀이 지금까지 인간의 입에서 나온 그 어떤 말보다도 강력하게 인간의 마음을 변화시킨다고 주장하는지 그 근거를 이해하겠는가? 또한 이것이 내가 그분의 속삭이심을 꾸준히 듣기 위해 매일 그분의 말씀을 읽고 깊이 묵상해야 한다고 주장하는 이유다. 사복음서에 기록된 그분의 말씀과 삶에 푹 빠져들기를 바란다. 당신의 삶과 당신이 영향을 미치는 사람들의 삶에 이 단순한 활동보다 큰 영향을 미치는 것은 단연코 없다. 이것은 내 지혜로 하는 말이 아니라 예수님이 그분의 말씀과 가르침에 관해서 직접 주신 약속에 근거해서 하는 말이다. 다음은 예수님이 그분의 말씀에 관해서 주신 21가지 놀라운 약속들의 목록이다.

예수님의 말씀에 담긴 21가지 약속들

1. 그분의 말씀은 그분의 영과 생명을 우리의 영과 삶 속에 계속해서 불어넣어 준다(요 6:63).
2. 그분의 말씀은 그분의 참된 제자가 될 길을 열어 준다(요 8:31).
3. 그분의 말씀은 진리를 친밀하게 알 길을 열어 준다(요 8:32).
4. 죄의 속박에서 해방된다(요 8:32-38).
5. 성자 예수님과 성부 하나님의 친밀함을 얻게 된다(요 14:21-23).
6. 성자와 성부께 특별한 사랑을 받게 된다(요 14:21-23).
7. 예수님이 자신을 보이시고 그분의 마음과 뜻을 우리에게 드러내신다(요 14:21-23).

8. 성부와 성자가 우리에게 오실 것이다(요 14:23).

9. 성부와 성자가 계속해서 우리와 함께 거하실 것이다(요 14:23).

10. 죄에서 깨끗함을 받게 된다(요 15:3).

11. 기도 응답을 받게 된다(요 15:7).

12. 영원한 열매를 많이 맺게 된다(요 15:8).

13. 성부 하나님을 영화롭게 하게 된다(요 15:8).

14. 예수님의 사랑 안에 거하게 된다(요 15:10).

15. 예수님의 기쁨이 우리 안에 있게 된다(요 15:11).

16. 우리의 기쁨이 충만해진다(요 15:11).

17. 우리의 인생이라는 '집'이 무너지지 않게 된다(마 7:24-25).

18. 우리의 인생이 완벽한 기초 위에 지어지게 된다(마 7:24-25).

19. 예수님이 우리를 친밀히 아시게 된다(마 7:21-25).

20. 영생의 확신을 얻게 된다(마 7:24-25).

21. 우리의 삶과 믿음이 흔들리지 않게 된다(마 7:24-25).

예수님의 말씀에 관한 그분의 21가지 약속을 받기 위한 조건은 하나뿐이다. 그분의 말씀 안에 거하기 시작하면 된다. 그분의 말씀 안에 거한다는 것은 복음서들을 늘 읽고 깊이 묵상하며, 그분의 말씀을 우리 태도와 행동의 기준으로 삼는다는 뜻이다. 그분의 약속과 명령과 가르침은 그분을 따르기 위한 단계별 지침이 된다. 각 단계를 밟을 때마다 믿음이 자라고, 믿음이 자랄수록 많은 기적이 나타날 것이다.

The

Joseph

Principles

Part 3

하나님 안에 거하는
형통한 인생이 되는 길

6. 믿음을 통한 기적

나는 할 수 없지만
그분은 하실 수 있음을 믿다

요셉의 원칙 6. 하나님이 당신을 통해 기적을 행하실 줄 기대하라

요셉을 생각하면 바로 떠오르는 몇 가지가 있다. 아버지 야곱이 그에게 주었던 채색옷과 형들 안에 불같은 시기심을 일으켰던 원대한 꿈이 생각난다. 노예로 팔려가고 보디발의 아내에게 유혹을 받은 일이 생각난다. 그리고 해몽이 생각난다. 그가 하나님의 주권을 깨닫고 형들을 용서한 일이 생각난다. 이 모든 것들이 그를 묘사하는 특징이지만 그를 가장 높이 평가하게 된 점은 이런 것들이 아니었다.

요셉이 노예로 팔려간 뒤로 그가 섬긴 사람은 단 세 명뿐이었다. 보디발, 간수장, 바로이다. 이 세 사람은 요셉의 한 가지 특징에 놀라움을 금치 못했다. 그의 '성공'이었다. 그의 성공은 너무도 놀라워서, 세 사람은 모두 자신의 전권을 그에게 넘길 정도였다. 요셉이 맡아서 관리한 일마다 상상을 초월한 성공을 거두었기 때문이다. 세 사람은 모두 그가 그토록 엄청난 성공을 거둘 수 있었던 유일한 이유가 바로 하나님의 함께하심이라는 점을 정확히 간파했다(창 39:3, 21; 41:37-44).

요셉은 하나님과 실로 친밀한 관계를 누렸다. 그가 거둔 모든 성공은 하나님과의 친밀함에서 흘러나온 것이었다. 세 사람은 이 점을 알았고, 요셉도 자신이 소유한 모든 것이 하나님과의 친밀한 관계 덕분이라는 점을 분명히 알았다. 요셉은 놀라운 확신을 품고 있었지만 이것은 자신에 대한 자신감이나 확신이 아니었다. 그의 확신은 전적으로 하나님, 그리고 그분의 사랑과 주권에 대한 확신이었다. 물론 그 확신은 하나님과의 친밀한 관계에서 흘러나왔다. 지독한 역경 속에서 그가 보여 준 놀라운 믿음과 사랑과 용서는 이 친밀함을 통해 가능했다.

당신이 이 영광스러운 그림을 보고 있기를 바란다. 나처럼 그것을 본다면 이런 생각을 하게 될 것이다. '아, 나도 하나님과 친밀한 관계를 누리면 얼마나 좋을까? 그래서 요셉 안에 형성된 것이 내 안에도 형성되면 얼마나 좋을까? 나도 초자연적인 믿음을 갖고 싶다. 나도 하나님과 다른 사람을 향한 사랑이 넘쳐서 도저히 용서할 수 없는 자들을 용서하고 싶다. 하나님을 기쁘시게 하고 영화롭게 하는 믿음, 내 주변에 온통 기적이 가득하게 만드는 믿음을 나도 얻고 싶다.' 만약 그렇다면 오늘 당신이 들을 수 있는 최고의 소식을 전한다. 당신은 하나님과 이런 수준의 친밀함을 누릴 수 있다!

혹시 이 말에 손사래를 치고 있는가? "아니요! 나 같은 사람이 감히 그런 꿈을 꿀 수 있나요? 내 믿음은 그런 믿음의 발끝도 따라가지 못합니다." 맞는 말이다. 당신에겐 그런 종류의 믿음이 없다. 하지만 그렇게 말한다면 핵심을 완전히 놓치고 있는 것이다. 그런 종류의 믿음은 하나님과의 친밀함에서 흘러나오는 복이다. 우리의 목표는 요셉과 같은 믿음이나 지혜, 영적 은사를 얻는 것이 아니어야 한다. 우리의 목표는 요셉이 누렸던 것과 같은 하나님과의 친밀함을 얻는 것이어야 한다. 이것이 우리의 초점이며 목표이다.

혹시 이렇게 생각하고 있는가? '내가 어떻게 하나님과 그런 종류의 친밀함을 누릴 수 있단 말인가.' 분명히 말하건대 당신은 성부 하나님과 그와 같은 수준의 친밀함을 누릴 수 있다. 아니, 그보다 더 깊은 차원의 친밀함도 누릴 수 있다. 그것은 요셉에게는 없는 세 가지가 우리에게 있기 때문에 가능하다. 첫째, 당신이 거듭났다면 성령이 당신의 영 안에 거하신다. 따라서 당신은 모든 성령의 열매를 맺을 수 있다.

둘째, 복음서들 덕분에 당신은 예수님의 삶에 관한 영광스러운 기록을 갖고 있다. 이것은 요셉은 알지 못했던 것이다. 그 삶은 성부 하나님을 완벽하게 드러내는 삶이다.

마지막으로, 요셉과 달리 당신은 메시아의 기록된 말씀을 볼 수 있다. 이 말씀은 하나님과의 사이에서 요셉이 경험했던 것보다도 더 깊은 친밀함을 누리게 해 주는 열쇠다. 예수님은 분명 그렇게 선포하셨다. 그분은 우리가 하나님과 친밀한 관계를 누릴 수 있다는 사실을 밝혀 주셨을 뿐 아니라, 그런 친밀한 관계로 나아가기 위해 따라야 할 정확한 지침들을 주셨다.

내가 말하는 친밀함은 종교적 크리스천이나 부지런한 성경 공부 등과는 조금도 상관이 없다. 안타깝게도 많은 사람이 하나님과의 관계를 성경 지식이나 성경 공부에 쏟는 시간에 비례해 정의하거나 평가한다. 성경 공부와 열심은 매우 아름답지만 그 자체로는 예수님 및 하나님과의 개인적인 친밀함을 갖도록 해주지 않는다. 성경을 보면 오히려 예수님은 가장 종교적이고 성경 지식이 가장 많은 당대의 학자들을 비판하셨다. "너희가 성경에서 영생을 얻는 줄 생각하고 성경을 연구하거니와 이 성경이 곧 내게 대하여 증언하는 것이니라 그러나 너희가 영생을 얻기 위하여 내게 오기를 원하지 아니하는도다"(요 5:39-40).

하나님 그리고 그분의 아들 예수 그리스도와의 관계는 성경 지식이나 종교적 활동으로 판단할 수 없다. 여기서 예수님은 하나님과의 관계와 그분에게서 비롯하는 영생을 얻으려면 이생과 내세 모두에서의 생명을 얻기 위해 그분께로 가야만 한다고 말씀하신다. 예수님은 중보기도를 하면서 이 점을 더 분명히 확인시켜 주셨다. "영생은 곧 유일하신 참 하나님과 그가 보내신 자 예수 그리스도를 아는 것이니이다"(요 17:3). 이 구절에서 사용된 헬라어는 '친밀히 안다'를 뜻한다. 따라서 영생은 성부와 성자를 '친밀히' 알 때 누릴 수 있다. 예수님은 이 친밀함을 어떻게 누릴지 알려 주시기 위해 하나님의 사랑의 언어를 가르쳐 주셨다.

게리 채프먼(Gary Chapman)은 《5가지 사랑의 언어》에서 우리 각자가 특정한 사랑의 언어를 갖고 있음을 말했다. 다시 말해, 우리는 다섯 가지 방식 중 한 가지 방식으로 사랑받기를 원한다. 채프먼은 우리가 사랑받기 원하는 방식을 우리의 사랑의 언어라고 부른다. 그가 규명한 다섯 가지 사랑의 언어는 ⑴인정하는 말, ⑵육체적 접촉, ⑶선물을 받는 것, ⑷양질의 시간, ⑸섬김의 행위다.

내 사랑의 언어는 인정하는 말이다. 그래서 한 사람은 내게 물질적 선물을 주고 한 사람은 내게 진심에서 우러나온 인정의 말을 하면, 나는 물질적 선물을 받는 것보다 인정의 말을 들을 때 더 사랑받는 기분을 느낀다. 물질적 선물을 주는 사람이 인정의 말을 해 주는 사람보다 나를 더 진심으로 사랑한다 해도, 나는 내 사랑의 언어로 나를 사랑해 주는 사람에게 더 사랑받는 '기분'을 느낀다.

반대로, 물질적 선물이 사랑의 언어인 사람에게 내가 인정의 말로 사랑을 표현한다면 내가 아무리 그를 진심으로 사랑한다 해도 내가 그의 사랑의 언어를 사용하지 않았기 때문에 그는 내 사랑을 느끼지 못할 수도 있다. 내게 가장 쉬운 방식으로 그를 사랑해 주면 그에게는 별로 효과가 없다.

나는 오랜 세월 동안 성경을 부지런히 공부하고 가르쳤다. 하지만 2005년, 예수님이 하신 말씀의 특별한 역할과 능력을 발견했다. 예수님은 말씀을 통해 생명의 큰 비밀들을 많이 밝혀 주셨다. 그런 비밀 중 하나는 우리가 하나님 아버지와 지속적이고도 진정한 친밀함을 어떻게 누릴 수 있느냐 하는 것이었다. 그런데 놀랍게도 예수님의 계시는 내가 상상했던 것과 사뭇 달랐다. 개리 채프먼의 표현을 빌리자면 예수님은 그분과 성부 하나님의 사랑의 언어를 밝혀 주셨다. 예수님은 그분과 성부 하나님을 이 방식으로 사랑하면 누구나 그분 및 성부 하나님과 친밀한 관계 속으로 들어올 수 있다고 약속해 주셨다.

예수님은 이 방식으로(그분의 사랑의 언어를 사용하여) 사랑하는 모든 남녀노소에게 이렇게 약속하셨다. "내 아버지께 사랑을 받을 것이요 나도 그를 사랑하여 그에게 나를 나타내리라"(요 14:21). 그러고 나서 곧바로 이렇게 덧붙이셨다. "내 아버지께서 그를 사랑하실 것이요 우리가 그에게 가서 거처를 그와 함께하리라"(23절). 예수님과 성부 하나님을 이 방식으로 사랑하는 이들에게 예수님은 그분과 성부가 그들을 특별하고도 친밀한 방식으로 사랑하실 것이라고 약속하셨다. 그 사랑은 너무도 특별하다. 예수님이 개인적으로 자신을 드러내시고 아예 그들과 함께 계속해서 사실 것이라고 말씀하셨다. 바로 이것이 하나님과의 진정한 친밀함이다!

지금쯤 당신이 이렇게 묻고 있기를 바란다. "이 사랑의 언어는 무엇인가? 내가 어떻게 해야 예수님과 성부 하나님이 그토록 기적적이고도 친밀한 방식으로 반응하실까?" 예수님이 밝혀 주신 그분과 성부 하나님의 사랑의 언어는 그분의 가르침과 명령에 순종하는 것이다(요 14:21). 말 그대로 예수님이 하시는 말씀을 듣고 그대로 '행하는' 것이 그분의 사랑의 언어다. 자, 예수님의 놀라운 약속을 들어 보라. 요한복음 14장 21-24절이다.

"나의 계명을 지키는 자라야 나를 사랑하는 자니 나를 사랑하는 자는 내 아버지께 사랑을 받을 것이요 나도 그를 사랑하여 그에게 나를 나타내리라 가룟인 아닌 유다가 이르되 주여 어찌하여 자기를 우리에게는 나타내시고 세상에는 아니하려 하시나이까 예수께서 대답하여 이르시되 사람이 나를 사랑하면 내 말을 지키리니 내 아버지께서 그를 사랑하실 것이요 우리가 그에게 가서 거처를 그와 함께 하리라 나를 사랑하지 아니하는 자는 내 말을 지키지 아니하나니 너희가 듣는 말은 내 말이 아니요 나를 보내신 아버지의 말씀이니라."

자, 이 구절을 자세히 분석해 보자.

첫째, 예수님과 성부 하나님의 사랑의 언어는 평소 우리가 사용하는 감정적인 사랑이 아니라 매우 실천적인 사랑의 말이다. 말 그대로 예수님이 하신 말씀을 듣고 그대로 행하는 것이다. 그분의 지시와 가르침을 듣고 나서 믿음 안에서 그 지시와 가르침을 따라야 한다. 즉 그 지시와 가르침대로 행하는 것이다.

둘째, 다양한 상황에서 어떤 선택을 해야 할지 고민이 될 때 우리는 "예수님이 뭐라고 말씀하셨는가?"라고 물어야 한다. 예수님의 또 다른 약속에 따르면 성령은 예수님이 하신 말씀을 생각나게 해 주신다. 그러면 우리는 그 말씀대로 행함으로 성부와 성자를 향한 사랑을 표현해야 한다(요 14:26). 한편, 예수님은 그분이 말씀하신 대로 행할 은혜와 능력을 주지 않고 그냥 지시만 내리는 분이 아니다 (고전 10:13). 그리고 (율법의 명령과 달리) 예수님의 명령은 우리를 괴롭게 하는 무거운 짐이 아니다(요일 5:3). 오히려 그분의 명령은 우리에게 힘을 준다. 그분의 명령은 우리 영혼의 엔진을 위한 로켓 연료와도 같다. 그분의 명령은 우리로 하여금 그분의 엄청난 능력으로 '발사되어' 우리를 방해하거나 가로막는 모든 문제 위로 날아오르게 만든다.

셋째, 우리가 예수님의 말씀을 듣고 그대로 행함으로 그분을 향한 사랑을 보이면 그분과 성부 하나님은 매우 특별한 방식으로 우리를 사랑해 주신다. 예수님은 그분의 마음과 뜻과 지혜를 보여 주심으로 그 특별한 사랑을 표현하신다.

넷째, 예수님과 성부 하나님이 우리에게 오셔서 우리와 함께 계속 거하신다. 온 우주의 하나님과 그분의 아들이 우리에게 오셔서 우리가 어디에 거하든 함께해 주신다니 이 얼마나 놀라운 일인가. 우리가 단독주택이나 아파트, 텐트, 보트, 사막 한가운데의 침낭까지 그 어느 곳에서 살든 성부와 성자가 원하는 방식으로 그분들을 사랑하면 그분들이 우리와 함께하신다.

역경, 상심, 외로움이 주는 의미

이것은 모든 것을 바꾸는 약속이다. 당신이 인생 최대한 시련과 상심 속에 있다고 상상해 보라. 예수님이 갑자기 당신의 방에 나타나신다고 생각해 보라. 골똘히 생각하고 고민하던 모든 것을 잊어 버리고 즉시 그분께로 시선을 돌릴 것인가? 외로움이 순식간에 물러갈 것인가?

답은 물론 "그렇다"이다. 육체적으로 예수님이나 성부 하나님을 보지 못하더라도 예수님이 하시는 말씀에 귀를 더 기울이고 그 말씀대로 행하려고 노력하면 성부와 성자가 우리에게로 오신다. 그분들이 우리와 함께 사시고, 성령을 통해 그분들의 지속적인 임재와 평강, 사랑을 경험하게 해 주신다.

또한 예수님의 말씀을 생각나게 하시는 성령의 음성을 듣게 된다. 그래서 우리 마음의 귀로 주님의 속삭이심을 듣게 된다. 예를 들어, 예수님이 이렇게 속삭이시는 음성을 들을 수 있다. "수고하고 무거운 짐 진 자들아 다 내게로 오라 내가 너희를 쉬게 하리라 나는 마음이 온유하고 겸손하니 나의 멍에를 메고 내게 배우라 그리하면 너희 마음이 쉼을 얻으리니"(마 11:28-29). 예수님은 이렇게 말씀하셨다. "내 양은 내 음성을 들으며 나는 그들을 (친밀히) 알며 그들은 나를 따르느니라"(요 10:27).

선한 목자의 음성을 듣고 매일 그분을 더욱 친밀히 알아갈 수 있도록 그분과 딱 붙어서 살게 된다. 사실, 그분에 따르면 이런 종류의 친밀함이야말로 영생의 본질이다. 그분은 체포되시던 날 밤 중보기도를 하면서 그렇게 말씀하셨다. "영생은 곧 유일하신 참 하나님과 그가 보내신 자 예수 그리스도를 아는 것이니이다"(요 17:3).

혹시 이런 생각을 하고 있는가? '나는 예수님을 알고 그분이 하신 말씀도 알지만 그렇다고 해서 별로 달라질 것이 없어.' 별로 달라질 것이 없다면 예수님이 하신 말씀을 제대로 알지 못하고 있기 때문이다. 그분이 하신 말씀을 제대로 알지 못하면 그분이 원하시는 방식으로 그분을 알 수 없다. 명심하라. 이런 수준의 친밀함에 대한 그분의 조건은 그분의 명령과 가르침에 귀를 기울이고 그대로 행함으로 그분을 따르는 것이다. 이것이 그리스도를 따르는 삶의 당연한 기초처럼 보이지만, 사실 지금까지 이것은 교회 내에서 널리 가르치는 메시지가 아니었다. 내가 예수님이 제자들에게 150개가 넘는 명령을 주셨는지 아느냐고 물었을 때 많은 목사, 심지어 세계에서 가장 존경받는 크리스천 리더들도 금시초문이라는 반응을 보였다.[1] 어떤 목사들은 거의 10개의 명령도 말하지 못했다. 또한 내가 예수님이 제자들에게 80개가 넘는 조건부 약속을 주셨다고 말하자 그들은 충격을 받았다.[2]

나는 성경을 열심히 공부하는 크리스천들을 많이 봤지만 그리스도의 명령과 약속과 가르침을 아는 사람은 소수였다. 하지만 분명 예수님과 성부 하나님은 늘 이 말씀에 관심을 기울이라고 하셨다. 예수님의 말씀은 믿음으로 살기 위한 기초를 제공한다. 예수님의 말씀은 우리를 하나님과의 친밀함으로 이끌 뿐 아니라 신앙 안에서 자라게 만든다. 예수님의 말씀은 막대한 사랑, 연민, 진리, 능력을 우리의 삶과 사역에 불어넣는다. 예수님의 말씀은 우리를 제자로 만들고 남들도 제자를 삼도록 능력을 주시는 성령의 도구다(마 28:19-20).

너무 버겁게 느껴지는가? 하지만 전혀 그렇지 않다. 처음 수학을 배울 때는 덧셈과 뺄셈이 너무 버겁다. 하지만 매일 하다보면 전혀 버겁지 않게 된다. 그리스도의 명령과 약속과 가르침도 마찬가지다.

시련이나 상심, 외로움을 겪고 있는 이들에게

예수님은 역경과 상심과 외로움에 관해서 매우 많은 말씀을 하셨다. 그분은 위로, 함께하심, 인도하심, 해법까지 우리에게 필요한 모든 것을 말씀으로 알려 주셨다. 예를 들어, 마태복음 11장 28-30절에 기록된 그분의 명령과 약속을 보자. "수고하고 무거운 짐 진 자들아 다 내게로 오라 내가 너희를 쉬게 하리라 나는 마음이 온유하고 겸손하니 나의 멍에를 메고 내게 배우라 그리하면 너희 마음이 쉼을 얻으리니 이는 내 멍에는 쉽고 내 짐은 가벼움이라." 이제 이 구절을 분석해 보자.

말씀분석(마태복음 11장 28-30절)

먼저 예수님은 지치고(녹초가 된, 스트레스에 찌든, 불안해하는, 두려움에 빠진) 무거운 짐 진(슬퍼하는, 삶에 버거워하는, 무너진) 자들에게 "내게로 오라"

고 명령하신다. 문제가 생기면 사람을 먼저 찾는 것이 우리의 본성이다. 예수님께 가더라도 가장 마지막에 간다. 물론 기도하면서 그분께 도우심과 인도하심을 구하기도 한다. 하지만 본문 구절에서 예수님은 훨씬 그 이상의 것을 명령하신다. 예수님은 마음을 열고, 무엇보다도 귀를 열고 그분께 나아와 위로와 사랑, 진리, 인도하심의 말씀을 들으라고 명령하신다.

다음으로, "내게로 오라"라는 명령에 순종하면 예수님은 우리가 내내 지고 있던 모든 짐에서 쉼(완전한 휴식)을 주겠노라 약속하신다. 여기서 '쉼'에 해당하는 헬라어는 '완전한 휴식'을 의미한다. 즉 모든 노동을 멈추고 얻는 육체적 휴식을 뜻한다. 여기서 노동은 짐을 예수님께 맡기지 않고 스스로 짊어지기 위해 쏟는 정신적, 감정적, 육체적 노력과 그로 인한 스트레스를 말한다.

또 예수님은 그분의 멍에를 메라고 명령하신다. 여기서 예수님이 말씀하시는 멍에는 소들을 서로 묶는 멍에가 아니다. 여기서 예수님은 랍비의 멍에를 말씀하신다. 랍비의 멍에란 율법에 대한 랍비들의 해석과 그 율법을 삶에 적용하는 법에 관한 가르침을 말한다. 대다수 랍비들의 멍에는 제자들의 영적 어깨에 인간이 만든 막대한 짐을 더한다. 반면, 예수님은 제자들(과 우리)에게 그분의 멍에는 정반대라고 말씀하셨다. 그분의 멍에는 우리에게 짐을 더해 주기는커녕 있는 짐을 더 가볍게 해 준다.

예수님은 "내게 배우라"라고 말씀하신다. 당신은 삶의 태도와 행동의 기준이 될 지식을 어디에서 얻는가? 텔레비전이나 영화, 인터넷인가? 친구들과 친척들, 교육자나 치료사, 책, 잡지, 목사나 상담자, 여타 종교적 권위자들을 통해 얻는가? 이런 것이 아무리 좋아도 예수님은 무엇보다도 먼저 그분에게서 배워야 한다고 말씀하신다. 복음서에 기록된 그분의 가르침에서 배우라. 그분의 삶, 태도, 행동에서 엿볼 수 있는 빛나는 본보기 안에서 배우라. 그러면 그분의 궁극적인 진리들을 얻고, 그 진리들을 기준으로 세상의 지식과 가치를 판단할 수 있다. 그분의 가르침과 삶이라는 렌즈를 통해 삶의 모든 것들을 바라볼 수 있다.

예수님은 겸손한 마음으로 우리를 부드럽게 이끌고 인도하며 가르치겠다고 약속하신다. 예수님은 경찰관이나 판사, 종교적 독재자가 아니다. 그분은 겸손하고 사랑이 많고 부드러운 목자로, 그분의 아버지를 사모하고 그분의 양떼를 사랑하신다. 그리고 그분의 말씀이나 삶 속의 본보기로 우리를 가르치실 때 온유하고 겸손하게 가르치신다.

예수님은 우리 영혼(우리 존재의 깊은 곳, 우리의 본질)이 짐에서 완전한 휴식과 쉼을 얻을 것이라고 약속하신다. 예수님의 멍에를 메고 그분에게서 배우면 그분의 영과 생명이 우리의 영과 삶 속에 들어올 것이다. 그러면 단순히 정신적이거나 감정적인 쾌감이 아니라 우리 영혼 깊은 곳까지 우리 존재의 중심을 점진적으로 변화시키는 이해할 수 없는 평강과 기쁨이 찾아올 것이다.

마지막으로 예수님의 멍에는 쉽고 그분의 짐은 가볍다. 여기서 예수님은 우리에게 다른 짐을 더해 주는 종교 교사들의 멍에와 달리 그분의 멍에는 진정으로 쉽고 그분의 짐은 가볍다고 약속하신다. 그분은 우리의 무거운 짐을 그분의 가벼운 짐과 바꾸라고 권하신다. 그분이 이런 말씀을 하시는 이유는 우리가 우리의 짐을 주저함 없이 그분 앞에 내려놓기를 원하시기 때문이다. 그분 앞에 짐을 내려놓으면 그분이 약속하신 쉼 속으로 들어가 새로운 힘을 얻는다.

예수님은 이 모든 말씀을 최후의 만찬에서 하셨다(요 13-16장). 그분은 제자들의 극심한 스트레스와 지독한 불안을 덜어 주기 위해 애쓰고 계셨다. 그분은 곧 체포되고 무자비한 매질과 채찍질을 당한 뒤에 십자가에서 돌아가실 참이었다. 나아가 우리 죄의 오물을 홀로 뒤집어쓰고 영원 전 이후 처음으로 아버지로부터 분리되실 참이었다. 이 모든 고난이 앞에 놓여 있었지만 그분의 관심은 오로지 제자들을 섬기고 안심시키고 지도하고 격려하는 데 있었다. 그분은 제자들이 공포에 사로잡히지 않고 궁극적으로 그분의 말할 수 없는 기쁨을 경험하기를 바라셨다. "내가 이것을 너희에게 이름은 내 기쁨이 너희 안에 있어 너희 기쁨을 충만하게 하려 함이라"(요 15:11).

그분은 온 인류의 죄라는 짐을 짊어지시기 직전이었다. 그럼에도 그분께는 제자들의 짐의 무게를 온전히 감당하실 여지가 있으셨다. 당신과 나도 그렇게 되기를 원한다.

"당신들은 나를 해하려 하였으나 하나님은 그것을 선으로 바꾸사"(창 50:20).

요셉이 형들에게 한 이 선포는 하나님의 주권이라는 영광스러운 진리를 드러낸다. 하나님은 영광스러운 뜻을 이루고 온 나라를 구하기 위해 인간의 악한 행위까지 활용할 정도로 주권적인 분이다. 비즈니스에서는 '10킬로미터 상공에서 보는 시각' 혹은 거시적 시각이라는 표현을 사용한다. 하지만 예수님은 여기서 멈추지 않으신다. 그분은 우리에게 지상에서 바라보는 시각, 즉 미시적 시각도 제공해 주신다. 그분은 우리의 삶 속에서 일어나는 부정적이거나 어려운 일 중에 먼저 하나님 사랑의 뜻을 통과하지 않고서 일어나는 일은 단 하나도 없음을 보여 주신다(마 10:29-31).

가슴 아픈 일, 심지어 인생을 와르르 무너뜨리는 사건을 경험하면 이렇게 말하기 쉽다. "하나님은 내게 신경도 쓰시지 않아", "하나님이 우리를 사랑하시는 줄 알았는데 어떻게 이런 일이 일어나도록 허락하실까?" 등을 말한다. 하지만 예수님은 하나님이 우리를 사랑하셔서 우리 삶의 사소한 부분까지도 세심하게 신경을 쓰신다고 말씀하신다. 심지어 하나님은 우리의 머리카락의 수까지 아실 정도다. 그렇기 때문에 우리는 하나님이 밤이든 낮이든 이 모든 상황, 모든 순간 속에서 우리와 함께하신다고 전적으로 믿을 수 있다. 이 책의 첫머리에서 말했듯이 역경은 하나님과의 교제를 방해하고 가로

막는 걸림돌이 될 수도 있고, 그분과의 더 친밀한 관계로 가기 위한 도약대가 될 수도 있다. 하나님이 우리에게 신경을 쓰지 않다거나 우리와 함께하지 않는다는 그릇된 판단에 빠지면 역경은 그분과의 교제를 막는 걸림돌이 된다. 이 걸림돌을 넘어서기 위해서는 그릇된 판단을 정확한 판단으로 대체해야 한다.

우리와 전혀 다른 하나님의 판단

역경이 닥칠 때 우리가 하나님과 그분의 사랑에 대해 그런 그릇된 판단에 빠질 수 있는 이유는 그 역경을 이 땅에서의 유한한 삶의 관점에서만 보기 때문이다. 우리는 모든 사건과 경험을 이 땅에서의 관점에서 보고 판단한다. 하지만 예수님은 이 땅에서의 시간은 새벽에 나타났다가 해가 떠오르는 즉시 사라지는 일시적인 안개에 불과하다고 말씀하셨다(약 4:14).

반면, 하나님은 모든 것을 영원과 그분의 영광스러운 뜻의 관점에서 보신다. 그분의 뜻은 우리의 시간이라는 작은 상자 안에 담을 수 없을 만큼 광대하다. 하나님의 사랑과 자비, 의, 정의, 심판은 시간 한계 속에서 온전히 드러나거나 실행되거나 경험될 수 없다. 하나님께는 사랑을 표현하고 정의를 펼칠 시간이 그야말로 영원히 남아 있다.

그리스도를 믿고 거듭난 신자로서 우리의 본질은 일시적인 몸

안에 있는 영원한 영이다. 예수님은 우리가 우리의 삶과 그 안에 있는 모든 것을 하나님의 영원한 관점에서 바라보고, 예수님의 말씀을 듣고 따라 행하기를 원하신다. 사도 바울은 우리가 이 땅에서 겪는 역경을 통해 하나님의 은혜가 점점 더 많은 사람에게 전해질 수 있으며, 고난이 우리를 위해서 이 땅의 그 어떤 고통과도 비교할 수 없는 영원한 영광을 낳는다고 말씀하신다. 그러고 나서 우리가 보고 느끼는 것은 일시적일 뿐이지만 우리가 보거나 느끼지 못하는 것은 영원하다고 말한다(고후 4:16-18).

그렇다면 어떻게 해야 하는가

예수님은 우리에게 원칙만 주지 않으셨다. 그분은 우리가 행할 구체적인 행동들을 자세히 제시하셨다. 그분이 매일 실천하라고 명령하신 몇 가지 행동 단계를 소개해 보면 다음과 같다.

마음을 다스리라. 예수님은 그분과 성부 하나님을 적극적으로 믿음으로써 마음을 다스리라고 말씀하셨다. 예수님이 말씀하신 믿음은 단순히 머리로만 수긍하는 것이 아니라 그분의 말씀을 행함으로 표현되는 믿음이다(요 14:1).

듣고 행하라. 예수님은 그분의 말씀을 듣고 행하지 않는 것을 모래 위 믿음으로 보신다. 그분의 말씀을 듣고 행하는 것은 반석 위 믿음으로 그곳에 우리 삶을 지으라고 말씀하셨다(마 7:24-27). 예수님은 우리가 그분의 가르침을 듣고 행하면 인생의 풍랑이 아무리 사납게 몰아쳐도 그 모든 역경을 견디고 극복하기 위해 필요한 것을 그분께 얻을 수 있다고 약속하셨다.

기억하고 기뻐하라. 성부와 성자가 우리에게 영생을 주기 위해 행하신 일을 종일 기억하고, 우리의 이름이 하늘에 영구적으로 기록되었다는 사실에 기뻐해야 한다(요 3:16; 눅 10:20). 오늘부터 시작하라.

예수님의 말씀을 묵상하라. 마태, 마가, 누가, 요한복음에 기록된 예수님의 가르침을 매일 집중해서 읽으라. 또한 그 가르침을 주제별로 정리한 *The Greatest Words Ever Spoken*(역사상 가장 위대한 말씀들)을 읽으라.[3] 예수님의 말씀을 묵상하고 기도하면서 읽으면 그 말씀이 마음속에 깊이 새겨진다. 그러면 성령이 모든 것을 가르쳐 주시고 예수님의 말씀을 기억나게 해 주신다(요 8:31-32, 14:26).

은밀한 중에 기도하라. 예수님은 혼자만의 장소로 가서 은밀한 중에 아버지께 간구하면 아버지께서 보상해 주신다고 말씀하셨다(마 6:6). 물론 함께 모여서 기도하는 것도 좋지만 하나님과 단 둘이서 기도하면 두 마음이 하나로 합해지고, 심지어 지극히 작은 속삭임까지도 듣고 느낄 수 있게 된다. 예수님이 약속하신 성부 하나님의 보상은 그분과의 더 깊은 연합을 준다. 성령이 전해 주시는 성부와 성자의 속삭이심을 듣기 위해 고요한 자리로 가라. 이를 통해 우리의 삶과 현재 상황 속에서 하나님의 뜻이 이루어지기를 바라는 마음이 한층 더 강해진다. 하나님의 뜻이 드러나고, 예수님의 말씀을 기억하고, 더 큰 확신과 용기, 사랑으로 살아갈 힘을 얻는 것이 보상이다.

예수님의 속삭이심에 귀를 기울이라. 마태복음 10장 27절에서 예수님은 이렇게 말씀하셨다. "내가 너희에게 어두운 데서 이르는 것을 광명한 데서 말하며 너희가 귓속말로 듣는 것을 집 위에서 전파하라."

나는 15년 동안 예수님의 말씀을 읽고 묵상해 왔다. 이 활동을 처음 시작할 때부터 필요한 순간마다 예수님의 말씀을 생각나게 하시는 성령의 역사를 경험했다. 의문이 생기거나 선택의 기로에 서면 성령이 특정한 질문이나 선택에 적용할 수 있는 예수님의 말씀을 내 마음속에 속삭이시는 경우가 많다. 안타깝게도 내가 그분의 속삭임을 무시하고 그분이 원함이 아니라 내가 원하는 것을 고집스럽게 행한 적도 많았다. 그럴 때는 나 자신에게 해로운 결과가 나타날 뿐 아니라 남들에게도 깊은 상처를 입혔다.

하나님과의 친밀함이 곧 자랑이다

믿기 어려울지 모르겠지만 "성부 하나님이 우리와 친밀함을 원하실까?"에 대한 답은 "그렇다"이다. 그리고 이 답은 성경을 통해 확인 가능하다. 예레미야는 다음과 같이 기록했다. "여호와께서 이와 같이 말씀하시되 지혜로운 자는 그의 지혜를 자랑하지 말라 용사는 그의 용맹을 자랑하지 말라 부자는 그의 부함을 자랑하지 말라 자랑하는 자는 이것으로 자랑할지니 곧 명철하여 나를 아는 것과 나 여호와는 사랑과 정의와 공의를 땅에 행하는 자인 줄 깨닫는 것이라 나는 이 일을 기뻐하노라 여호와의 말씀이니라"(렘 9:23-24).

하나님은 우리 인생의 큰 기쁨과 목적(우리의 자랑)이 그분과의 친밀함에서 흘러나와야 한다고 말씀하셨다. 이 구절에서 '알다'로 번역된 히브리어는 '친밀하게 알다'를 의미한다. 지금 하나님과의 친밀함이 우리의 기쁨과 자랑이 아니더라도 조급해할 필요는 없다. 매일 예수님이 하신 말씀을 듣고 행하는 데 집중하다보면 하나님과의 친밀함이 점점 우리의 자랑이 된다. 그리고 앞서 살폈듯이 예수님은 요한복음 17장 3절의 기도에서 한층 더 나아가신다. 그분은 그분과 성부 하나님을 아는 것이 영생의 본질이라는 점을 밝혀 주셨다. 우리의 영생은 죽고 나서 시작되지 않는다. 영생은 우리가 이 땅에서 사는 동안 시작된다. 성부, 성자와의 친밀함 속에서 살아갈 때 매순간 영생을 경험할 수 있다.

하나님은 그분과의 친밀함이 우리의 자랑이 되어야 한다고 말씀하셨고 예수님은 영생이 성부와 성자를 친밀히 아는 것이라고 하셨다. 그렇기 때문에 성부와 성자는 우리와의 친밀함을 원하신다. 예수님이 영생을 그분과 성부 하나님을 친밀히 아는 것과 동일시하셨다는 사실을 알면 요한복음 3장 16절이 새로운 의미로 다가온다. "하나님이 세상을 이처럼 사랑하사 독생자를 주셨으니 이는 그를 믿는 자마다 멸망하지 않고 영생을 얻게 하려 하심이라." 예수님이 하시는 말씀을 듣고 행할 정도로 그분을 철저히 믿으면 영생을 얻게 된다. 즉 하나님과 그분이 보내신 예수 그리스도와의 진정한 친밀함을 얻게 된다.

혹시 오해하지는 말라. 예수님의 말씀대로 행하면 영생을 얻을 수 있다는 뜻이 아니다. 영생은 하나님이 그분의 아들을 믿는 모든 사람에게 주시는 선물이다. 우리가 예수님이 말씀하신 대로 행하는 것은 그분의 선물을 받았기 때문이다. 예수님이 말씀하신 대로 행하는 것은 하나님의 사랑의 언어다. 그것은 하나님이 원하시는 방식으로 그분의 사랑에 보답하는 행동이다.

 당신을 향한 예수님의
속삭이심을 들으라

요한복음 14장 21-24절을 읽고서 예수님이 당신에게 하시는 말씀을
당신의 언어로 풀어 적어 보라.

7. 순종을 통한 기적

믿음 안에서
한 걸음이면 충분하다

요셉의 원칙 7. 순종은 하나님의 임재와 친밀함을 누리는 길이다

몇 달 전, 우리 가족과 친하게 지내던 태미(Tammy)가 전화를 걸어왔다. 아내가 전화를 받았는데 흐느껴 우는 소리가 들렸다. 태미는 가장 친한 친구의 열여덟 살짜리 아들이 트럭과 정면충돌하는 사고로 목숨을 잃었다고 말했다. 아니나 다를까, 10시 뉴스에는 이 사고에 관한 소식이 흘러나왔다. 우리는 즉시 인터넷에 접속해서 뉴스 사이트에서 그 기사를 찾아냈다. 기사에 따르면 그 청년은 현장에서 즉사했다.

　　과거에 나는 자동차 사고, 암, 자살, 심지어 살인 사건으로 자녀를 잃은 부모들을 돕는 사역을 한 적이 있었다. 내가 원했던 사역이 아니었지만 하나님은 그 사역을 위해 나를 적시적소로 이끄셨다. 뉴스를 보던 중 하나님은 내 마음에 그 청년의 부모를 돕고 싶은 갈망을 주셨다. 특히 어떤 연유로 특별히 그의 아버지와 이야기를 나누고 싶었다. 하지만 당시는 적시가 아니라고 판단했다. 그래서 대신 조용히 기도를 드렸다. "하나님, 이 갈망이 당신에게서 온 것이라면 그 부모를 만날 기회를 주십시오."

　　한 달쯤 지났을 때, 태미의 가족이 스키를 타기 위해 유타 주에

왔다. 아내와 나는 차를 타고 그 가족이 묵고 있는 콘도로 갔다. 그런데 놀랍게도 교통사고로 죽은 그 청년의 부모가 그곳에 함께 묵고 있었다. 아내와 나는 그 사실을 전혀 몰랐다.

얼마 뒤 여자들이 잠시 시내 구경을 하겠다고 나가는 바람에 나와 그 청년의 아버지만 단 둘이 콘도에 남게 되었다. 하나님은 그렇게 내 기도에 응답해 주셨다. 하나님은 내가 마음의 갈망을 느끼던 그 남자와 같은 콘도의 같은 소파 위에 있게 만드셨다.

우리는 대화를 시작했고, 그 남자는 태미 가족과의 관계에 관해서 이야기했다. 그러고 나서 그는 "몇 주 전에 교통사고로 아들을 잃었습니다." 나는 애도를 표시했고 이후 둘 다 잠시 말을 잇지 못했다. 이윽고 그가 입을 열었다. "그거 아세요? 자식을 잃으니까 친구들과 친척들이 다 애 엄마에게만 신경을 쓰더라고요. 아빠의 마음이 어떤지는 헤아리려고 하지 않아요. 방치된 기분이랄까요."

그 말을 듣고 나는 '이번에는 절대 그렇지 않아요!'라고 생각했다. 하나님은 서로 만날 계획이 전혀 없던 우리 두 사람을 한자리로 모으셨다. 그때 우리는 서로 평생의 친구가 될 줄 전혀 몰랐다.

그는 자신의 종교에 관한 모든 것을 다시 생각하게 되었다고 말했고, 나는 이해한다고 말하며 대화를 이어갔다. "자식을 잃은 다른 가족들을 알고 있는데 다른 아버지들도 종교에 관해 다시 생각하더군요. 그런데 아시는지 모르겠지만 종교는 충분하지 않아요. 종교는 우리 영혼의 가장 깊은 곳까지 파고 들어가 우리의 상처를 어루

만지지 못한답니다."

그는 즉시 맞장구를 쳤다. "맞아요! 종교는 우리의 고통에 '닿지도' 못하지요."

계속해서 나는 이렇게 말했다. "하지만 예수님은 우리 마음과 영혼의 모든 측면을 다루어 주십니다. 그분은 우리의 고통을 어루만지고 우리의 괴로움을 달래 주실 수 있지요. 다만 무슨 신비로운 마법 같은 방법을 사용하시는 건 아니랍니다. 대신 그분의 말씀과 해법을 주십니다. 그분의 말씀에 귀를 기울이고 그대로 행하면 기적이 일어나죠. 지금 이 시기가 지독히 힘드시겠지만 예수님과의 더 깊은 친밀함으로 들어가는 시간이 될 수도 있을 겁니다. 지금까지 경험했던 것보다 더 깊고도 만족스러운 친밀함을 경험할 수 있어요."

"예수님을 떠날 생각은 없어요. 오히려 예수님을 더 깊이 알고 싶어요."

나는 예수님이 스스로 말씀하신 그분이라는 절대적인 확신을 얻은 뒤에 무신론을 떠났다고 말했다. "저는 종교를 추구한 적이 없습니다. 저는 예수님을 추구했습니다. 지난 56년 동안 예수님은 저의 구주이셨을 뿐 아니라 저의 가장 좋은 친구이셨어요. 보통 친구가 아니라 기적을 일으키는 친구이시죠!"

이것이 데이비드(David)와의 우정의 시작이었다. 나는 이 우정이 평생을 갈 것이라고 기대한다. 그날 밤 이후로 우리는 함께해 왔고, 하나님은 우리가 함께하는 시간에 큰 복을 주셨다.

이 이야기는 내가 그리스도의 제자가 된 이후로 경험한 수백 개의 기적 중 하나일 뿐이다. 하지만 그 수백 개의 기적조차 내가 '본' 기적에 불과하다. 50년 넘게 신자로 살아오면서 나와 내 주변 사람들에게 일어난 기적 중에 내가 보지 못한 기적은 족히 수천 개는 될 것이다.

예를 들어, 토론토의 한 모임에서 강연을 했을 때가 생각난다. 모임 후에 55세의 한 남자가 내게 잠시 자신의 이야기를 들어주지 않겠냐고 물었다. 그는 큰 교통사고를 당한 뒤로 정상적인 생활을 하지 못하고 있었다. 지친 아내는 그의 곁을 떠났고, 그는 정부 감사원 자리에서도 해고되었다. 그는 부모님 집의 지하실로 이사했다. 그의 회복 속도는 지겨울 만큼 느렸다. 결국 1년 뒤 그는 심한 우울증에 빠져들었다.

어느 날 오후, 그의 부모님은 점심식사를 하고 오겠다며 밖으로 나갔다. 그는 내게 이렇게 말했다. "오랫동안 자살을 생각해 왔는데 부모님이 나가신다고 하니까 완벽한 기회라고 생각했죠." 그는 유서를 쓰고서 의자 하나를 지하실로 갖고 내려갔다. 그리고 천장 기둥에 줄을 묶었다. 하필 그때 텔레비전이 켜져 있었다.

그가 의자에 올라가 서 있는데 기독교 방송에서 〈100 헌틀리 스트리트〉(100 Huntley Street)가 시작되었다. 그는 진행자가 나를 소개하는 소리를 들었고 내 이야기에 호기심이 생겨 잠시 의자에서 내려왔다. 그는 소파에 앉아 내가 예수님이 지금 살아 계신 것처럼 말하는 것을 유심히 들었다. "선생님은 마치 예수님이 가장 좋은 친구인 것처럼 말씀하셨죠."

나는 재빨리 이렇게 대답했다. "가장 좋은 친구 맞아요!"

그 남자는 계속해서 그 프로그램을 시청했고, 마지막에 내가 기도할 때 나와 함께 기도하면서 예수님께 자신의 죄를 용서하고 마음속에 들어와 구주가 되어 달라고 간청했다. "한참 울고 나서 의자를 위층으로 도로 갖다 놓고 유서를 찢었습니다. 그래서 제가 지금 이 자리에 있는 겁니다."

바로 이런 것이 내 주변에서 일어나고 있지만 내가 직접 보지 못했던 수천 개의 기적이다. 이 남자가 내 강연을 듣기 위해 그 모임에 오지 않았다면 나는 이 기적에 관해서 계속해서 모르고 있을 것이다. 내 차에 타본 사람이라면 누구나 내가 지금까지 살아 있는 것이 기적이라는 사실을 안다. 나를 검사했던 한 대학 병원 의사는 자신이 검사했던 사람 중에 내가 주의력 결핍 장애가 가장 심한 사람이라고 말했다. 참고로 그가 검사한 사람은 수천 명이 넘는다. 하나님이 나를 얼마나 많은 교통사고에서 기적적으로 구해 주셨을지 오직 그분만이 아시리라.

기적이 일상이 되는 경험

삶 속에서 더 많은 기적을 보기를 원하는가? (아마 당신이 지금까지

들어본 질문 중 가장 어리석은 질문일 것이다.) 요셉은 기적들을 경험했다. 그가 얼마나 많은 기적을 얼마나 자주 경험했는지는 모르겠지만 하나님이 그와 함께하셨고(창 39:2), 우리와 함께 계신다면 우리가 매일 기적에 둘러싸일 것은 확실하다.

혹시 요셉이 누군가의 꿈을 해석한 적이 한 번도 '없었다'는 사실을 아는가? 바로 왕실의 두 신하가 요셉과 같은 감옥에 투옥된 적이 있다. 그리고 둘 다 같은 날 밤에 꿈을 꾸었다. 이튿날 요셉이 그들의 얼굴에 수심이 가득한 연유를 묻자 그들은 이렇게 대답했다. "우리가 꿈을 꾸었으나 이를 해석할 자가 없도다." 그러자 요셉은 그들에게 이렇게 말했다. "해석은 하나님께 있지 아니하니이까"(창 40:6-8). 다시 말해, 요셉은 해석의 은사를 지니고 있지 않았다. 하지만 그는 하나님과 깊고도 친밀한 관계를 누리고 있었다. 그래서 하나님이 원하시면 언제라도 그에게 해몽을 주실 수 있었다.

2년 뒤 바로는 2개의 꿈을 꾸었는데 아무도 그 의미를 해석하지 못했다. 그때 술잔을 맡은 관원장은 바로에게 감옥에서 만난 히브리인 청년이 자신과 떡 맡은 관원장의 꿈을 해석해 주었고 모든 일이 그가 해석한 대로 이루어졌다고 말했다. 이에 바로는 당장 요셉을 불러 말했다. "내가 한 꿈을 꾸었으나 그것을 해석하는 자가 없더니 들은즉 너는 꿈을 들으면 능히 푼다 하더라"(창 41:15). 그러자 요셉은 왕이 전혀 예상치 못한 답변을 내놓았다. "내가 아니라 하나님께서 바로에게 편안한 대답을 하시리이다"(16절).

요셉은 완벽한 해몽의 기적을 행하는 것이 자신이 아니라 하나님이심을 알았다. 이것은 표현의 작은 차이가 아니다. 이것은 아주 중요한 진리다. 우리가 아닌 하나님이 기적을 행하신다. 하지만 우리는 하나님의 기적을 경험할 곳으로 가고, 그 기적을 볼 영적인 눈을 열 수는 있다.

물론 하나님이 우리를 통해 혹은 우리 주변을 통해 행하시는 기적 중에는 우리의 행보와 상관없는 기적들이 있다. 요셉은 스스로 노예가 되거나 감옥에 들어가지 않았다. 기적이 일어나기 위해 필요한 상황을 하나님이 조율하셨다. 이전 장에서 보았듯이 요셉은 단지 하나님의 은혜와 해몽을 받기 위해 그분께로 가까이 나아갔을 뿐이다. 그런 다음 그는 믿음으로 하나님이 주신 해몽을 확신 있게 선포했다.

열두 명의 아들 중 가장 사랑받던 아들에서 머나먼 외국 땅의 십대 노예로 전락하면 자신이 믿었던 하나님이 낯설고 원망스러울 수도 있다. 당신이 모든 형제 중에서 가장 사랑받는 자식에서 머나먼 외국 땅의 노예로 전락한다면 어떨 것 같은가? 내가 어떻게 할지는 뻔하다. 아마 나는 한동안(아마도 몇 주나 몇 달) 미친 듯이 기도하다가 이내 포기하고 말 것이다.

설상가상으로 유혹을 뿌리친 결과로 감옥에 던져지면 하나님에 대해 어떻게 생각하겠는가? 자신의 안위보다 하나님의 영광을 추구했는데 황당하게도 감옥에 들어가거나 모함을 당한다면? 그런 상황을 이겨 낼 믿음을 갖는다는 것은 상상하기 어렵다. 하지만 요셉에게는 아버지 하나님에 대해서 바로 그런 종류의 믿음이 있었다. 요셉은 여전히 하나님의 존재를 믿었을 뿐 아니라 어릴 적부터 배웠던 하나님의 놀라운 속성들에 대해서도 굳건한 믿음을 지니고 있었다. 무엇보다도 그는 하나님이 자기 삶의 만사를 주권적으로 다스리고 계신다고 믿었다. 노예에서 죄수를 거쳐 바로의 종이 되기까지 모든 과정이 철저히 하나님의 장중에 있다고 믿었다. 요셉 원칙 3번에서 보듯이 하나님의 주권과 사랑에 대한 굳은 확신이 그의 놀라운 믿음의 핵심이었다.

요셉의 믿음을 보면 "하나님께 복을 받아 마땅하다!"라고 감탄하는 동시에 "하지만 나는 저만한 믿음을 가질 수 없을 거야!"라고 지레 겁을 먹기 쉽다. 분명 예수님의 제자들도 3년 반 동안 그분과 동행하는 내내 같은 생각을 했을 것이다. 심지어 그들은 그리스도의 가장 단순한 명령에 순종할 만한 믿음도 없었다. 예수님이 서로를 하루에 일곱 번 용서하라고 명령하시자 그들은 이렇게 부르짖었다. "우리에게 믿음을 더하소서"(눅 17:5). 그들의 문제는 믿음이 충분하지 않은 것이 아니라 그 명령을 지킬 믿음이 '전혀' 없다는 것이었다. 예수님은 그들에게 지극히 작은 믿음만 있어도 나무를 향해 "뿌리가 뽑혀 바다에 심기어라"(6절)라고 하면 그대로 이루어진다고 말씀하셨다. 만약 그들에게 지극히 작은 믿음만 있었어도 "예, 주님, 저희가 그만큼 용서하기를 원하신다면 그 명령대로 순종하겠습니다"라고 말했을 것이다.

우리도 이 제자들과 같을 때가 얼마나 많은가. 예수님의 명령에 순종하지 않는다면 우리의 문제는 믿음이 너무 적은 것이 아니다. 우리의 문제는 그 특정한 순간, 그 특정한 상황을 위한 믿음이 전혀 없다는 것이다. 지극히 작은 믿음이라도 우리에게 예수님의 말씀을 듣고 행하기 위해 필요한 모든 것을 제공해 줄 수 있다. 예수님의 부활 이전의 제자들처럼 우리에게는 순종할 믿음이 없다. 그렇다고 자책하지는 말라. 서로 정도의 차이만 있을 뿐 이것은 예로부터 모든 신자의 문제였다. 중요한 것은 우리가 요셉 같은 믿음을 얻는 것이 가능하냐는 것이다. 답은 "그렇다!"이다.

구체적인 믿음과 행동

(나 자신을 포함해서) 내가 아는 대부분의 신자들은 '믿음이 조금만 더 있으면 좋으련만'이라고 생각할 때가 많다. 하나님이 그 목사의 믿음을 보고서 우리 아들의 암을 치유해 주신 것을 보고 나도 그런 믿음을 가졌으면 좋겠다는 생각을 했다. 당신은 어떤가? "믿음을 더하소서"라고 부르짖어 본 적이 있는가? 바로 이것이 아들의 수술 날 하나님의 기적적인 구원을 보고서 내가 한 일이다.

마가복음 9장에서 예수님은 귀신 들린 아들로 인해 괴로워하는 한 아버지에게 이렇게 말씀하셨다. "믿는 자에게는 능히 하지 못할 일이 없느니라"(막 9:23). 그 소년의 아버지는 즉시 이렇게 외쳤다. "내가 믿나이다 나의 믿음 없는 것을 도와주소서"(24절). 이 남자의 간구는 그의 마음속을 놀라울 정도로 투명하게 보여 준다. 게다가 놀라운 통찰을 담고 있다. 이런 심정을 느껴 본 적이 있는가? 나는 '물론 하나님과 주 예수 그리스도를 믿는다'라고 생각하면서도 불신을 느낄 때가 수없이 많다. 그리고 이런 불신은 특정한 상황에서 나의 시각과 태도와 행동을 제한한다. 내가 구체적으로 "주님, 저의 믿음 없는 것을 도와주소서"라고 기도하지는 않아도 그런 심정일 때가 많다.

제자들의 삶 속에서 비슷한 믿음의 딜레마를 여러 번 볼 수 있다. 그들은 가족들과 삶의 터전을 떠나 3년 반 동안 매일같이 그리스도를 따를 만큼 믿음이 충분했다. 하지만 항상 용서하고 판단하지 말라는 명령에는 순종할 믿음이 없었다. 예수님을 깨우지 않고서는 풍랑이 이는 바다에서 살아남을 수 있다고 믿는 믿음이 없었다. 공포 속에서 그들은 예수님을 깨워 간청했다. "선생님이여 우리가 죽게 된 것을 돌보지 아니하시나이까?"(막 4:38) 나는 제자들에게 공감할 뿐 아니라 동일한 모습을 보일 때가 너무도 많았다.

제자들은 예수님을 깨우기만 하면 자신들을 구해 주실 수 있다고 믿었다. 그 믿음만큼은 인정해 줄 만하다. 하지만 예수님이 배 안에 계신 것만으로 안전하다고 믿을 만큼 충분한 믿음은 없었다. 그분이 단 한 마디 명령으로 풍랑을 잠잠하게 하자 제자들은 그 기적을 눈앞에서 보고도 믿지 못해 충격에 휩싸였다. 여기서도 마가복음 9장의 아버지가 보인 믿음과 불신 사이의 딜레마를 볼 수 있다. 제자들은 예수님이 뭔가를 행하실 수 있다고 믿었지만 그분이 함께하시는 것만으로 자신들의 안전이 보장된다는 믿음까지는 없었다. 그분이 말씀만으로 날씨와 바다까지도 다스릴 수 있다는 믿음은 더더욱 없었다.

문제는 우리의 믿음을 어떻게 더할지가 아니라 믿음과 불신의 딜레마를 대체할 수 있는 종류의 믿음을 어떻게 얻을지다. 이번에도 예수님은 답을 갖고 계신다. 하지만 이 답을 살펴보기 전에 무엇이 믿음이고 무엇이 믿음이 아닌지부터 분명히 짚고 넘어가자. 믿음은 느낌이 아니다. 믿음은 마음에 완전한 확신을 품고 언제나 그 확신에 맞는 태도와 행동을 보이는 것이다.

개인적으로 나는 이 중요한 주제를 이해하기 위해 믿음을 두 범주로 나누었다. 일반적인 믿음과 구체적인 믿음이 그것이다. 예를 들어, 나는 하나님이 존재하시고 사랑이 많고 정의를 행하시며 의로우시다는 '일반적인' 믿음을 갖고 있다. 믿음의 이 측면은 내가 성경에서 읽은 것과 내가 평생 예수님과의 관계 속에서 개인적으로 경험한 것을 토대로 한다. 내 일반적인 믿음은 성부, 성자, 성령 하나님에 대한 기초적인 확신, 평강, 기쁨을 낳는다. 이 믿음은 그분을 더 친밀히 알고자 하는 갈망을 낳는다. 이 믿음은 내가 소중히 여기는 모든 것을 그분의 은혜로 여기며 감사하게 만든다. 이것은 예수님이 말씀하신, 산을 옮기는 종류의 믿음(마 21:21) 혹은 하나님이 기적적인 역사를 행하기 위해 자주 사용하시는 종류의 믿음이 아니다.

'구체적인' 믿음은 구체적인 행동이나 태도를 낳는다. 즉 하나님이 주시는 말씀을 특정한 순간 특정한 상황에 적용하게 하는 믿음이다. 하나님께로부터 오는 말씀이 먼저이고, 믿음은 그 말씀에 따라 행동을 취하는 것이다.

순종의 첫 걸음이 필요하다

복음서에 소개된 믿음의 기적들은 거의 다 예수님의 말씀이나 명령으로 시작된다. 베드로는 지혜롭게도 예수님의 명령이 떨어지기 전까지는 배에서 나오지 않았다. 예수님이 물 위를 걷는 모습을 보자 베드로는 부르짖었다. "주여 만일 주님이시거든 나를 명하사 물 위로 오라 하소서"(마 14:28). 베드로는 예수님이 오라고 명령하시면 물 위를 걸을 은혜와 능력과 기적을 주시리라는 것을 알았다.

예수님은 베드로에게 한 마디 명령을 주셨다. "오라"(29절). 이제 베드로는 그저 그 명령에 순종하기만 하면 되었다. 믿음으로 배 밖으로 나가기만 하면 되었다. 사실상 베드로는 물 위로 발을 내딛은 것이 아니었다. 그는 그리스도의 명령 위로 발을 내딛은 것이었다. 그에게 필요한 유일한 믿음은 순종의 첫 걸음을 내딛는 것이었다.

베드로는 한 걸음, 한 걸음 믿음으로 걸어갔다. 발걸음 하나마다 믿음이 강해지고 다음번 믿음의 발걸음을 내딛을 용기가 솟아났다. 그때 갑자가 강한 바람이 휙 불어오는 바람에 예수님의 말씀에 집중했던 마음이 흐트러졌다. 순간, 그리스도의 명령에 대한 믿음이 사라지고 눈앞의 상황에 대한 두려움이 몰려오자 몸이 가라앉기 시작했다. 그가 예수님께 구해 달라고 소리치자 예수님은 손을 뻗어 그를 물 위로 올려 주셨다(29-31절). 그러고 나서 예수님은 베드로에게 말씀하셨다. "믿음이 작은 자여 왜 의심하였느냐"(31절).

베드로에게 일곱 번 용서하라는 예수님의 명령에 순종할 믿음은 전혀 없었지만 이번에는 믿음이 있었다. 기적처럼 물 위를 걸어서 오라는 예수님의 명령에 순종할 만큼의 믿음이 충분했다. 하지만 그 믿음은 작았다. 그래서 상황과 환경이 변하자 바람에 신경을 집중했고, 그 순간 믿음이 의심으로 바뀌었다. 예수님의 명령은 변하지 않았지만 베드로의 믿음이 의심으로 바뀌었다는 점에 주목하라. 이것이 예수님이 그의 믿음을 작은 믿음이라고 부르신 이유다.

예수님의 말씀에 믿음으로 순종한 이야기들

◦ 예수님은 눈이 먼 상태로 태어난 젊은 남자에게 실로암 연못에서 눈을 씻으라고 명령하셨다. → 그는 순종했고 덕분에 시력을 얻었다(요 9)

- 예수님은 제자들에게 배의 반대편으로 그물을 던지라고 명령하셨다. → 그들은 순종했고 덕분에 그물에 다 담지도 못할 만큼 많은 물고기를 잡았다(요 21:6).
- 예수님은 방금 딸이 죽은 남자에게 "두려워하지 말고 믿기만 하라"라고 말씀하셨다. → 그 아버지는 친구들의 반응을 무시하고 예수님의 명령을 믿었다. 덕분에 그의 딸이 다시 살아났다(막 5:36-42).
- 예수님은 나사로의 누이들에게 그의 무덤 입구를 막고 있는 돌을 치우라고 명령하셨다. → 그들이 돌을 치우게 하자 나사로가 되살아났다(요 11:38-44)
- 예수님은 종들에게 빈 물통에 물을 가득 채우라고 명령하셨다. → 그들이 순종하자 450리터 이상의 물이 포도주로 변했다(요 2:6-10).
- 예수님은 38년 된 병자에게 일어나서 걸으라고 명령하셨다. → 그가 예수님의 명령에 순종하자 38년간 그로 하여금 정상적인 생활을 못하게 만들었던 병이 나았다(요 5:8-9).
- 예수님은 중풍병자에게 "네 침상을 가지고 집으로 가라"라고 명령하셨다. → 그가 순종하자 그의 몸에 생명과 힘이 돌아왔고 중풍이 사라졌다(마 9:6).

예수님이 가버나움이라는 마을에 막 도착하셨을 때 한 로마 군대 지휘관이 다가와서 말했다. "내 하인이 중풍병으로 집에 누워 몹시 괴로워하나이다"(마 8:6).

그러자 예수님은 자비롭게도 이렇게 말씀하셨다. "내가 가서 고쳐 주리라"(7절).

그런데 지휘관은 뜻밖의 대답을 내놓았다. "주여 내 집에 들어오심을 나는 감당하지 못하겠사오니 다만 말씀으로만 하옵소서 그러면 내 하인이 낫겠사옵나이다 나도 남의 수하에 있는 사람이요 내 아래에도 군사가 있으니 이더러 가라 하면 가고 저더러 오라 하면 오고 내 종더러 이것을 하라 하면 하나이다"(8-9절).

놀랍지 않은가? 예수님께 기적을 요청했던 다른 사람들은 다 그분이 현장에서 기적을 행하셔야 한다고 생각했다. 앞서 보았듯이 심지어 예수님의 제자들은 예수님이 함께하실 뿐 아니라 깨어 있으셔야 한다고 생각했다. 그리고 예수님이 단 한마디로 풍랑과 바다를 잠잠하게 하시자 그들은 또 다시 충격에 빠졌다.

하지만 이 지휘관은 달랐다. 그의 믿음은 작지 않고 어마어마하게 컸다. 그는 예수님이 직접 환자를 찾아가 치료해야 하는 의사와 다르다는 점을 깨달았다. 그의 믿음은 그런 틀을 완전히 깨는 믿음이었다. 물론 그도 믿기 위해서 예수님의 말씀을 필요로 했지만 그는 심지어 그분의 방문도 필요하지 않다고 여겼다. 그에게는 예수님의 입에서 나온 한 마디면 충분했다. 그는 예수님을 인간 이상으로 여겼다. 그에게 예수님은 시간이나 거리의 제약을 받지 않고 기적을 일으키는 분이었다. 아마도 그는 예수님을 진짜 신으로 믿었던 것 같다. 그가 거리나 장소에 상관없이 기적이 일어날 수 있다고 여겼기 때문이다.

이것은 내게만 놀라운 일이 아니다. 예수님도 놀라워하셨다. "예수께서 들으시고 놀랍게 여겨 따르는 자들에게 이르시되 내가 진실로 너희에게 이르노니 이스라엘 중 아무에게서도 이만한 믿음을 보지 못하였노라"(마 8:10). 잠시 후 예수님은 지휘관을 보고 이렇게 말씀하셨다. "가라 네 믿은 대로 될지어다"(13절). 성경은 지휘관의 종이 바로 그 순간에 치유되었다고 말한다.

그렇다, 믿음은 지금도 여전히 기적을 일으킨다

보다시피 기적에는 두 가지 요소가 필요하다. 예수님의 말씀이나 명령, 그리고 그 말씀이나 명령에 순종하는 믿음이 필요하다. 당신은 이렇게 말할지도 모른다. "잠깐, 내가 처한 특정한 상황에 맞는 예수님의 특별한 말씀이나 명령을 어떻게 얻어야 하는가?"

답은 간단하다. 지난 장에서 살폈듯이 예수님은 우리가 처한 어떤 상황에서도 믿음의 발걸음을 뗄 수 있도록 필요한 모든 명령과 말씀을 이미 주셨다. 그분이 주신 80개 이상의 조건부 약속과 함께

150개의 명령은 모두 우리가 믿음으로 행동하고 순종할 수 있도록 그분이 직접 주신 선물이다. 이것이 우리의 믿음이 성장하는 방식이다. 어떤 상황에서든 예수님의 말씀에 순종할 때마다 우리는 그분의 사랑의 언어를 사용할 뿐 아니라 믿음을 표현하는 것이다. 바울은 "믿음으로 행하고 보는 것으로 행하지" 말라고 말했다(고후 5:7). 예수님이 하신 말씀을 듣고 행하는 것이 바로 믿음으로 행하는 것이다. 그리고 이것이 믿음이 성장하는 방식이다. 그런 의미에서 바울은 이렇게 썼다. "그러므로 믿음은 들음에서 나며 들음은 그리스도의 말씀으로 말미암았느니라"(롬 10:17).

은행 용어를 사용하자면 하나님은 예수님의 말씀을 우리 마음속에 입금함으로 은혜를 표현하신다. 그러면 우리는 선택 앞에 놓인다. 예금을 무시하고 영적 거지처럼 살아갈 수도 있고, 예수님의 말씀을 믿고 그 말씀에 따라 행함으로 믿음을 발휘할 수도 있다. 믿음은 하나님이 하신 예금을 인출하는 것이다. 하나님은 예수님 말씀의 은행 곧 복음서들에 입금을 하셨다. 우리는 그 은행에 가서 복음서의 계좌에서 하나님의 예금을 인출하여 우리 계좌(우리 마음)에 입금해야 한다. 혹은 그분의 예금을 우리 계좌로 이체해야 한다.

삶 속에서 더 많은 기적을 보려면 어떻게 해야 하는가? 나이가 여덟 살이든 여든 살이든 상관없이 답은 똑같다. 복음서들에서 예수님의 명령과 가르침과 약속을 찾아 그 말씀에 따라 믿음의 발걸음을 떼기 시작하라. 그러면 예수님이 약속하신 기적이 따를 것이다.

믿음으로 걸으면 매일 기적에 둘러싸인다. 예수님은 말씀을 주시고 우리는 믿음의 발걸음을 뗀다. 이렇게 쉽다.

지난 장에서 우리는 예수님의 명령을 우리의 시련과 상심에 어떻게 적용할지 보기 위해 마태복음 11장 28-30절을 살펴보았다. 그 구절은 어떻게 그런 조건부 약속을 사용하여 믿음으로 행동할지를 보여 주는 매우 좋은 사례를 제공한다. 그래서 이번 장의 관점에서 그 구절을 다시 한 번 살펴보고 싶다.

여기서 예수님은 세 가지 명령과 그 명령들을 조건으로 한 약속들을 주신다.

명령

- 지치고 스트레스에 찌들고 무거운 짐에 짓눌려 있을 때 내게로 오라.
- 내게서 배우라.
- 내 멍에를 매라.

약속된 유익들

- 스트레스와 짐에서 벗어날 것이다.
- 예수님이 우리에게 겸손과 온유를 가르쳐 주실 것이다.
- 피상적인 것이 아니라 영혼 깊은 곳까지 파고드는 위로와 육체적 쉼을 얻을 것이다.

∘ 예수님의 짐은 부담스럽지 않다. 우리의 짐에 무게를 더해 주지 않는다.

믿음에서 비롯한 순종의 행위들

∘ 다른 누구에게로 가기 전에 먼저 예수님께 가서 그분의 말씀을 들으라.

∘ 그분의 말씀을 읽고 거기서 배우라.

∘ 그분의 말씀과 가르침에 따른 태도와 행동을 취하라(이것이 다른 랍비가 아닌 그분의 멍에를 지는 것의 의미다).

본문 구절에서 예수님은 랍비의 멍에를 말씀하신다. 다른 랍비들의 멍에는 율법의 부담스러운 명령들을 더해 주어 짐을 짊어지지 못할 만큼 무겁게 만들었지만, 예수님의 멍에는 정반대라고 말씀하셨다. 그분의 멍에는 사람들에게 짐을 더해 주는 대신 짐을 가볍게 해 준다. 복음서들에 기록된 예수님의 가르침과 명령은 무거운 무게로 우리를 짓누르는 것이 아니라 풍선에 들어가는 헬륨처럼 더없이 가볍다. 우리 자신의 짐을 벗고 날아올라 그분의 기적적인 삶을 살게 해 준다.

굳게 서는 삶과 무너지는 삶을 가르는 선

예수님의 말씀은 믿음으로 행하기 위한 구체적인 단계들을 알려 준다. 예수님에 따르면 믿음의 행함이 시련과 역경을 견뎌 내는 삶과 그렇지 못한 삶의 차이를 만들어 낸다. 나아가, 믿음의 행함은 그리스도와 함께하는 영원과 그분 없는 영원 사이의 차이를 만들어 낸다. 그분의 말씀은 우리가 성령으로 다시 태어났다는 확신의 확실한 기초를 제공해 준다. 그분의 산상수훈은 신앙을 고백하는 신자들이 사실은 전혀 그분과 친밀한 관계를 맺지 않고 있다는 충격적인 현실을 발견하는 장면으로 끝맺음을 한다. "나더러 주여 주여 하는 자마다 다 천국에 들어갈 것이 아니요 다만 하늘에 계신 내 아버지의 뜻대로 행하는 자라야 들어가리라 그날에 많은 사람이 나더러 이르되 주여 주여 우리가 주의 이름으로 선지자 노릇 하며 주의 이름으로 귀신을 쫓아 내며 주의 이름으로 많은 권능을 행하지 아니하였나이까 하리니 그때에 내가 그들에게 밝히 말하되 내가 너희를 도무지 알지 못하니 불법을 행하는 자들아 내게서 떠나가라 하리라"(마 7:21-23).

나는 40년 넘게 이 구절만 읽으면 심장이 떨렸다. 여기서 예수님이 말씀하시는 사람들은 자신들이 예수님이 원하시는 대로 행했다고 굳게 믿었다. 하지만 예수님이 그들을 전혀 알지 못하고 그들에게 썩 물러가라고 호통을 치시자 그들은 충격에 휩싸인다. 이 구절을 읽을 때마다 나는 '내가 이들 중 하나라면?'이라고 생각하며 식은땀을 흘렸다.

그러다가 2005년에 나는 23절에서 멈추지 않고 계속해서 읽어 내려갔다. 다음 구절은 새로운 문단의 시작인데 "그러므로"라는 단어로 시작된다. 이는 21절에서 23절까지의 요지가 24절에서 27절까지라는 뜻이다. 24-27절에서 예수님은 다음과 같이 말씀하신다.

"그러므로 누구든지 나의 이 말을 듣고 행하는 자는 그 집을 반석 위에 지은 지혜로운 사람 같으리니 비가 내리고 창수가 나고 바람이 불어 그 집에 부딪치되 무너지지 아니하나니 이는 주추를 반석 위에 놓은 까닭이요 나의 이 말을 듣고 행하지 아니하는 자는 그 집을 모래 위에 지은 어리석은 사람 같으리니 비가 내리고 창수가 나고 바람이 불어 그 집에 부딪치매 무너져 그 무너짐이 심하니라."

여기서 예수님은 차이점을 분명히 선포하신다. 그분에 따르면 '반석'은 그분의 말씀을 듣고 그대로 행하는 것이다. 반면, '모래'는 그분의 말씀을 듣고도 그대로 행하지 않는 것이다.

이전의 사례로 돌아가 보면, 스트레스에 찌들고 지치고 짐이 무겁거든 예수님께로 오고 그분에게서 배우며 그분의 멍에를 매라는 명령이 나타난다. 앞으로 지독한 스트레스로 힘들거나 지치거나 짐이 무거울 때 선택의 기로에 섰다고 생각하라. 마태복음 11장 28-30절에 기록된 예수님의 말씀에 순종할 것인가? 아니면 순종하지 않을 것인가? 순종하여 믿음의 발걸음을 떼면 어떤 일이 벌어지는가? 예수님과 성부 하나님의 사랑의 언어를 사용하여 그분들을 사랑하면 어떨 것인가? 그러면 이 구절의 기적적인 약속대로 받을 것이다.

예수님의 말씀에 순종하지 않으면 믿음에 따라 행동하지 않는 것이다. 하나님의 사랑의 언어에 따라 그분을 사랑할 기회를 잡지 않는 것이다. 그러면 이 구절의 기적적인 약속대로 받지 못한다. 순종하는 것은 반석 위에 삶을 짓는 것이며, 순종하지 않는 것은 모래 위에 삶을 짓는 것이다.

하나님의 예금을 우리의 마음으로 이체할 방법

예수님은 이렇게 말씀하셨다. "내가 너희에게 이른 말은 영이요 생명이라"(요 6:63).

예수님의 말씀을 묵상하고 그 말씀대로 행하면 그분의 영과 생명이 우리의 영과 삶 속으로 들어온다. 약속들이 보관된 하나님의 수십 조 계좌는 복음서들 안에 있다. 하나님은 이 약속들을 우리 믿음의 계좌로 이체하기만 기다리고 계신다. 이체 과정은 복잡하지 않다. 예수님의 말씀을 읽고 묵상하고 그 말씀들에 관해서 기도하고 나서 믿음 안에서 발걸음을 떼기만 하면 된다. 그 말씀들에 따라 행동하고 순종하기만 하면 된다. 좋은 출발점은 산상수훈이다(마 5-7).

물론 요한복음도 더할 나위 없이 좋은 출발점이다. 사복음서들은 모두 그리스도의 놀라운 가르침과 명령을 담고 있다. 잊지 말라. 믿음은 긍정적인 생각이 아니다. 믿음은 의식이 아니다. 믿음은 추상적이고 신비적인 경험이 아니다. 믿음은 실질적인 것이다. 믿음은 일반적인 의미에서 성경에 기록된 말씀이나 가르침, 명령, 약속을 필요로 한다. 하지만 더 구체적인 의미에서는 예수님이 하신 말씀을 필요로 한다. 이 예금이 우리를 기다리고 있다. 이제 예수님의 영광스러운 말씀 속으로 온 몸을 던질 때다!

8. 용서를 통한 기적

용서받았다면,
용서하라

요셉의 원칙 8. 용서받았으니, 용서하라

보디발과 간수장과 바로는 요셉의 엄청나고 불가해한 성공 때문에 하나님이 그와 함께하시는 줄 알았다. 나는 그가 형들에게 조건 없이 베푼 상상을 초월하는 엄청난 용서 때문에 하나님이 그와 함께하시는 줄 안다. 그는 형들을 용서했을 뿐 아니라 그들을 사랑하고 그들과 모든 식솔을 남은 평생 돌봐 주기로 약속했다. 요셉이 당했던 지독한 악행을 그토록 진정으로, 또 조건 없이 용서할 수 있는 사람은 없다. 하나님과 친밀한 관계를 맺기 전까지는 불가능한 일이다.

C. S. 루이스(Lewis)는 이렇게 썼다. "누구나 용서할 거리가 생기기 전에는 용서가 아름다운 개념이라고 생각한다."[1] 그는 또 이렇게 썼다. "크리스천이 되는 것은 하나님이 우리에게서 용서할 수 없는 것을 용서해 주셨기 때문에, 다른 사람이 저지른 용서할 수 없는 것을 용서하는 것을 의미한다."[2]

그리스도의 제자로 오래 살아오면서 내가 알게 된 모든 크리스천은 자신에게 악을 저지른 사람을 용서하는 것이 자신을 포함한 모든 신자의 의무라고 믿는다. 하지만 몇 분만 시간을 내서 정곡을 찌르는 질문들을 던져 보면 거의 모든 신자가 자신에게 용서하기 힘든 사람이 있다는 현실을 직시하게 된다.

자신이 당한 일이 사소하고 가해자가 자신이 끔찍이 사랑하는 사람이라면 용서를 베푸는 것이 상대적으로 쉬울 수도 있다. 하지만 때로 용서는 지독히 힘들고 심지어 불가능한 일처럼 보인다. 사실, 큰 가해 혹은 C. S. 루이스가 "용서할 수 없는 것"이라 부르는 것을 용서하려면 말 그대로 기적이 필요한 경우가 많다. 도저히 용서할 수 없는 사람을 용서하려면 우리 마음속에서 기적적인 변화가 일어나야 한다.

진정한 용서가 무엇인지에 관해서 많은 오해가 존재한다. 감정이 누군가를 용서하지 못하도록 막고 있다고 해도, 예수님이 말씀하신 종류의 용서는 그런 감정과 전혀 상관이 없다. 용서는 감정이 아니다. 그것은 희생자가 가해자에게 취하는 구체적인 행동이다. 나는 개리 스몰리의 세미나에서 예수님이 용서에 대해서 사용하신 아람어 단어가 '샤바크'(shavaq)라는 사실을 배웠다. 이 단어는 문자적으로 '풀고 놓는 것'을 의미한다. 이는 완전한 사면의 행위를 함축한다. 누군가를 용서하는 일은 그가 저지른 악행으로 인해 우리에 대해 발생한 의무에서 그를 자유롭게 풀어주는 것이다. 말 그대로 그가 우리에게 저지른 죄에 대해 완전한 사면을 베푸는 행위다. 용서는 그의 죄로 인해 발생한 모든 의무에서 그를 풀어준다.

용서는 이전의 신뢰나 애정을 회복하는 것을 의미하지 않는다.

그것은 화해이며, 화해는 용서와 전혀 다른 문제다. 화해는 해도 되고 하지 않아도 된다. 화해하고 신뢰를 회복하려면 상대방에게 태도와 행동의 뚜렷한 변화가 나타나야 한다.

반면, 용서는 단순한 의무를 풀어주는 행위다. 용서는 꼭 신뢰나 감정의 회복을 수반하지 않지만 화해는 대개 그런 회복을 수반한다. 또한 우리가 누군가를 용서할 때는 그가 우리에게 저지른 짓에 대해서만 용서를 베풀 수 있다. 그가 우리에게 진 빚과 의무에서는 그를 풀어줄 수 있지만, 그가 남들에게 진 빚과 의무에서는 우리 마음대로 그를 풀어줄 수 없다. 그가 범죄로 인해 사회에 진 빚과 의무에 대해서도 마찬가지다.

용서는 가해자뿐 아니라 우리도 풀어준다

가해자를 용서하는 것은 그에게 완전한 사면을 베푸는 것일 뿐 아니라 그를 우리에게서 풀어주는 행위다. 가해자를 용서하지 않으면 그는 우리에게 묶인 채로 남아 있고 우리도 그에게 묶인 채로 남아 있다. 이는 그가 영적인 벼랑으로 달려갈 때 우리도 그 벼랑으로 끌고 간다는 뜻이다. 그가 이기주의에 끌려 다니면 우리도 같이 이기주의로 끌려간다. 그가 불경한 삶으로 더 깊이 추락하면 우리도 함께 불경한 삶으로 끌려간다. 하지만 그를 용서하면 그를 우리에게서 풀어줄 뿐 아니라 우리도 그에게서 풀려난다. 더 이상 그의 노예로 살지 않게 된다. 그가 행하는 그 어떤 것에도 구속되지 않는다.

한 이웃에게 내가 평생 모은 돈을 사기당한 적이 있다. 무려 23년간 먹을 것과 입을 것을 아껴 모은 돈이 불과 두 달 만에 날아갔다. 나는 용서의 진정한 의미를 알고 나서 즉시 그를 용서했다. 그가 내 돈을 갚을 능력이 없다는 것을 알았다. 나는 그를 용서함으로 그가 내게 진 모든 죄의 빚과 금전적 의무에서 그를 풀어주었다. 단, 다시는 그와 신뢰를 필요로 하는 비즈니스 관계를 맺지 않는다. 수년 뒤 그는 다른 주에서 또 다른 사람에게 사기를 쳐서 감옥에 들어갔다. 그때 나는 그를 위해 진심으로 기도했다. 그가 고향에 돌아와 교회에 나왔을 때는 진심으로 기뻐하며 환영해 주었다. 나중에 그가 암에 걸렸을 때는 그를 위해 간구했다. 그가 말기 암에서 기적적으로 살아났을 때는 그를 안아 주고 그의 가족들과 함께 기뻐해 주었다. 그는 여전히 내가 사랑하는 친구다. 나는 그가 하나님과의 관계에서 성장하기를 위해 기도하고 있다.

감사하게도 하나님은 그가 내게서 앗아간 돈을 다른 통로로 회복시켜 주셨다. 내가 이 이야기를 하는 것은 내가 엄청난 믿음을 지닌 사람이라고 자랑하기 위해서가 아니다. 나는 내가 원하는 수준에 근접조차 못한 사람이다. 내가 이 이야기를 나누는 것은 슬픔과 상처, 배신의 감정으로 인해 누군가를 용서하지 않아서는 안 된다는 점을 보여 주기 위해서다.

지난 장에서 우리는 같은 날 같은 죄에 대해서 일곱 번까지 용서하라는 예수님의 말씀에 난색을 표한 제자들의 모습을 보았다. 제자들이 더 많은 믿음을 달라고 간청하자 예수님은 그들이 용서의 명령에 순종하는 일에서는 믿음이 없다고 말씀하셨다. 나중에 베드로는 용서에 관한 예수님의 가르침을 재차 확인하기로 하고 그분을 찾아가 이렇게 물었다. "주여 형제가 내게 죄를 범하면 몇 번이나 용서하여 주리이까 일곱 번까지 하오리이까"(마 18:21). 그러자 예수님은 이렇게 말씀하셨다. "네게 이르노니 일곱 번뿐 아니라 일곱 번을 일흔 번까지라도 할지니라"(22절).

7 곱하기 70, 곧 490번! 예수님이 이렇게 아예 더 불가능한 명령을 내리시자 일곱 번 용서하라는 명령은 그나마 쉽게 다가왔다. 베드로의 당황한 얼굴을 보신 예수님은 한 가지 놀라운 비유를 주셨다. 그것은 베드로가 용서해야 하는 '이유'만이 아니라 용서할 수 있는 '방법'을 보여 주는 비유였다. 이 비유에서 예수님은 당신과 나에게도 용서해야 하는 '이유'와 용서할 수 있는 '방법'을 보여 주신다. 이 비유는 다음과 같다.

"그러므로 천국은 그 종들과 결산하려 하던 어떤 임금과 같으니 결산할 때에 만 달란트 빚진 자 하나를 데려오매 갚을 것이 없는지라 주인이 명하여 그 몸과 아내와 자식들과 모든 소유를 다 팔아 갚게 하라 하니 그 종이 엎드려 절하며 이르되 내게 참으소서 다 갚으리이다 하거늘 그 종의 주인이 불쌍히 여겨 놓아 보내며 그 빚을 탕 감하여 주었더니 그 종이 나가서 자기에게 백 데나리온 빚진 동료 한 사람을 만나 붙들어 목을 잡고 이르되 빚을 갚으라 하매 그 동료 가 엎드려 간구하여 이르되 나에게 참아 주소서 갚으리이다 하되 허 락하지 아니하고 이에 가서 그가 빚을 갚도록 옥에 가두거늘 그 동 료들이 그것을 보고 몹시 딱하게 여겨 주인에게 가서 그 일을 다 알 리니 이에 주인이 그를 불러다가 말하되 악한 종아 네가 빌기에 내 가 네 빚을 전부 탕감하여 주었거늘 내가 너를 불쌍히 여김과 같이 너도 네 동료를 불쌍히 여김이 마땅하지 아니하냐 하고 주인이 노하 여 그 빚을 다 갚도록 그를 옥졸들에게 넘기니라 너희가 각각 마음 으로부터 형제를 용서하지 아니하면 나의 하늘 아버지께서도 너희 에게 이와 같이 하시리라"(마 18:23-35).

여기서 눈여겨봐야 할 첫 번째 부분은 1만 달러가 막대한 금액 이라는 점이다. 오늘날의 가치로 따지면 거의 40억 달러에 달한다. 이는 약 3천만 일치의 품삯에 해당한다. 반면, 1백 데나리온은 약 100일치의 품삯이다.[3] 상상조차 하기 힘든 액수의 빚을 용서받은 남자는 상대적으로 푼돈에 불과한 액수를 용서하기를 거부했다. 심 지어 그는 채무자를 감옥에 처넣었다. 그의 행동은 냉혹하고 무자 비했다. 무엇보다도 그의 행동은 자신이 받은 놀라운 자비에 대해 일말의 감사함도 없다는 사실을 모든 사람(그의 동료 일꾼들과 상관)에게 여실히 보여 주었다.

이 비유를 통해 예수님은 베드로, 그리고 당신과 나에게 하나님이 절대 갚을 수 없는 엄청난 빚을 용서해 주셨는데 어찌 우리가 사소한 죄의 빚을 용서하지 않을 수 있냐고 물으신다. 하나님은 우리의 나쁜 생각과 태도, 행동을 모두 용서하셨다. 그분은 우리가 도저히 갚을 수 없는 죄의 빚을 대신 갚기 위해 독생자를 희생시키셨다. 예수님은 아버지에 대한 순종으로 거짓 재판의 굴욕, 견디기 힘든 매질과 채찍질, 인류 역사상 가장 잔악한 처형인 십자가형을 겪으셨다. 왜일까?

아버지를 사랑하고 그분의 양떼를 사랑하셨기 때문이다. 이 비유에서 예수님은 하나님의 놀라운 용서와 희생과 자비의 행위가 우리가 용서해야 할 이유라고 말씀하신다. 예수님은 다른 어떤 이유도 필요하지 않다고 말씀하신다. 그분이 우리를 용서하신 것이 우리가 남들을 용서해야 하는 '이유'다.

생사의 기로에서 대탈출!

우리 아버지는 제2차 세계대전 당시 폭격기 조종사로 복무했다. 한 번은 작전을 나가서 폭탄을 투하한 뒤 아버지의 비행기가 중대의 대형에서 벗어나게 되었다. 아버지가 홀로 기지로 돌아가던 중에 어디선가 갑자기 적군의 전투기 열두 대가 나타나 아버지의 비행기 주위로 몰려들었다. 이런 상황에서 살아남을 가능성은 없었다. 다른 전투기들이 훨씬 더 빠르고 기동력도 좋았으며 수적으로도 12대1로 훨씬 유리했기 때문이다. 아버지는 자신을 비롯한 아홉 명의 승무원들이 죽을 것이라고 생각했다. 희망이 없었다. 아버지의 비행기는 적의 전투기들이 쏘는 기관총에 계속해서 맞았다.

그런데 어디선가 갑자기 호주 전투기 한 대가 나타나 전투에 끼어들었다. 2분도 채 되지 않아 그 전투기는 적의 전투기 세 대를 격추시켰다. 아버지는 그런 광경은 처음 봤다고 말했다. 전투기 세 대가 추락하자 남은 아홉 대의 전투기 조종사들은 이 미친 호주 조종사에게 상대가 되지 않는다고 판단했다. 그들은 기체를 돌려 퇴각하기 시작했다. 아버지는 호주 조종사가 거기서 멈추지 않았다고 말했다. 그는 계속해서 아홉 대의 전투기를 추격하며 교전을 이어 갔다. 아마 몇 대를 더 격추시켰을 것이다.

우리 아버지의 비행기는 많은 총을 맞고도 무사히 기지로 귀환했다. 아버지는 이렇게 말씀하셨다. "꼼짝없이 죽는 상황이었다. 아무런 희망이 없었어. 그때 호주 전투기가 나타나 적의 전투기 열두 대를 물리치고 우리를 구했지. 그가 우리를 구했어!"

우리 아버지처럼 당신과 나도 끔찍한 생사의 기로에 섰던 적이 있었다. 아니, 에베소서 2장 1절에서 바울은 우리가 사실상 죽었다고 말한다. 우리는 죄를 짓고 하나님의 법을 어긴 결과, 영생을 얻거나 그분과의 영적 관계를 맺을 그 어떤 소망도 없이 죽어가고 있었다. 바울에 의하면 우리는 아무런 소망도 없이 세상 속에 있었다. 죽었다는 것은 생명이 전혀 없고 살 가능성이 전혀 없다는 뜻이다. 죽으면 모두 끝이다. 시간을 되감을 수도 없고, 두 번째 기회도 없다. 그야말로 아무런 소망이 없다. 생명이 다 사라져서 그 무엇도 우리를 구해 줄 수 없는 상황이다. 우리는 이렇게 죽어 있었다. 이렇게 지독히 참담한 상태가 바로 우리의 진정한 영적 상태였다. 우리는 아무런 소망도 없이 죽어 있었다.

"나는 그렇게 나쁘지는 않아!"

우리 자신을 남들과 비교하면 그렇게까지 나쁘지는 않다. 우리가 죄로 죽었다고 해서 아돌프 히틀러(Adolf Hitler)만큼 나쁜 것은 아니다. 하지만 우리가 죄로 죽었다는 것은 영적으로 죽었다는(하나님에게서 영구적으로 분리되었다는) 뜻이다. 이 상태는 우리의 이기적인 본성과 그 본성에서 흘러나오는 이기적인 행동이 죄를 통해 분명히 드러난다. 눈처럼 새하얀 성품을 지니신 하나님에 비하면 우리의 인격은 숯처럼 새까맣다.

다윗 왕은 하나님의 완벽한 의에 비해 자신의 죄가 얼마나 큰지를 똑똑히 보고서 하나님께 울부짖었다. "내 죄가 항상 내 앞에 있나이다"(시 51:3). 다시 말해, 그는 상어 떼가 물에 빠진 사람에게 몰려드는 것처럼 죄에 둘러싸여 있었다. 사도 바울도 하나님의 의에 비하면 형편없는 자신의 모습을 보고서 이렇게 부르짖었다. "오호라 나는 곤고한 사람이로다 이 사망의 몸에서 누가 나를 건져내랴"(롬 7:24).

누가복음 18장에서 예수님은 자기 의에 빠진 바리새인과 비천한 세리를 비교하는 비유를 들려주신다. 바리새인은 성전에 가서 기도하면서 자신이 일주일에 두 번씩 금식하고 소득의 10분의 1을 바친다고 하나님께 자랑삼아 말했다. 반면, 세리는 스스로 성전에 들어갈 자격조차 없다고 생각했다. 그래서 밖에서 머물면서 감히 하늘을 우러러보지도 못했다. 그는 고개를 숙이고 가슴을 치며 괴롭게 울부짖었다. "하나님이여 불쌍히 여기소서 나는 죄인이로소이다"(눅 18:13). 예수님은 오히려 비천한 세리가 하나님께 의롭다 하심을 받고서 집에 돌아갔다고 말씀하신다(눅 18:9-14).

다윗과 바울, 그리고 물론 이 비천한 세리는 죄로 물든 자신에게서 절대적인 절망을 보았다. 유일한 소망은 하나님이 자신들을 불쌍히 여겨 주시는 것뿐이었다. 그런 상황에서 예수님이 오셨다. 우리 아버지를 절망적인 위험과 확실한 죽음에서 구해 준 그 호주 조종사처럼 하나님의 독생자는 당신과 나를 구하기 위해 보내심을 받았다. 독생자 한 분이 사탄과 그의 무수한 졸개에 맞서셨다. 독생자 한 분이 당신과 나뿐 아니라 수많은 남녀노소, 즉 그분을 믿는 모든 사람을 절망적이고 자기중심적인 삶과 영적인 죽음에서 구하기 위해 오셨다. 바울은 이렇게 말한다. "긍휼이 풍성하신 하나님이 우리를 사랑하신 그 큰 사랑을 인하여 허물로 죽은 우리를 그리스도와 함께 살리셨고(너희는 은혜로 구원을 받은 것이라)"(엡 2:4-5).

죄로 인해 우리는 주홍 같이 붉어졌지만 하나님은 예수님을 통해 우리를 눈처럼 희게 만들어 주셨다. 하나님이 이사야에게 직접 그렇게 말씀하셨다. "오라 우리가 서로 변론하자 너희의 죄가 주홍 같을지라도 눈과 같이 희어질 것이요 진홍 같이 붉을지라도 양털 같이 희게 되리라"(사 1:18).

바울은 이렇게 썼다. "그러므로 이제 그리스도 예수 안에 있는 자에게는 결코 정죄함이 없나니"(롬 8:1). "우리가 아직 죄인 되었을 때에 그리스도께서 우리를 위하여 죽으심으로 하나님께서 우리에 대한 자기의 사랑을 확증하셨느니라"(롬 5:8). "하나님이 죄를 알지도 못하신 이를 우리를 대신하여 죄로 삼으신 것은 우리로 하여금 그 안에서 하나님의 의가 되게 하려 하심이라"(고후 5:21).

그렇다. 하나님은 죄로 죽었던 당신과 내게 그리스도 안에서 살아나는 영적 탄생을 주셨다. 하나님은 예수님의 완벽한 의(하나님 자신의 의)를 우리에게 입혀 주셨다. 예수님은 우리를 영적 죽음에서 건져, 영적으로 살게 하셨을 뿐 아니라 모든 불의에서 우리를 깨끗하게 씻어 눈과 같이 희게 만드셨다. 이것이 우리가 용서해야 하는 이유다. 우리의 구원과 거기에 따르는 모든 것은 하나님이 지금까지 행하신 가장 위대하고 가장 큰 희생을 동반한 기적이다. 따라서 우리가 누군가를 용서할 때 우리는 성부와 성자께 마땅한 감사를 표현하는 것이다.

누가복음에서 우리는 예수님이 행하신 표적, 그리고 자신들이 그분의 이름으로 행한 기적에 놀라워하는 제자들의 모습을 자주 볼 수 있다. 누가복음 10장에서 예수님은 (열두 제자를 포함한) 칠십 명을 보내면서 기적을 행하고 귀신을 쫓을 권세를 주셨다. 임무를 마치고 돌아온 그들은 기뻐하며 이렇게 말했다. "주여 주의 이름이면 귀신들도 우리에게 항복하더이다"(눅 10:17). 예수님은 그 일에 관해 말씀하시다가 이렇게 덧붙이셨다. "그러나 귀신들이 너희에게 항복하는 것으로 기뻐하지 말고 너희 이름이 하늘에 기록된 것으로 기뻐하라"(눅 10:20). 다시 말해, 그들이 행한 기적도 좋은 것이었지만 기뻐해야 할 진짜 이유는 가장 큰 기적 곧 그들의 구원이었다. 그들과 우리의 구원은 하나님의 가장 큰 기적일 뿐 아니라 하나님이 값으로 치르셔야 했던 유일한 기적이었다. 바로, 독생자의 십자가 희생이라는 엄청난 값을 치르셔야 했다.

나중에 예수님의 부활 후 그들은 마침내 하나님이 자신들에게 베푸신 용서와 영생이라는 비할 데 없는 선물의 진정한 크기를 이해하게 되었다. 이것이 복음이다. 그때부터 남은 평생 그들의 삶과 메시지의 중심에는 이 복음이 있었다.

시몬이라고 하는 바리새인이 예수님을 자신의 집으로 초대하여 저녁식사를 대접했다. 예수님이 식탁에 몸을 기대어 앉아 계시는데 악한 행실로 동네에 소문이 자자했던 한 여인이 시몬의 집으로 들어와 그의 발치 아래에 자리를 잡았다. 그녀의 마음은 깊은 죄책감과 수치심으로 한없이 무너져 있었다. 하지만 나는 죄책감과 수치심이 그녀가 예수님 근처에서 느낀 유일한 감정은 아니었다고 믿는다. 필시 그녀는 그분에게서 아낌없이 흘러나오는 사랑과 자비를 느꼈을 것이다. 그분의 태도를 보고 그분의 음성을 들을 때 그분의 흠 없는 순결함을 느낄 수 있었을 것이다. 그럴수록 그분의 거룩하심과 자신의 죄로 물든 모습이 더욱 극명한 대조를 이루었을 것이다. 하지만 남들에게서 항상 경멸과 정죄의 시선을 느꼈던 것과 달리 예수님에게서는 아무런 정죄도 느껴지지 않았다. 오히려 한 번도 경험해 보지 못한 공감과 연민이 느껴졌다.

여인은 울기 시작했고, 그 눈물이 예수님의 발을 적셨다. 이에 그녀는 자신의 머리카락으로 그분의 발을 닦고 그분의 발에 입을 맞추며 그 위에 매우 값비싼 향유를 부었다. 그 행동을 보며 시몬은 생각했다. '이 남자가 선지자라면 누가 자신을 만지고 있는지 알리라. 저 여자가 어떤 여자인지 알리라. 죄인인지 알리라.'

예수님은 시몬의 생각을 꿰뚫어보시고 그에게 이렇게 말씀하셨다. "이르시되 빚 주는 사람에게 빚진 자가 둘이 있어 하나는 오백 데나리온을 졌고 하나는 오십 데나리온을 졌는데 갚을 것이 없으므로 둘 다 탕감하여 주었으니 둘 중에 누가 그를 더 사랑하겠느냐 시몬이 대답하여 이르되 내 생각에는 많이 탕감함을 받은 자니이다 이르시되 네 판단이 옳다 하시고"(눅 7:41-43).

이 비유에서 예수님은 자신이 많은 빚을 용서받은 줄 아는 사람이 가장 많이 사랑한다고 말씀하셨다. 그분은 이어진 행동과 말씀으로 이 진리를 강조하셨다. 그분은 여인에게로 몸을 돌리고서 시몬에게 말씀하셨다.

"그 여자를 돌아보시며 시몬에게 이르시되 이 여자를 보느냐 내가 네 집에 들어올 때 너는 내게 발 씻을 물도 주지 아니하였으되 이 여자는 눈물로 내 발을 적시고 그 머리털로 닦았으며 너는 내게 입 맞추지 아니하였으되 그는 내가 들어올 때로부터 내 발에 입맞추기를 그치지 아니하였으며 너는 내 머리에 감람유도 붓지 아니하였으되 그는 향유를 내 발에 부었느니라 이러므로 내가 네게 말하노니 그의 많은 죄가 사하여졌도다 이는 그의 사랑함이 많음이라 사함을 받은 일이 적은 자는 적게 사랑하느니라"(눅 7:44-47).

사함을 받은 일이 적은 자는 적게 용서한다

이 비유는 적게 용서받은 사람이 적게 사랑한다는 사실을 말해 줄 뿐 아니라 용서를 방해하는 첫 번째이자 가장 큰 걸림돌이 무엇인지를 말해 준다. 그 걸림돌은 우리가 완벽하게 거룩하고 의로우신 하나님과의 친밀함과 영생을 얻을 가능성과 관련해서 우리 죄의 문제가 얼마나 심각한지를 제대로 이해하지 못하는 것이다. 대부분의 사람들은 바리새인처럼 자신의 죄가 그렇게까지 나쁘지는 않다고 생각한다. 우리는 자신을 자신보다 훨씬 나빠 보이는 주변 사람들이나 뉴스에서 본 범죄자들과 비교하는 경향이 있다. 결과적으로, 우리의 구원을 기껏해야 종교적 통과의례 정도로만 여긴다. 그리고 우리의 죄를 그렇게까지 심각하게 보지 않기 때문에 그 죄가 용서받았다는 말을 듣고도 큰 감흥을 느끼지 못한다. 예수님은 "사함을 받은 일이 적은 자는 적게 사랑하느니라"라고 말씀하셨다. 그렇다면 "사함을 받은 일이 적은 자는 적게 용서한다"라는 말도 성립할 수 있다. 남을 용서하기 힘들어하는 사람은 하나님이 자신에게 얼마나 큰 죄를 용서해 주셨는지 제대로 깨닫지 못한 사람이다.

남을 용서할 때 찾아오는 기쁨과 평강을 발견하기 위한 첫 번째 단계는 먼저 위 삶의 가장 큰 기적을 더 정확히 보는 것이다. 그 기적은 바로 우리가 하나님으로부터 영원히 분리된 상태에서 구함을 받은 것이다.

용서의 참된 이유

용서하지 않는 것은 자신이 얼마나 큰 죄를 용서받았는지 제대로 이해하지 못하고 있다는 증거다. 그런 사람은 자기 죄의 빚이 얼마나 거대한지를 이해하지 못하고 있다. 그는 도저히 갚을 수 없는 자신의 죄를 도말하기 위해 하나님과 그분의 귀한 아들이 치르신 희생을 터무니없이 과소평가하고 있다. 누군가를 용서하지 않는 것은 십자가에 달리신 예수님을 조롱하고 그분께 침을 뱉은 자들만큼이나 하나님을 경멸하는 짓이다. 그런 사람은 감사가 터무니없이 부족한 사람이다. 그는 자신의 절망적인 상태가 얼마나 깊었고 자신의 죄의 빚이 얼마나 컸는지를 제대로 깨닫지 못한 사람이다. 그는 우리를 향한 성부와 성자의 사랑과 자비가 에베레스트 산보다도 더 높다는 사실을 깨닫지 못한 사람이다.

예수님은 두 채무자의 비유를 통해 우리가 남들을 용서해야 하는 '이유'가 그들이 우리에게 지은 죄와 전혀 상관없다는 점을 분명하게 보여 주신다. 그 이유는 우리가 하나님께 지은 죄, 그리고 그분이 우리에게 베푸신 영원한 용서와 상관이 있다. 우리는 상대방이 용서를 받아 마땅해서가 아니라 그것이 하나님을 사랑하고 그분에 대한 감사를 표현하는 영광스러운 길이기 때문에 용서해야 한다. 이것이 우리의 '이유'다.

감정이 우리의 주인이 되다

하나님은 우리를 창조하실 때 감정을 경험할 수 있는 훌륭한 능력을 주셨다. 하나님은 그분의 형상을 따라 우리를 창조하셨기 때문에(창 1:27) 그분도 감정을 갖고 계신다. 구약에서 그분의 감정이 표출된 것을 볼 수 있고[4] 예수님도 이 땅에서 사시는 내내 감정을 표현하신 것을 볼 수 있다. 심지어 십자가 위에서도 예수님은 어머니에 대한 사랑과 관심을 표현하셨고, 우리와 그분을 십자가에 못 박은 자들을 향한 용서의 감정을 표출하셨다. 그렇다. 하나님은 감정을 느낄 수 있는 존재로 우리를 창조하셨다. 감정적인 고통, 기쁨, 사랑, 슬픔, 비통을 경험하면 남들에게 더 큰 친절, 연민, 이해심, 자비, 사랑을 보여 줄 수 있다. 하지만 동시에 감정은 파괴적인 태도와 해로운 행동으로 이어질 수도 있다. 안타깝게도 감정이 우리의 주인이 되는 경우가 많다.

누군가의 말이나 행동에 상처를 받았을 때 재빨리 용서로 그 상처를 다루지 않으면 분노와 분개, 원망에 빠지고 만다. 상처를 다루지 않고 묻어두면 화산 내부의 마그마처럼 내부를 완전히 태워서 우리의 인간성을 심하게 망가뜨린다. 그리고 분노를 표출하든 묻어두던 그 감정이 우리의 주인이 될 수 있다. 용서할 기분이 들지 않으면 용서하지 않게 된다. 예수님은 이렇게 말씀하셨다. "한 사람이 두 주인을 섬기지 못할 것이니 혹 이를 미워하고 저를 사랑하거나 혹 이를 중히 여기고 저를 경히 여김이라 너희가 하나님과 재물을 겸하여 섬기지 못하느니라"(마 6:24).

용서하라는 예수님의 수많은 명령을 생각할 때 용서하지 않는 것은 그분을 우리 마음의 보좌에서 끌어내고 그 자리에 분노, 분개, 원망을 앉히는 것이다. 예수님 대신 우리의 부정적인 감정을 삶의 주인으로 삼는 것이다. 그렇게 되면 안타깝게도 머리로는 용서해야 한다고 생각해도 우리의 감정이 그렇게 하도록 놔두지 않는다.

용서를 막는 걸림돌

아들 숀(Sean)과 용서에 관한 이야기를 나누던 중 이렇게 물었다. "그리스도의 제자가 누군가를 용서하지 못하도록 막는 가장 큰 걸림돌은 무엇일까?" 그때 우리가 재빨리 작성한 목록은 다음과 같다.

남들을 용서하지 못하도록 막는 걸림돌

○ 자기중심주의

○ 교만

○ '정의'를 원하는 것

○ 가해자가 용서받을 자격이 없다는 생각

○ 상대방이 먼저 회개하기를 바라는 것

○ 떨쳐 낼 수 없는 감정적 상처

○ 용서가 무엇인지를 이해하지 못하는 것

○ 단순히, 용서하는 법을 모르는 것

잠시 시간을 내서 이 목록을 보고 당신이 누군가를 용서하지 못하도록 방해한 걸림돌에 체크해 보라. 비신자들에게는 이 모두가 가해자를 용서할 수 없는 합당한 이유다. 그리고 신자들도 이런 이유로 용서를 하지 않는 경우가 많다. 하지만 그리스도의 제자들에게는 이 중 어느 것도 용서하지 않는 이유가 되어서는 안 된다. 왜일까? 그것은 우리가 따르는 선한 목자가 우리에게 용서하라고 명령하셨기 때문이다. 기억하는가? 용서는 풀고 자유롭게 두는 행위다. 우리에 대한 의무에서 누군가를 풀어주는 것은 감정과 아무런 상관이 없다. 우리는 용서하라는 명령을 받았기 때문에 용서하며, 용서할 때 예수님의 명령을 지키게 된다. 그리고 그렇게 예수님의 가르침에 순종하는 것은 곧 성부와 성자의 사랑의 언어로 그분들을 사랑하는 행동이다.

하나님이 이런 이유를 대며 당신을 용서하지 못한다고 상상해 보라. 자, 한번 살펴보자.

하나님이 다음과 같은 이유로 당신을 용서할 수 없다고 생각하신다면…

- 너무 자기 생각만 한다: 하나님이 이렇게 말씀하신다고 상상해 보라. "내가 너를 창조했지만 너는 나를 이용만 하는구나. 아, 슬프도다. 너를 모른 체하고 죽게 놔두리라."
- 교만: 하나님이 이렇게 말씀하신다고 상상해 보라. "너는

내 아들의 가르침을 거부했다. 꼴 보기 싫구나!"

○ 정의를 원하는 것: 하나님이 당신이 얼마나 불의하고 자기 중심적인지를 곱씹으며 입만 열면 "범죄하는 그 영혼은 죽을지라"라고 서슬 퍼런 목소리로 말씀하신다고 상상해 보라 (겔 18:20). 그분이 이렇게 말씀하신다고 상상해 보라. "그는 나와 영원히 떨어져서 살아도 마땅해. 그러니 그렇게 해 주겠어."

○ 가해자는 용서를 받을 자격이 없다고 생각한다: 하나님이 이렇게 말씀하신다고 상상해 보라. "너는 용서받을 자격이 없어. 너와 네 죄는 나의 유일한 아들을 죽게 만들었어!"

○ 상대방이 먼저 회개하기를 바라는 것: 하나님이 이렇게 말씀하신다고 상상해 보라. "너의 회개는 무의미해. 너는 회개하자마자 다시 죄를 짓지. 그러기를 무한 반복하고 있어."

○ 떨쳐 낼 수 없는 감정적 상처: 하나님이 이렇게 말씀하신다고 상상해 보라. "너는 내 아들을 죽였을 뿐 아니라 내 아들의 말을 듣고 행하지 않아 계속해서 내 마음을 찢어놓고 있어."

○ 용서가 무엇인지를 이해하지 못하는 것: 하나님이 이렇게 말씀하신다고 상상해 보라. "너를 용서할 기분이 아니야. 그래서 용서하지 않겠어."

○ 단순히, 용서하는 법을 모르는 것: 하나님이 이렇게 말씀하신다고 상상해 보라. "너를 어떻게 용서할 수 있어? 너는 너

무 엉망진창이야. 너는 하루에도 수백 번씩 내 마음을 상하게 만들어. 너는 끊임없이 하지 말아야 할 일을 하고, 해야 할 일을 하지 않아."

감사하게도 우리 하나님과 그분이 사랑하시는 아들은 이런 모습과 비슷하지 않으신다. 오히려 그분들은 정반대의 모습을 보이신다. 예수님은 이렇게 선포하셨다. "하나님이 세상을 이처럼 사랑하사 독생자를 주셨으니 이는 그를 믿는 자마다 멸망하지 않고 영생을 얻게 하려 하심이라"(요 3:16).

예수님이 우리에게 주신 적극적인 방법들

잊지 말라. 가해자를 용서하는 것은 우리에게 진 죄의 빚에서 그를 풀어주는 행위다. 그것은 완전한 사면을 베푸는 일이다. 더 중요한 사실은 용서가 우리 마음의 보좌에서 용서하지 못하는 마음과 분노, 분개를 끌어내리는 것이라는 점이다. 그러면 예수님이 우리의 주인으로서 마땅한 자리를 차지하실 수 있다. 예수님은 우리가 가해자를 용서하기 위해 필요한 모든 은혜와 믿음을 주실 뿐 아니라 우리가 상상도 할 수 없는 차원까지 나아갈 은혜를 주신다. 즉 이전에는 도저히 용서할 수 없었던 사람들을 적극적으로 사랑할 은혜를 주신다.

실제로 예수님은 이렇게 말씀하셨다. "너희 원수를 사랑하며 너희를 미워하는 자를 선대하며 너희를 저주하는 자를 위하여 축복하며 너희를 모욕하는 자를 위하여 기도하라"(눅 6:27-28). 그런데 계속해서 읽어 보면 알겠지만 불가능해 보이는 이런 명령에 순종하는 것은 우리의 감정과 전혀 상관이 없다. 이것은 전적으로 행동의 문제다. 예수님의 이 말씀을 제대로 이해하면 이것이 감정이 아니라 행동의 문제라는 점을 알 수 있다. 우리는 우리를 용서하신 성부와 성자께 사랑과 감사를 표현하고 예수님을 우리 마음의 보좌로 다시 모셔오기 위해서 남들을 용서한다.

가해자에 대한 용서를 보여 주기 위한 네 가지 방법

누가복음 6장 27-28절은 성경에서 가장 많이 인용되면서도 가장 많은 오해를 받고, 심지어 많은 비웃음을 받는 구절 중 하나다. 예수님은 이런 명령을 국가나 조직에 주시지 않았다. 이 명령들은 산상수훈의 일부로서 제자들에게 주신 것이었다. 즉 그분을 믿는 사람들, 그분의 가르침을 듣고 행함으로써 그분을 따르기로 결심한 사람들에게 주신 것이었다.

이 네 가지 명령은 우리에게는 자연스럽지 않되 성령께는 자연스러운 방식으로 용서를 표현하는 행동들이다. 가해자를 용서하는 것은 예수님을 우리 마음의 보좌로 다시 모실 뿐 아니라 성령이 그분께 자연스러운 것을 표현하시게 하는 것이다. 성령께 자연스러운 것은 바로 성령의 열매이며, 이 열매에는 하나님의 놀라운 아가페 사랑이 포함된다. 이 명령들을 하나씩 자세히 살펴보자.

첫째, "너희 원수를 사랑하며"

앞서 말했듯이 원수를 사랑하라는 예수님의 명령에서 사랑은 '필레오'(phileo) 사랑이 아니라 '아가페' 사랑이다. 필레오는 기본적으로 애정이 포함된 사랑이다. 반면, 아가페는 하나님의 이타적인 사랑을 포함한다. 이것은 인간의 본성이 아닌 성령에게서 비롯하는 사랑이다. 이것은 애정 중심의 사랑이 아니라 행동 중심의 사랑이다. 이것은 자신을 적극적으로 내어주는 사랑이며, 주로 희생을 수반한다. 아가페 사랑을 하는 사람은 시간과 정력과 자기 이익을 희생한다. 예수님이 복음서들에서 계속해서 말씀하신 사랑이 바로 이런 종류의 사랑이다. 예수님은 요한복음 3장 16절에서도 이 사랑을 말씀하고 계신다. "하나님이 세상을 이처럼 사랑하사 독생자를 주셨으니." 물론 예수님은 삶 속에서도 매일같이 아가페 사랑을 표현하셨다.

우리는 성령으로 거듭날 때만이 이런 종류의 사랑을 품을 수 있다(마 31:1-6). 아가페 사랑은 성령의 첫 번째 열매다(갈 5:22). 성령은 우리 안에 그 사랑을 낳으며, 그 사랑이 우리의 마음을 통해 남들에게 흘러가면서 표현된다. 여기서 예수님은 원수에 대한 애정을 품거나 표현하라고 명령하시지 않는다. 예수님은 그를 아가페 사랑으로 사랑하라고 명령하신다. 어떻게 그럴 수 있는가?

그가 구속을 받고 하나님과의 관계에서 성장하기를 위해 기도하면 된다. 그의 진정한 필요를 은밀히 채워 주면 된다. 그에 관한 험담을 하거나 남들 앞에서 그를 비난하기를 거부하면 된다. 그에게 육체적 혹은 감정적 상처를 입힐 만한 일을 일체 하지 않으면 된다. 다른 것은 다 하지 않더라도 그의 구속을 위해서 기도하기만 해도 아가페 사랑을 행하는 것이다.

둘째, "너희를 미워하는 자를 선대하며"

원수를 사랑하는 것과 마찬가지로 이것도 성령의 능력과 열매 없이는 따르기가 거의 불가능에 가까운 명령이다. 미움을 받아보았는가? 지금까지 나를 지독히 미워했던 사람이 몇 명 있었다. 필시 그들은 내가 죽기를 바랐을 것이다. 기적이 일어나지 않는 한, 그들의 마음은 변하지 않을 것이다. 하지만 나는 최대한 그들을 선대하고 있다. 이를테면 그들과 그들의 가족을 위해 기도하고, 그들이 저질렀던 끔찍한 짓을 남들에게 절대 함구하고 있다.

이 경우에 선대는 그들을 위해 기도하는 것처럼 능동적인 선대도 있고, 그들에게 복수하거나 해가 될 수 있는 행동을 하지 않는 것처럼 수동적인 선대도 있다. 나처럼 심한 미움을 경험한 한 친구는 성탄절에 자신에게 사기를 치고 해를 끼친 사람들의 집 문 앞에 고

급 캔디 상자를 몰래 놓고 간다.

셋째, "너희를 저주하는 자를 위하여 축복하며"

여기서 '축복하다'로 번역된 헬라어 단어는 '율로게오'(eulogeo)다. 이것은 '축복을 빌다' 혹은 '칭찬하다'라는 의미의 동사다. 이것은 '저주'와 정반대의 단어다. '저주하다'에 해당하는 헬라어 단어는 누군가에게 나쁜 일이 닥치기를 빌거나 기도한다는 뜻이다. 여기서 예수님은 우리에게 나쁜 일이 닥치기를 바라거나 기도할 정도로 우리를 미워하는 사람이 있다면 그에게 유형의 복이나 영적인 복이 내리기를 기도하라고 말씀하신다. 물론 이것도 우리에게 전혀 자연스러운 행동이 아니다. 하지만 이것은 아가페 사랑을 표현하는 행동이기 때문에 성령께는 자연스러운 행동이다. 우리를 미워하는 사람에게 복을 내려 달라고 기도해야 한다. 그리스도의 제자로서 우리는 예수님의 이름으로 그 사람에게 복을 선포할 권세가 있다. 이렇게 하는 것은 곧 우리 구주의 명령에 순종함으로 하나님에 대한 사랑을 표현하는 것이다.

이번에도, 우리의 기분에 상관없이 이 명령에 순종해야 한다. 애정이 눈곱만큼이라도 생길 때만 복을 빌거나 선포해서는 안 된다. 우리가 이렇게 하는 것은 우리를 미워하는 사람이 이런 대우를 받을 만한 자격이 있기 때문이 아니다. 그것은 그리스도께 순종함으로 하나님의 사랑의 언어로 성자와 성부를 사랑하기 위해서다.

넷째, "너희를 모욕하는 자를 위하여 기도하라"

여기서 예수님은 우리를 모욕하는 자를 위해서 기도하라고 명령하신다. 여기서 '모욕하다'로 번역된 원어는 훨씬 더 강한 표현이다. 학대하거나 악의로 이용하거나 속이는 것을 함축하고 있다. 이번에도 예수님의 명령은 감정이나 애정과 전혀 상관이 없다. 또한 여기서 예수님이 우리를 악의로 이용하고 학대한 사람을 위해서 기도하라고 명령하신다는 점에 주목할 필요성이 있다. 보다시피 예수님은 그 사람을 직접 만나라고 말씀하시지 않고 있다. 기도는 안전한 거리를 두고서도 할 수 있는 것이다. 우리의 선한 목자께서는 우리를 해하려는 늑대들에게서 우리를 지키기를 원하신다. 그분은 그분의 양떼를 사랑하신다. 그분은 우리를 구하기 위해 목숨까지 기꺼이 내어놓을 정도로 우리를 사랑하신다(요 10:11-15). 그분은 우리를 위험한 곳으로 인도하시지 않는다. 그분은 가해자에게 자칫 해를 당할 수 있을 만큼 가까이 다가가라고 명령하시지 않는다.

물론 예수님은 우리를 이끌고 "사망의 음침한 골짜기"를 통과하신다. 그분은 우리 적들의 면전에서 우리와 교제하기도 하신다. 하지만 그분은 언제나 강한 지팡이로 우리를 보호하고 사랑의 막대기로 우리를 구하신다(시 23:4). 그분이 명령하신 실천적인 단계들은 꼭 가해자에 대한 사랑이나 애정을 느낄 필요 없이 행할 수 있는 것들이다. 따라서 우리는 얼마든지 주님의 말씀과 본보기를 따를 수 있다.

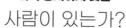

아직 용서하지 못한
사람이 있는가?

이제 용서에 관한 선한 목자의 놀라운 가르침을 실천해야 할 차례다. 용서하면 가해자를 풀어줄 뿐 아니라 우리 자신이 그에게서 풀려난다. 더불어, 비용서라는 무자비한 주인의 속박에서 자유를 얻는다. 자, 준비되었는가?

1. 온전히 용서하지 못한 사람의 이름을 적어 보라.

2. 그를 위해 기도하라.
   1) 성부 하나님과 주 예수 그리스도께 용서해 주셔서 얼마나 감사한지 모른다고 아뢰라.
   2) 아들을 보내 당신의 죄에 대한 형벌을 온전히 받게 하신 성부 하나님의 놀라운 사랑에 감사하라.
   3) 당신을 사랑하셔서 당신의 모든 죄를 위해 당신 대신 기꺼이 십자가에 달려 돌아가신 예수님의 사랑에 감사하라.
   4) 아직 용서하지 못한 특정한 일에 대해 예수님의 이름으로 가해자를 풀어주라.
   5) 가해자에게 아가페 사랑의 용서를 표현하기 위해 할 수 있는 구체적인 행동들을 써 보라(아가페 사랑으로 사랑해 주는 것이나 축복해 주는 것 혹은 기도해 주는 것).

9. 비전을 통한 기적

절망에서 벗어나
꿈꾸는 자가 되라

요셉의 원칙 9. 사명을 찾으면 인생이 바뀐다

요셉은 진정한 비전가였다. 그가 보디발, 간수장, 바로에게 막대한 성공을 안겨 준 데는 해몽 이상의 것이 작용했다. 세 경우 모두 그는 무엇을 할 수 있는지에 관한 비전을 얻었고, 그 비전을 어떻게 이룰지에 관한 계획을 세운 다음, 그 모든 일을 효율적이고도 완벽하게 해내는 놀라운 성공을 거두었다. 우리는 이런 종류의 비전과 계획과 실행도 하나님과의 친밀한 관계에서 받은 지혜로부터 흘러나왔다는 점을 알고 있다.

이전 장에서 언급했듯이 나는 대학 졸업 후 처음 4년 동안 여섯 번의 실직을 경험했다. 그 시기에 내 소득은 미국 평균 임금의 '절반'에도 미치지 못했다. 내가 여섯 번째 직장에서 쫓겨난 후 게리 스몰리가 당시 피닉스에 살던 나를 방문했다. 나는 아무리 열심히 노력해도 성공할 수 없다고 푸념했다. "이해할 수가 없어요. 저는 그렇게 멍청하지 않거든요. 아이큐도 꽤 높아요. 게으르지도 않고요. 모든 회사에서 항상 가장 빨리 출근해서 가장 늦게 퇴근했어요. 제 재능도 알고요." 나는 마케팅 학위가 있었기 때문에 마케팅과 소비자 행동을 충분히 이해하고 있었다.

내 말에 스몰리가 말했다. "자네를 위해 기도하겠네."

다음날 아침 그가 우리 집 주방으로 들어와 물었다. "자네의 모든 상사보다 지혜로워지고 싶은가?"

나는 스물여섯 살의 원기 왕성한 청년이었지만 자신감이 많이 떨어져 있었던 터라 그 말에 눈이 번쩍 뜨였다. "그럼요! 물론이죠!"

"자, 자네가 2년간 해야 할 일이 있네. 이것을 꾸준히 하면 2년 뒤에는 자네의 모든 상사보다 지혜로워지고, 5년 뒤에는 어쩌면 백만장자가 되어 있을 걸세."

이해하기 힘든 말이지만 호기심이 일었다. "좋습니다. 무엇을 해야 하죠?"

"잠언에는 31개의 장이 있네. 그리고 한 달은 31일이지. 매일 연필과 종이를 앞에 두고 잠언에서 그 날짜에 해당하는 장을 읽게. 매일 거기서 발견한 지혜와 통찰을 적어야 해. 그렇게 2년간 해 보게. 그러면 잠언 전체를 스물네 번 통독하게 되지. 내 약속하지. 이것이 모든 것을 바꿔 놓을 걸세!"

나는 게리가 알려 준 대로 정확히 실천하기 시작했다. 각설하고 결론만 이야기하면, 그것이 '정말로' 모든 것을 바꿔놓았다! 이후 18개월 동안 나는 잠언을 읽고 또 읽으며 놀라운 전략과 엄청난 통찰을 발견했다. 그 사이에 일곱 번째와 여덟 번째 직장을 거쳤고 아홉 번째 직장도 겨우 4개월 만에 나왔다. 하지만 그 4개월 동안 나는 잠언에서 찾은 전략들을 사용하여 그 회사의 연간 매출을 3천만 달러에서 6천만 달러로 두 배 끌어올렸다. 그러고 나서 그 회사를 그만 두고 5천 달러를 가진 동업자와 새로운 회사를 차리기로 결정했다. 6개월 뒤 우리가 세운 작은 회사의 매출은 제로에서 일주일만에 백만 달러로 치솟았다. 스몰리가 말한 대로 전부 이루어졌다. 단, 걸린 시간은 그의 예상보다 거의 절반으로 줄어들었다.

새로운 통찰 : 없으면 VS 있으면

내가 잠언에서 얻은 많은 통찰 가운데 하나는 그 안의 원칙을 반대로 뒤집어도 대개는 성립된다는 것이다. 예를 들어, 잠언 29장 18절은 비전(묵시)이 '없으면' 백성이 '멸망한다'(방자히 행한다)고 말한다. 나는 이 진술을 반대로 뒤집어도 성립된다고 생각했다. 즉 비전이 '있으면' 백성이 '산다.' 그러고 나서 요셉의 삶을 보니 그는 참으로 비전의 사람이었다. 그는 단순히 꿈만 꾼 것이 아니었다. 하나님은 그가 하는 모든 일에서 놀라운 성공을 거두도록 그에게 비전과 지혜를 불어넣으셨다. 성공한 사업가에게 찾아가 성공의 비결을 물어보라. 모두가 그 성공을 거두기 오래전에 무엇을 이루고 싶은지에 관한 구체적인 비전을 얻었다고 말할 것이다. 그 비전은 열정을 낳았고, 열정은 처음부터 마침내 비전을 이룰 때까지 그들을 움직이는 원동력이 되었다.

반대로, 무엇을 이루고 싶은지에 관한 비전이 서지 않은 사람들은 성공하기 위한 열정이 없기 때문에 성공할 수 없다. 비전이 없으면 사람, 관계, 프로젝트가 시들고 죽지만 비전이 있으면 새로운 생명을 얻고 번영한다.

요셉은 하나님에 관한 비전을 얻었다. 그는 하나님이 어떤 분이신지에 관한 비전을 얻었다. 그는 하나님과의 관계에 관한 비전을 얻었다. 그는 주인 보디발이 맡겨 준 모든 일에 관한 비전을 얻었다. 그가 모든 일에서 너무도 큰 성공을 거두었기 때문에 보디발은 자신이 소유한 모든 것을 그에게 맡겼다. 보디발은 자신의 전 재산과 모든 사업적 업무를 그에게 일임했다. 나중에 창세기 41장을 보면 바로 또한 애굽의 모든 대소사에 관한 전권을 요셉에게 맡겼다. 이유는? 바로 자신의 설명을 들어보자. "하나님이 이 모든 것을 네게 보이셨으니 너와 같이 명철하고 지혜 있는 자가 없도다 너는 내 집을 다스리라"(창 41:39-40). 이번에도 요셉은 자신이 맡은 모든 일에 대한 비전을 얻었고, 그 비전을 이루기 위해 필요한 노력을 기울였다.

당신의 삶에 중요한 비전

당신의 삶에서 가장 중요한 영역은 무엇인가? 하나님과의 관계? 가정? 자녀? 일이나 커리어? 하나님과의 관계가 중요하다면 그분이 누구이시며 어떤 성품을 지니고 계시며 무엇을 원하시는지에 관한 분명하고도 정확한 비전을 얻어야 한다. 가정에 관해서도 마찬가지다. 어떤 가정을 이루고 싶은지에 관한 분명한 비전을 얻어야 하고, 배우자도 그렇게 하도록 도와야 한다. 그러고 나서 서로의 비전을 하나로 모아 가정을 위한 공동의 비전을 세워야 한다. 삶의 어떤 영역에서든 혹은 어떤 관계에서든 비전을 얻으면 그 영역이나 관계에 새로운 생명을 불어넣게 된다. 물론 우리가 얻어야 할 가장 중요한 비전은 성부와 성자와 성령에 관한 비전이다.

비전이란 무엇인가

여기서 내가 말하는 비전은 단순한 꿈이 아니다. 나는 평생 오직 한 가지 비전만을 얻었지만 그 결과는 실로 놀라웠다. 아니, 기적과도 같은 결과가 나타났다! 하지만 사실, 지금 여기서 나는 두 가지 유형의 비전에 관해서 이야기하고 있다. 하나는 더없이 선명한 고해상도 사진과 비슷하고, 다른 하나는 구글 맵과 비슷하다. 하나님에 관해서 참되고도 정확한 비전을 얻는 것은 고해상도 사진 유형이다. 하나님은 우리가 그분과 주 예수 그리스도와 성령에 관해 이런 유형의 비전을 얻기를 원하신다. 이것이 12장의 주제다. 그런 의미에서 12장이 이 책에서 가장 중요한 장이라고 말할 수 있다.

하지만 여기서는 다른 종류의 비전, 즉 구글 맵 유형에 관한 이야기를 하려고 한다. 이것은 우리가 삶의 중요한 관계에 관해서 얻을 수 있는 종류의 비전이다. 우리가 맡은 프로젝트나 노력하고 있는 일, 추구하고 있는 일에 대해서도 이런 비전을 얻을 수 있다. 열여섯 살의 내 아들은 이런 유형의 비전을 품은 덕분에 전국 12위 높이뛰기 선수에서 한 해에는 전국 챔피언으로 등극했다. 열세 살의 내 아들은 이런 유형의 비전을 품은 덕분에 악보도 잘 읽지 못하는 초보 피아노 연주자에서 14개월 만에 조지 거슈윈(George Gershwin)의 '랩소디 인 블루'(Rhapsody in Blue) 독주회를 연주하는 실력자로 발전했다. 녀석은 (악보 31쪽에 달하는) 16분짜리 곡을 전석 매진으로 7백 명이 모인 공연장에서 연주했다. 그것도 악보 없이 전체를 외워서 연주했다.

나는 이런 유형의 비전 덕분에 천 편 이상의 텔레비전 대본, 수백 편의 광고, 수십 편의 프로그램을 만들었다. 이 광고들로 우리의 작은 스타트업 회사는 4천만 통 이상의 전화를 받고 수십억 달러의 매출을 올렸다.

비전을 얻는 법

비전을 얻기 위해서 신비로운 경험이 필요하지는 않다. 물론 성령이 우리의 귀에 뭔가를 속삭이시거나 우리의 눈을 열어 전에는 보지 못했던 기회를 보게 해 주실 수도 있다. 하지만 비전을 얻는 것은 간단하다. 그저 자신이 원하는 것이나 다른 누군가(상사나 배우자 등)가 원하는 것 혹은 하나님이 원하시는 것을 찾아내면 된다. 배우자나 하나님과의 관계 같은 특정한 영역에 대해서 이렇게 물으면 된다. "이 관계에서 내가 원하는 것은 무엇인가?" 범위를 자신의 자원이나 현재 상황, 현재의 한계로만 제한하지 말라. 당신에게 요술지팡이가 있고 이 영역에서 '뭐든' 얻을 수 있다면 무엇을 얻고 싶은가? 그것을 적어 보라.

그리고 나서 그것에 관해 기도하라. 4장에서 빌립보서 4장 6-7절에 관해서 논했던 것을 기억하라. 하나님은 우리가 솔직하고도 투명하게 기도하기를 원하신다. 감사하는 마음으로 원하는 것을 정확하고도 거리낌 없이 아뢰면 하나님은 우리의 마음을 보호하기 위한 초자연적인 평강을 주신다. 그럴 때 대개 분명한 비전도 함께 찾아온다. 혹시 하나님이 당신이 처음 품었던 비전을 바꾸기를 원하신다면 그것을 적어 보라.

비전 지도 그리기

당신이 2주간 차로 가족 여행을 떠나기로 했다고 해 보자. 자동차에 짐을 다 싣고 배우자와 아이들을 태우고, 여행을 갈 거라고 말하고 난 '뒤에야' 어디로 갈지 결정하겠는가?

"자, 애들아. 2주간 여행을 걸 거야."

"어디로 가는 거예요?"

"아직은 모르겠어. 일단 차에 타서 출발하자. 그러면 얼마 뒤에 어딘가 재미있는 곳에 도착하게 될 거야."

그러면 분명, 당신의 배우자는 아이들에게 당장 차에서 내려 집에 들어가라고 말한 뒤에 누군가에게 전화를 걸어 당신이 미쳤으니 당장 집으로 와 달라고 부탁할 것이다.

물론 이것은 황당한 시나리오다. 세상에 이런 일은 일어나지 않는다. 먼저 목적지를 정하고 그곳까지 가는 경로를 정하기 전까지는 2주간의 휴가를 떠날 생각조차 하지 않을 것이다. 가는 길에 들를 기착지들도 정할 것이다. 각 기착지에서 얼마나 많은 시간을 보낼지도 정해야 한다. 어느 호텔에서 묵을지도 정해야 하고, 2주간 보고 싶은 것을 모두 보고 하고 싶은 것을 다 할 수 있도록 일정과 예산도 짜야 한다. 배우자와 아이들에게도 2주간 무엇을 하고 싶은지 미리 물어보아야 한다. 이 모든 계획을 세운 뒤에는 첫날의 목적지를 구글 지도에 타이핑하고 나서 여행을 시작할 준비를 한다.

안타깝게도 대부분의 사람들이 휴가에 관해서는 철저히 계획을 세우지만 인생의 가장 중요한 추구에 관해서는 제대로 계획을 세우지 않는다. 그들은 결혼, 양육, 하나님과의 관계, 영적 추구, 커리어, 업무 프로젝트에 관한 지도를 갖고 있지 않다. 그들은 정말로 원하는 것에 관한 비전을 얻지 않는다. 소망과 꿈은 있을지 몰라도 비전은 없다. 그리고 비전이 없으면 그 모든 소망과 꿈과 추구는 결국 시들해져서 죽는다.

나는 열 번째 일을 시작하고 나서 내가 처음 '꿈 전환'이라고 부르는 도구를 사용하기 시작했다. 그것은 그 도구가 다양한 프로젝트에 관한 마음속의 꿈을 현실로 전환시켜 주었기 때문이다. 나중에는 이 도구를 '비전 지도 만들기'로 부르게 되었다. 솔로몬은 이렇게 말했다. "네가 자기의 일에 능숙한(부지런한) 사람을 보았느냐 이러한 사람은 왕 앞에 설 것이요"(잠 22:29).

　이 잠언은 요셉의 삶을 통해 증명되었다. 요셉은 역사상 가장 부지런한 사람 중 한 명이었을 것이다. 솔로몬처럼 그의 남다른 부지런함은 그가 비전을 품고 그 비전에 관한 지도를 만들면서 시작되었으리라 확신한다. 나는 개인적인 삶에서나 일적인 삶에서도 비전 지도만큼 부지런함을 낳는 것도 없다는 사실을 발견했다. 내가 텔레비전 광고를 만들 당시 우리 회사의 가장 큰 경쟁사는 150명 이상의 마케팅 인력을 갖추고 있었다. 그에 비해 우리의 마케팅 인력은 다섯 명이 채 되지 않았다. 하지만 우리는 상위 다섯 개 경쟁사를 합친 것보다도 많은 히트 제품을 만들어냈다. 차이는 비전 지도에 있었다. 8년 연속 우리는 포춘 500대 기업 전체를 포함해서 그 어떤 기업보다도 많은 직원 당 매출과 수익을 창출했다. 즉 그 기간에 우리는 미국에서 생산성이 가장 높은 기업이었다. 바로 이것이 비전 지도의 힘이다.

비전 지도 만들기는 복잡하지 않다. 아주 간단하다. 하지만 약간 시간이 걸리기 때문에 대부분의 사람들은 노력을 하지 않는다. 강 위의 뗏목처럼 그들은 그냥 흐름을 따라간다(휴가지에서만 제외하고). 모든 일에서, 심지어 많은 일에서 비전 지도가 필요하다는 말은 아니다. 우리에게 가장 중요한 일, 우리가 정말로 성공을 원하는 일에서만 비전 지도를 만들면 충분하다. 요셉은 해몽 덕분에 감옥에서 나와 바로의 왕궁으로 들어갔다. 하지만 해몽은 그를 왕궁의 입구까지만 안내했을 뿐이다. 그가 죄수에서 애굽의 2인자 자리까지 올라온 것은 그가 거둔 엄청난 성공 덕분이었다. 그리고 그 성공은 하나님과의 친밀한 관계에서 비롯했다. 아울러 자신이 맡은 모든 일에서 무엇이 필요한지에 관한 비전을 얻은 것이 성공의 열쇠 중 하나였다. 그의 비전은 더없이 분명했으리라 확신한다. 그래서 그는 그 비전을 가시적인 현실로 전환하기 위해 밟아야 할 단계들과 도중에 달성해야 할 목표들에 관한 정확한 지도를 만들 수 있었다.

비전 지도를 만들기 위한 단계들

첫째, 자신의 현재 위치에 관한 솔직하고 정확한 그림을 얻으라

먼저 우리의 현재 위치를 입력하기 전까지는 구글 지도에서 경로나 소요 시간을 알려 주지 않는다. 비전 지도도 마찬가지다. 예를 들어, 하나님과의 관계에 관해서 비전 지도를 얻고자 한다면 그 관계가 현재 어떤 상태에 있는지부터 살펴봐야 한다.

요셉과 하나님의 관계보다는 다윗과 하나님의 관계가 성경에 더 상세히 기록되어 있다. 다윗의 삶의 각 단계에서 하나님과의 관계가 건강하거나 건강하지 못한 것을 볼 수 있다. 하나님과의 관계에서 우리가 현재 어디에 있는지를 파악하기 위해서 스스로에게 이렇게 물을 수 있다. "내가 다윗의 어린 시절과 같은 지점에 있는가? 그러니까 지금 내가 하나님의 마음에 합한 사람인가? 그분과의 친밀함을 열정적으로 추구하고 그분을 깊이 사랑하고 있는가? 지금 내게 그분이 그 어떤 것보다도 중요한가? 아니면 나는 지금 다윗이 가장 충성스러운 장군의 아내와 간음을 저지르고 그 장군을 죽게 만든 뒤에 빠졌던 것과 같은 절망의 깊은 수렁 속에 있는가?"

1에서 10까지 점수를 매긴다면 다윗과 하나님의 친밀함은 9-10점으로 평가할 수 있다. 하지만 그가 간음과 살인을 저지를 당시 '하나님과의 친밀함 점수'는 1점 이하로 떨어졌을 것이다.

십중팔구 당신은 1점까지 추락하지는 않았을지 모르지만 9점 이상도 아닐 것이다. 스스로에게 이렇게 물으라. "내가 하나님과의 연합으로 더 가까이 나아갈 만큼 기도 생활을 열심히 하고 있는가?" 하나님이 당신의 삶 속으로 보내 주신 사람들을 향한 사랑은 어떠한가? 다른 신자들을 섬기는 사역은 어떠한가? 당신의 삶과 말로 예수님을 전하고 싶은 열정은 어떠한가? 지금 어느 지점에 있는가? 하나님과의 관계를 개선하는 것이 당신의 비전이라면 그와 관련해서 현재 당신이 어느 지점에 있는지 적어 보라. 그분과의 관계에서 개선하고 싶은 구체적인 영역들을 찾아보라.

둘째, 가고 싶은 곳(원하는 목적지)을 분명히 정하라

당연한 말이지만 구글 지도를 사용해서 어딘가로 가려면 반드시 목적지를 입력해야 한다. 비전 지도도 마찬가지다. 예를 들어, 하나님과의 더 친밀한 관계를 원하는가? 그분의 속삭이심을 더 자주 듣고 싶은가? 더 만족스럽고 효과적인 기도 생활을 원하는가? 하나님의 놀라운 아가페 사랑을 더 많이 경험하고 싶은가? 그분의 능력을 더 많이 보고 싶은가? 남들이 그분께로 더 가까이 가도록 돕는 도구로 쓰임을 받고 싶은가?

셋째, 기착지들(목표들)을 정하라

이 단계는 비전을 이루기 위해 달성해야 할 목표들을 정하는 것이다. 뉴욕에서 로스앤젤레스까지 논스톱으로 가지는 않는다. 보통은 도로로 나가기 전에 기착지들을 정한다. 여기서도 마찬가지다. 하나님과 더 친밀한 관계를 얻으려면 그 과정에서 달성해야 할 목표들을 정해야 한다. 예를 들어, 다음과 같은 기착지가 가능하다.

- 더 만족스럽고 효과적인 기도 생활을 경험한다.
- 하나님에 관해서 더 많은 지식을 얻는다.
- 하나님의 속삭이심을 매일 경험한다.
- 믿음을 성장시킨다.
- 삶의 특정한 영역들에서 하나님의 뜻을 발견한다.
- 하나님이 그분의 뜻을 행하고 인생들을 기적적으로 변화시키기 위해 사용하는 도구가 된다.
- 하나님의 사랑이 전해지는 통로가 된다.
- 성령의 은사, 역사, 열매를 경험한다.

넷째, 그 기착지들에 이르기 위한 구체적인 경로들(단계들)을 선택하라

이것은 중간 목표를 이루기 위해 밟아야 할 단계들을 정하는 것이다. 첫 번째 목표인 더 만족스럽고 효과적인 기도 생활을 경험하는 것을 예로 들어보자.

더 만족스럽고 효과적인 기도 생활을 경험하기 위한 '단계들'

- 예수님이 기도에 관해서 뭐라고 말씀하셨는지 찾아본다.
- 바울이 기도에 관해서 뭐라고 말했는지 찾아본다.
- 기도에 관한 다른 성경 구절들을 읽어 본다.
- 놀라운 기도 생활을 하고 있는 사람과 이야기를 나누어 본다.
- 기도 생활로 유명한 크리스천에 관한 전기를 읽어 본다.

다섯째, 규명한 단계들을 밟기 위해 완성해야 할 '작업들'을 규명하라

예수님이 기도에 관해서 뭐라고 말씀하셨는지 찾아본다.

　∘ 성경에서 '기도'라는 주제를 찾아본다.

　∘ 성경에서 '예수님의 기도'라는 주제를 찾아본다.

　∘ 인터넷에서 '예수님의 기도'를 검색해 본다.

여섯째, 완성하고 싶은 각 작업과 단계에 대해 '마감일'을 정하라

더 만족스럽고 효과적인 기도 생활을 경험하기 위한 작업들

　∘ 예수님이 기도에 관해서 뭐라고 말씀하셨는지 찾아본다.

　→ 성경에서 '기도'라는 주제를 본다. 마감 일정을 표시하라.

　→ 성경에서 '예수님의 기도'라는 주제를 본다. 마감 일정을 표
　　시하라.

　→ 인터넷에서 '예수님의 기도'를 검색해 본다. 이 단계에 대한
　　마감 일정을 표시하라.

이것이 비전 지도 만들기 과정이다. 간단하게 정리하자면 이렇
다. 이루고 싶은 비전을 찾는다. 그 비전과 관련해서 자신이 현재 어
느 지점에 있는지 확인한다. 달성해야 할 중간 목표들을 찾는다. 각
목표에 대해서 밟아야 할 단계들을 나열하고, 각 단계에 대해서 완
성해야 할 작업들을 찾는다. 마지막으로, 각 작업과 단계와 목표에

대해 마감일을 정한다.

- 비전 : 가고 싶은 곳과 현재 위치
- 목표 : 비전을 이루기 위해 달성해야 하는 것
- 단계들 : 각 목표를 이루기 위해 밟아야 하는 것
- 작업들 : 각 단계를 밟기 위해 완성해야 할 것

보다시피 비전 지도를 만드는 과정은 전혀 복잡하지 않다. 다만 약간의 시간이 걸린다. 처음 해 보면 대개 1-2시간 정도 걸릴 것이다. 하지만 몇 번 해 보면 훨씬 빨라진다. 이 중요한 일에 1-2시간도 내지 못한다는 말은 제발 하지 말라. 정말 시간이 안 나면 한 번에 15분씩 며칠 혹은 일주일에 걸쳐서 해도 좋다. 꿈에 관한 비전 지도를 만들면 그 꿈을 이룰 뿐 아니라 생각보다 훨씬 더 빠른 시간 안에 이루게 된다. (비전 지도 만들기에 관한 또 다른 사례를 부록 2에 소개해 놓았다.)

우리의 사례로 돌아가서, 하나님과의 친밀한 관계를 위해 수년 간 노력해 왔지만 전혀 진전이 없었는가? 그 목표로 비전 지도를 만들어 보면 몇 주, 심지어 며칠 내로 그런 관계를 경험할 가능성이 높다. 그리고 비전 지도를 만들면 그 비전을 이루기 위해 더 부지런히 노력하게 된다. 잠언에서 부지런한 사람들에 관해서 뭐라고 말하는지 보라.

풍요로워진다. "부지런한 자의 경영은 풍부함에 이를 것이나"(부지런한 자의 계획은 확실한 이점으로 이어진다 - 잠 21:5, NASB). 비전 지도의 이점은 정말 빠른 시간에 비전을 이루게 된다는 것이다.

진정한 만족을 경험한다. "부지런한 자의 마음은 풍족함을 얻느니라"(잠 13:4). 여기서 "마음"은 우리의 가장 깊은 곳을 지칭한다. 그래서 이 만족은 피상적인 것이 아니라 우리 존재의 가장 깊은 곳까지 아우르는 만족이다. 이런 종류의 만족은 기쁨으로 넘치고 인내를 낳는다.

윗사람들의 존경과 칭찬을 받는다. "네가 자기의 일에 능숙한(부지런한) 사람을 보았느냐 이러한 사람은 왕 앞에 설 것이요"(잠 22:29). 비전 지도를 만들어서 부지런히 뛰어다니면 남다른 성과를 거두어 남들의 존경과 칭찬을 받게 된다. 이런 모습도 요셉의 삶에서 분명히 볼 수 있다.

요셉은 많은 비전을 품은 사람이었다. 그는 그 비전을 부지런히 이루어 하나님과 주변 모든 사람에게 칭찬을 받았다. 그는 하나님과의 친밀한 관계, 그리고 그 관계에서 흘러나오는 영감과 비전과 부지런함 덕분에 두 나라의 백성을 구했다. 하나님과의 친밀함에서 자라면 우리도 그 관계에서 흘러나오는 영광과 비전과 부지런함을 통해 스스로 이생과 내세의 복을 받고, 우리가 인생길에서 만나는 사람들에게도 그 복을 전해 줄 수 있다.

비전 지도를 만드는 과정은 기도로 시작하는 것이 가장 좋다. 하나님께 비전을 밝혀 주시고 그 비전에 관한 지도를 만드는 과정을 도와 달라고 간청하라. 지혜를 주시고, 이 과정에 도움을 줄 수 있는 사람을 찾게 해 달라고 기도하라. 하나님은 우리가 지혜를 얻고(잠 4:7) 우리의 가장 중요한 일을 부지런히 추구하기를(잠 21:5) 원하신다.

10. 성장을 통한 기적

더 나은 비전이 탄생하도록
하나의 비전이 죽게 놔두다

요셉의 원칙 10. 더 큰 비전을 향해 앞으로 나아가라

소망이나 꿈 혹은 비전을 품었는데 물거품이 되었던 적이 있는 가? 나는 그런 적이 일일이 다 셀 수 없을 정도로 많다. 새로운 직장 에 들어가거나 새로운 사업을 시작할 때마다 나는 무릎을 치며 생 각했다. '바로 이거야! 이것이야말로 내가 평생 하게 될 일이야!' 하 지만 나는 (내가 시작한 두 사업을 포함한)그 모든 일이 몇 달 만에 연기처 럼 사라지는 경험을 일곱 번 연속으로 했다. 개인적인 삶에서의 실 패는 더 처참했다. 그리고 내 꿈과 희망이 죽을 때마다 내 마음이 처 절하게 무너져 내렸다. 당시는 하나님의 주권이라는 고차원적인 개 념을 이해하지 못할 때였다. 그렇게 마음이 철저히 무너진 상황에 서는 그 어떤 믿음이나 신학, 교리도 도움이 되지 않았다. 내 기도도 하늘로 올라가지 못하고 천장에 부딪혀서 떨어지는 것처럼 느껴졌 다. 흐느낄 때도 나 혼자 흐느끼는 것처럼 느껴졌다.

비전의 탄생과 죽음과 재탄생

먹을 것도 마실 것도 없는 우물 속에 던져졌을 때 필시 요셉의 심정이 이와 같았을 것이다. 그러다 형들이 그를 우물에서 끌어올렸을 때 잠시나마 희망이 솟았을 것이다. 하지만 그 희망은 이내 저 멀리 날아가 버렸다. 그는 근처의 대상에게로 끌려가 노예로 팔렸다. 형들이 매정하게 몸을 돌려 집으로 향하는 것을 보고 그는 상상도 할 수 없는 슬픔에 잠겼을 것이다. 당시 그는 겨우 열일곱 살이었다. 형들과 아버지가 자신에게 절을 하는 꿈은 그의 마음에 영광스러운 미래에 대한 꿈과 기대를 한껏 불어넣었을 것이다. 하지만 그 비전은 순식간에 사라졌다. 그는 큰 뒤집기가 나타나 모든 것을 바꿔 놓을 줄 전혀 모르고 있었다.

당신은 어떤가? 희망과 꿈을 품고서 한껏 기대했다가 그 모든 희망과 꿈이 순식간에 날아가는 경험을 했는가? 어떤 희망과 꿈이 있었는가? 상실의 순간에 어떤 기분이 들었는가? 외로움을 느꼈는가? 자신이 실패자라고 느꼈는가? 하나님이 당신을 실망시켰다고 느꼈는가? "왜?" "내가 뭘 잘못했는가?" "어떻게 내게 이런 일이 일어날 수 있단 말인가." 그렇게 외치며 가슴을 치기를 몇 번이나 했는가?

이번 장의 내용을 배우고 나면 우리의 삶 속에서 나타나는 하나님의 놀라운 사랑과 주권, 그리고 우리를 향한 그분의 목적을 이해하게 될 것이다. 구약과 신약에 기록된 거의 모든 인생 이야기에서 아홉 번째 요셉 원칙의 놀라운 패턴을 볼 수 있다는 점을 발견하게 될 것이다. 나는 스물네 살 때 빌 고다드(Bill Gothard)의 세미나에서 이 원칙을 처음 배웠다. 그리고 그 뒤로 40년 동안 내 삶 속에서 이 원칙의 힘과 영광을 수없이 다시 확인했다. 고다드는 이 원칙을 비전의 탄생과 죽음과 부활 혹은 재탄생으로 불렀다. 이 원칙은 이렇다. 우리가 뭔가(새로운 관계나 우정, 결혼, 자녀와의 관계, 직장, 프로젝트, 새로운 애완동물, 새로운 취미, 사역, 하나님과의 관계)에서 비전을 얻는다. 이것이 비전의 탄생이다. 그런데 이 비전이 이루어지기 전에 죽는다. 서서히 죽을 수도 있고 급작스럽게 죽을 수도 있다. 이런 일이 벌어지면 모든 희망을 잃는다. 왜냐하면 이것은 죽음이니까. 이것이 비전의 죽음이다.

여기서 우리는 하나님을 영화롭게 할 큰 기회를 얻는다. 이런 상황에서도 우리는 하나님을 믿고 믿음의 발걸음을 떼기로 선택할 수 있다. 골방에 들어가 홀로 이 문제를 놓고 기도할 수 있다. 어떤 기도를 하는지는 아무에게도 말하지 않을 수 있다. 이것은 전적으로 우리와 하나님 사이의 문제이기 때문이다. 그래서 예수님은 이렇게 말씀하신다. "너는 기도할 때에 네 골방에 들어가 문을 닫고 은밀한 중에 계신 네 아버지께 기도하라 은밀한 중에 보시는 네 아버지께서 갚으시리라"(마 6:6).

그 비전의 죽음에 대해 하나님께 감사하고 그분과 그분의 사랑, 지혜에 대한 우리의 믿음을 표현할 수 있다. 그러면 하나님의 타이밍에 세 가지 결과 중 하나가 나타난다. 첫째, 하나님이 우리에게 최선의 길이 아니라고 판단하시고 우리의 삶에서 그 비전과 바람을 제거하신다. 둘째, 하나님이 우리의 비전을 부활시키시고 그 비전에 복을 더해서 우리가 상상했던 것보다 훨씬 더 좋게 만들어 주신다. 셋째, 하나님이 우리의 마음속에 완전히 새로운 비전을 탄생시키시고 그 비전을 이루어 주신다.

아담과 하와(창 3장)

비전의 탄생: 그들은 멋진 미래에 관한 비전을 품고 영광스럽도록 아름다운 낙원에서 살았다. 그들의 삶과 미래는 희망과 기쁨으로 가득했다. 그들은 하나님과의 놀라운 교제를 누릴 수 있었다. 하나님이 그들에게 요구하신 것은 단 한 가지만 피하는 것이었다.

비전의 죽음: 그들은 하나님께 불순종해서 죄를 지었다. 그리하여 영광스러운 미래에 관한 비전이 끔찍한 죽음을 맞았다. 하나님과의 사랑과 신뢰의 관계가 깨졌고, 영적인 어두움과 죽음이 그들과 이후 세대 전체의 삶 속으로 들어왔다.

비전의 재탄생: 하나님은 사탄을 패배시키고 그들과 미래 세대에게 영원한 삶과 하나님과의 회복된 친밀함을 누릴 수 있는 길을 열어 주겠다고 약속하셨다.

아브라함(창 17, 22장)

비전의 탄생: 그는 아들을 낳아 수많은 사람의 조상이 되고, 그

의 씨앗을 통해 온 인류가 복을 받으리라는 비전을 얻었다.

비전의 죽음: 하나님은 그가 가장 사랑하고 목숨보다 소중히 여기는 아들을 희생시키라고 명령하셨다.

비전의 부활: 그가 칼을 들어 아들을 죽이려고 하는 순간, 아들을 죽이지 말라는 여호와의 사자의 음성이 들려왔다. "그 아이에게 네 손을 대지 말라 그에게 아무 일도 하지 말라 네가 네 아들 네 독자까지도 내게 아끼지 아니하였으니 내가 이제야 네가 하나님을 경외하는 줄을 아노라"(창 22:12). 이삭은 목숨을 건졌고, 아브라함의 비전은 하나님의 축복과 함께 부활했다. 그리고 그의 씨앗을 통해 세상의 구주께서 나셨다.

요셉(창 37, 39-47장)

비전의 탄생: 그는 가문의 떠오르는 별로 하나님께 선택을 받았다. 그의 형들, 심지어 그의 부모까지도 그에게 절하며 그를 자신들보다 높일 것이었다.

비전의 죽음: 10명의 형들은 그를 미워해서 불경한 나라에서 평생 살도록 그를 노예로 팔았다.

비전의 재탄생: 하나님은 여전히 그와 함께하셔서 그를 애굽에서 가장 높은 자로 높여 주셨다. 그리고 그의 행동을 통해 애굽과 이스라엘 백성을 굶주림에서 구해 주셨다.

모세(출 2-4장)

비전의 탄생: 40세의 나이에 그는 수세대를 이어져 온 애굽의 종살이에서 하나님의 백성을 해방시켜 그들만의 약속의 땅으로 인도하고 싶다는 생각을 하게 되었다.

비전의 죽음: 그는 겨우 옷가지만 걸친 채 목숨을 건지기 위해 애굽에서 도망쳤다. 이후 그는 40년을 광야에서 보냈다.

비전의 부활: 하나님은 이스라엘 백성을 종살이에서 해방시키기 위해 늙고 말주변도 없는 그를 부르셨다(당시 80세). 그는 형의 도움과 하나님의 기적적인 개입으로 그 일을 해냈다. 그는 이스라엘 백성을 이끌 때 자신의 지혜와 카리스마가 아닌 전능하신 하나님을 믿고 의지했다.

베드로(마 16, 26-28장; 행 2장)

비전의 탄생: 예수님은 그리스도이시요 살아 계신 하나님의 아들이시다. 그분은 항상 베드로와 함께하실 것이었다. 예수님이 그리스도이시라는 베드로의 강한 고백은 예수님이 그분의 교회를 세우기 위한 반석이 될 것이었다.

비전의 죽음: 예수님은 살인자처럼 처형을 당하셨다. 그는 예수님을 옹호함으로 믿음의 '반석' 노릇을 하기는커녕 그분을 부인했다.

비전의 재탄생: 성령이 오셔서 베드로에게 용기와 아가페 사랑

을 불어넣으셨다. 그로 인해 그는 그분의 양떼를 먹이라는 예수님의 명령을 이루고, 그분의 명령에 순종하는 법을 가르침으로 열국을 제자로 삼았다.

사도 바울(행 9, 13장)

비전의 탄생: 사울은 나이와 성별을 불문하고 예수님의 제자라면 죄다 추격해서 체포하는 방식으로 하나님을 섬기려고 했다. 그는 이 제자들의 처형을 묵인했다.

비전의 죽음: 예수님은 번쩍이는 빛으로 사울을 멈추게 하고 그의 눈이 멀게 한 다음, 신자들을 죽이는 행위를 멈추라고 명령하셨다.

비전의 재탄생: 사울은 예수님이 부활하신 메시아라고 전적으로 확신하게 되었다. 이후 그는 새 이름(바울)을 받고 역사상 가장 위대한 선교사가 되었다. 그는 알려진 세계 곳곳을 다니며 이방인들에게 복음을 전했다. 그의 가장 큰 바람은 그리스도를 아는 것이 되었다(빌 3:8).

내 삶 속의 사례들

예시 1

<u>비전의 탄생</u>: 나는 예수님을 영접하고 나서 2년 뒤 고등학교를 졸업했다. 그리고 저명한 기독교 대학에서 반액 장학금을 제시하는 편지를 받았다. 너무 기뻐서 어지러울 정도였다. 나는 바이올라대학교(Biola University)에 들어가 성경을 열심히 공부한 뒤에 졸업해서 전임 목회자가 될 꿈에 부풀었다. 어머니와 누나(둘 다 신자)에게 말하자 둘 다 몹시 기뻐했다.

<u>비전의 죽음</u>: 그런데 아버지에게 이 사실을 알렸더니 다음과 같은 대답이 돌아왔다. "절대 안 된다. 너는 애리조나주립대학(Arizona State University)에 들어가서 먹고 사는 법을 배워야 해. 졸업한 뒤에도 여전히 그 '설교자 학교'에 들어가고 싶다면 그때 가거라."

아버지와 2주간 옥신각신했다. 한 치도 양보하려고 하지 않으려는 아버지 때문에 나는 몹시 괴로웠다. 그래서 결국 애리조나주립대학의 반액 장학금 제시를 받아들였다.

<u>비전의 재탄생</u>: 나는 애리조나주립대학과 다른 한 대학의 CCC(Campus Crusade for Christ)에서 활동했다. 하나님이 내 사역에 큰 복을 더해 주신 덕분에 나는 대학 4년 동안 많은 열매를 맺을 수 있었다. 나는 많은 대학생을 그리스도께로 인도하고 제자로 키웠다. 그중 한 명은 내 평생에 가장 좋은 친구가 되었다. 52년이 지난 지

금도 우리는 세상에 둘도 없는 친구로 지내고 있다. 그래서 아버지께 너무도 감사하다. 그리고 무엇보다도 하나님께 감사한다. 하나님은 나의 무신론자 아버지를 통해 내 대학 생활 동안 상상도 할 수 없는 놀라운 비전을 주시고 그분의 뜻을 알려 주셨다.

예시 2

비전의 탄생: 애리조나주립대학 2학년 때 나는 애리조나 주 전역의 대학에서 찬양 사역을 하겠다는 비전으로 크리스천 밴드를 조직했다. 음악 재능이 뛰어난 8명의 학생이 참여했다. 그렇게 새로운 시작(The New Beginning)이라는 그룹이 탄생했고, 다음 한 해 동안 하나님은 우리의 사역에 큰 복을 더해 주셨다.

비전의 죽음: 그런데 내가 만든 그룹의 멤버들이 내게 그룹 리더에서 내려올 것을 요구했다. 그러고 나서 그들은 적극적인 홍보와 비싼 사운드 장비의 구입을 약속한 새로운 리더를 영입했다. 나는 다시 한 번 패배감에 빠져들었다. 내가 개인적으로 일일이 찾아가 영입한 멤버들이 나를 쫓아냈다.

비전의 재탄생: 그날 밤, 내 룸메이트의 여자 친구는 내가 크게 낙심한 모습을 보고 무슨 일인지 물었다. 내가 자초지종을 이야기하자 그녀는 이렇게 말했다. "새로운 그룹을 만드는 게 어때요?"

나는 갑자기 용기가 나서 이렇게 대답했다. "이번에는 훨씬 더 큰 그룹을 만들 거예요. 조니 만 싱어스(Johnny Mann Singers)처럼 큰 그룹 말이에요."

그러자 그녀는 이렇게 말했다. "아예 오늘밤 우리 '대학 생활'(College Life) 모임에서 알리지 그래요?"

그래서 그렇게 했다. 하나님은 그렇게 다시 태어난 나의 비전에 큰 복을 더해 주셨다. 그 결과, 17명의 보컬과 18명의 악기 연주자로 구성된 멋진 그룹이 탄생했다. 그들 대부분은 음악을 전공한 친구들이었다. 나는 그 대단한 친구들과 함께 이후 2년 동안 대학 생활을 하면서 멋진 사역을 했다. 이로 인해 나중에는 론 패티(Ron Patty)를 지휘자이자 편곡자로 영입할 수 있었다. 그는 샌디 패티(Sandi Patty)의 아버지이자 미국 최고의 합창 편곡자 중 한 명이다. 샌디 패티는 당시 열한 살이었는데 그때 이미 놀라운 재능을 드러냈다. 론과 그의 아내는 내 평생에 가장 친구가 되었고 그들과의 우정은 지금까지 이어지고 있다.

이후 50년간 나는 개인적인 삶과 직업적인 삶, 사역에서 비전의 탄생과 죽음과 재탄생을 십여 번이나 경험했다.

이 원칙을 아는 것이 왜 그토록 중요한가

내가 이 원칙을 이야기하는 이유는 이것을 이해하면 가장 소중히 여겼던 비전이 죽을 때 깊은 낙심과 절망에 빠지지 않을 수 있기 때문이다. 비전의 죽음이 행복한 인생의 끝이 아니라는 사실을 발견할 수 있다. 하나님이 우리를 포기하지 않으셨다는 사실을 알면 힘을 내어 다음 쪽, 그리고 그 다음 쪽을 계속해서 넘길 수 있다. 비전과 그에 따른 소망이 사라져도 다시 일어설 힘을 얻을 수 있다. 설령 하나님이 우리의 비전을 완전히 파기하신다 해도 그것은 어디까지나 우리를 위해서다. 결국 하나님은 새로운 비전을 탄생시켜 주신다. 하나님이 새로운 비전에 복을 더해 주시기 때문에 우리의 삶은 전보다 훨씬 더 좋아질 수 있다. 또한 비전의 죽음은 하나님과의 더 친밀한 관계로 나아가기 위한 도약대가 될 수 있다. 그런 상황에서도 하나님을 굳게 믿으면 믿음의 성장을 위한 너무도 좋은 기회가 될 수 있다.

잠시 시간을 내서 죽은 비전들을 돌아보라. 하나님이 새로운 비전을 탄생시켜 주셨는가? 아니면 더 큰 복을 더해 기존의 비전을 돌려 주셨는가? 혹은 기존의 비전보다 훨씬 더 좋은 새로운 비전을 주셨는가? 이는 하나님의 사랑과 주권을 돌아보고 기록할 좋은 기회가 될 수 있다. 당신의 비전이 죽었는데 하나님이 대신 새로운 비전을 주시지 않았다면 스스로에게 이렇게 물으라. "그 힘든 시기에 내가 계속해서 하나님을 믿고 사랑했는가?" 그렇지 않다면 그 상실은 찾아야 할 좋은 보물이 될 수 있다. 이 원칙을 배우면 자신에게 유익할 뿐 아니라 그 원칙을 가족과 남들에게 가르쳐 그들이 현재 혹은 미래의 상실을 잘 헤쳐 나가도록 도울 수 있다.

50년간 신자로 살아오는 동안 하나님은 죽은 비전을 언제나 더 좋은 비전으로 대체해 주셨다. 하나님은 내 잔을 비게 하신 적이 없다. 심지어 반쯤 비게 하신 적도 없다. 오래지 않아 하나님은 내 잔을 차고 넘치게 해 주셨다. 나는 하나님이 당신에게도 똑같이 해 주시리라 믿어 의심치 않는다. 바로 이것이 다윗이 시편 23편에서 하고 있는 이야기다. 비전 중 하나가 죽는다면 시편 23편을 한 구절씩 묵상하며 기도하라. 하나님이 당신의 목자가 되기 위해서는 당신이 그분의 양이 되어야 한다는 사실을 명심하라. 그리고 예수님은 이렇게 말씀하신다. "내 양은 내 음성을 들으며 나는 그들을 알며 그들은 나를 따르느니라"(요 10:27).

당신의 삶 속에서 탄생과 죽음과 재탄생의 이 순환을 겪은 꿈이나 비전이 있는가? 현재 탄생의 단계에 있는 꿈이나 비전이 있는가? 죽음이나 재탄생의 단계에 있는 꿈이나 비전은 무엇인가? 현재 죽음의 단계에 있는 비전이 있다면 시편 23편을 한 구절씩 묵상하며 기도하기를 바란다.

"여호와는 나의 목자시니 내게 부족함이 없으리로다 그가 나를 푸른 풀밭에 누이시며 쉴 만한 물가로 인도하시는도다 내 영혼을 소생시키시고 자기 이름을 위하여 의의 길로 인도하시는도다 내가 사망의 음침한 골짜기로 다닐지라도 해를 두려워하지 않을 것은 주께서 나와 함께하심이라 주의 지팡이와 막대기가 나를 안위하시나이다 주께서 내 원수의 목전에서 내게 상을 차려 주시고 기름을 내 머리에 부으셨으니 내 잔이 넘치나이다 내 평생에 선하심과 인자하심이 반드시 나를 따르리니 내가 여호와의 집에 영원히 살리로다"(시 23편).

The

Joseph

Principles

Part 4

형통의 비밀은,
선택이자 행동이다

11. 그릇된 믿음

마음의 보좌에서
슬픔을 끌어내리라

요셉의 원칙 11. 슬픔이 내 마음의 주인이 되게 하지 말라

"자기 옷을 찢고 굵은 베로 허리를 묶고 오래도록 그의 아들을 위하여 애통하니 그의 모든 자녀가 위로하되 그가 그 위로를 받지 아니하여 이르되 내가 슬퍼하며 스올로 내려가 아들에게로 가리라 하고 그의 아버지가 그를 위하여 울었더라"(창 37:34-35).

위의 구절에서 볼 수 있듯이 아들들에게서 요셉이 죽었다는 소식을 들었을 때 야곱은 상상을 초월하는 슬픔에 사로잡혔다. 가장 사랑했던 아들이 영원히 곁에서 떠나갔다는 소식에 그의 마음은 갈가리 찢어졌다. 그는 정신적으로 감정적으로 말할 수 없는 충격에 빠졌다. 평생 처음 경험하지 못한 고통이 그를 사로잡았다. 그의 지독한 고통을 조금이라도 누그러뜨릴 수 있는 약이나 붕대는 세상에 없었다. 그를 위로하려는 가족의 그 어떤 말이나 노력도 전혀 소용이 없었다. 슬픔이 너무 깊어서 그는 위로를 '원하지도' 않았다. 아들이 살아서 돌아오는 것 외에는 그를 위로할 수 있는 것은 아무것도 없었다. 하루하루가 깨어날 수 없는 악몽이었다. 야곱은 요셉을 너무 사랑해서 남은 평생 애곡해도 모자랄 지경이었다.

하지만 지독한 상실을 경험한 사람은 야곱만이 아니었다. 요셉은 아버지와 어머니, 형들, 삶의 터전, 유산, 특권, 자유까지 다 잃었다. 불경한 나라의 노예인 그에게는 그 어떤 권리도 없었다. 미래에 대한 아무런 보장도 없었다. 그는 병에 걸려도 적절한 치료조차 받을 수 없는 처지였다. 치료는커녕 언제 죽어도 이상하지 않은 처지였다. 노예는 사소한 잘못만 해도 당장 처형을 당할 수 있었기 때문이다. 누구보다 슬퍼할 이유가 많은 상황이었다. 형들, 심지어 하나님을 향한 분노로 들끓어도 전혀 이상하지 않은 상황이었다. 마음속으로는 하나님과 자신의 꿈을 굳게 믿었지만 현실은 외국 땅에서 생면부지 외국인의 소유물인 신세였다. 야곱은 깊은 절망과 우울증과 자포자기에 빠질 수도 있었다. 그가 자살을 시도한들 아무도 이상하게 여기지 않았을 것이다.

상실에서 비롯한 슬픔

요셉은 처음에는 슬픔을 비롯해서 위와 같은 감정을 어느 정도 느꼈을 가능성이 높지만 계속해서 그런 감정 속에 묻혀 있지 않았다. 성경을 보면 그는 너무나도 큰 성공을 거두는 바람에 이방인인 주인조차도 하나님이 그와 함께하신다고 믿을 정도였다. 그것을 보면 그는 슬픔을 하나님과의 믿음의 관계로 재빨리 바꿨던 것이 분명하다. 반면, 요셉에게 하나님에 관한 모든 것을 가르쳤던 야곱은 슬픔을 그리 쉽게 떨쳐내지 못했다.

여기서 야곱의 슬픔은 다양한 원인에서 비롯하거나 상황에 따라 생겼다가 사라지는 종류의 슬픔이 아니었다. 이 슬픔은 극심한 상실에서 비롯하고 마음속에 깊이 뿌리를 내려 도무지 위로할 길이 없는 종류의 슬픔이었다.

나는 자녀를 잃은 몇몇 친구들의 곁을 지켜 준 적이 있다. 그래서 야곱의 반응이 예외적인 경우가 아니라 일반적인 경우라는 사실을 잘 알고 있다. 심리학자들은 자식의 죽음 뒤에 찾아오는 슬픔보다 더 큰 슬픔은 없다고 말한다.[1] 자식을 먼저 떠나보내면 달랠 수 없는 슬픔과 함께 대개 후회, 때로는 죄책감과 수치심이 걷잡을 수 없이 밀려온다. 부모가 슬픔을 이겨 낼 희망을 완전히 잃는 경우가 드물지 않다. 나는 야곱처럼 슬퍼하기를 멈추기 싫어하는 부모들을 적잖이 보았다. 형제나 배우자의 이른 죽음도 이와 못지않게 지독한 슬픔을 낳을 수 있다.

혹시 이번 장을 읽기 시작하면서 이런 생각을 했는가? '지금은 이런 슬픈 이야기를 듣고 싶지 않아.' 혹은 '이건 나와 전혀 상관이 없는 이야기야.' 하지만 살다보면 결국 누구나 슬픔을 다루게 된다. 반응하든, 잊어버리려고 하든, 가슴속에 묻어두든, 굴복하든, 그냥 그대로 안고 살아가든, 슬픔은 우리의 정체성, 살아가는 방식, 미래의 모습에 분명한 영향을 미친다. 슬픔은 의식적인 측면과 무의식적인 측면 모두에서 우리에게 영향을 미친다. 슬픔은 하나님과의 친밀한 교제를 누리지 못하도록 막는 걸림돌이 될 수 있다. 그리고 우리의 잠재력을 갉아먹고 남들과의 관계를 망가뜨릴 수 있다. 게다가 우리의 정신적 육체적 건강에 나쁜 영향을 미칠 수 있다. 슬픔은 약물 중독으로 이어지고 우울증을 낳으며 심지어 자살로 이어질 수도 있다. 또한 노화를 가속화하고 심장질환, 신경퇴행성질환, 자가면역질환을 일으킬 수 있다.[2]

이것은 나쁜 소식이다. 하지만 좋은 소식이 있다. 우리를 무기력하게 만드는 슬픔의 사슬을 끊어 낼 수 있다. 슬픔의 파괴적인 결과들에서 해방될 수 있다. 바람이나 물에 흘러내리는 모래처럼 슬픔은 우리의 발목을 잡아 남은 평생 불행하게 살게 만들 수 있다. 야곱의 경우가 그러했다. 반면, 우리는 요셉과 예수님의 제자들에게서 배울 수도 있다. 상심과 슬픔을 오히려 하나님과 전에 없이 깊은 수준의 친밀한 관계로 나아가기 위한 도약대로 사용할 수 있다.

깊이 사랑할수록 깊이 슬퍼한다

슬픔은 부끄러워해야 할 일이 전혀 아니다. 하나님은 우리에게 아낌없이, 깊이 사랑할 수 있는 마음을 주셨고, 누군가를 향한 사랑이 클수록 슬픔도 큰 법이다. 슬픔의 강도만이 아니라 시간도 길어질 수밖에 없다. 처음에는 슬픔이 정서적으로나 육체적으로나 여러 가지 매우 중요한 역할을 한다. 하지만 강한 슬픔을 효과적으로 다루지 않아 너무 오래 지속되면 내가 앞서 말했던 온갖 부정적인 결과를 낳을 수 있다.

상실을 경험한 직후에는 슬픔이 매우 중요한 역할을 한다. 무엇보다도 슬픔은 가슴 아픈 상실에서 비롯한 감정적인 압박의 분출구 역할을 한다. 두 번째 역할도 이에 못지않게 중요하다. 그것은 우리의 눈을 열어 우리가 슬퍼하는 그 사람의 가장 좋은 특성들을 보게 해 준다는 것이다. 그 사람을 향한 우리의 사랑이 생각보다 더 크고 깊었다는 것을 깨닫고, 그 사람의 진가를 더 분명히 보게 된다. 그의 좋은 특성이 나쁜 특성보다 훨씬 더 크고 많다는 사실을 깨닫게 된다.

또한 우리의 슬픔은 남들이 슬픔 중에 무엇을 겪는지를 더 잘 이해하게 해 준다. 남들에게 더 많은 공감과 연민, 이해를 발휘하게 된다. 또한 남들이 슬퍼하는 모습을 더 참을성 있게 지켜볼 수 있게 된다. 나아가, 남들이 홀로 이겨 낼 수 없는 슬픔을 이겨 내도록 곁에서 도와줄 수도 있다. 나와 절친한 친구인 존(John)의 아버지가 돌아가셨을 때 나는 캘리포니아 주에서 한창 텔레비전 프로그램을 제작하고 있던 중이라 필라델피아로 돌아가 장례식에 참석할 수 없었다. 그때 존은 이렇게 말했다. "너무 신경 쓰지 말게. 어차피 나도 장례를 치르느라 바빠서 잠깐 이야기하는 것 외에 많은 시간을 내지 못해. 게다가 아버지의 친구 분들이 많이 오셔서 위로해 주고 계셔."

수년 뒤 나의 아버지가 돌아가셨을 때 존이 장례식에 참석했다.

나는 그를 보자마자 단숨에 달려가 꼭 안으며 말했다. "존, 자네가 아버지를 잃었을 때 얼마나 슬펐는지 그때 잘 몰랐네. 이제야 알겠어. 그때 장례식에 못 가서 미안하네."

그러자 그는 이렇게 대답했다. "당연히 모를 수밖에. 나도 직접 겪어 본 뒤에야 알게 되었으니까. 친구, 그것이 내가 여기 온 이유네. 자네가 얼마나 슬픈지 나는 안다는 사실을 보여 주고 싶었어. 자네 곁에 있어 주고 싶었네." 말할 것도 없이 존을 향한 나의 애정이 그 즉시 몇 배나 더 깊어졌다. 또한 이제 유족들이 겪는 슬픔을 잘 알기에 그 뒤로는 더 많은 장례식에 참석하기 시작했다.

가슴 아픈 상실(과 그에 따르는 슬픔)을 겪었을 때 얻을 수 있는 단연 가장 큰 유익은 우리와 우리가 사랑하는 사람들이 죽을 수밖에 없다는 현실을 실감하고 남은 시간을 가장 중요한 일에 사용하기로 더욱 결심하게 된다는 것이다. 아버지가 돌아가시기 전까지는 내가 죽는다는 생각을 진지하게 해 본 적이 없었다. 그러다 나이 마흔여섯 살에 처음으로 내 삶의 카운트다운 시계가 정말로 있다는 사실을 실감했다. 그리고 그 카운트다운 시계가 절대 멈추지 않는다는 사실을 깨달았다. 내 삶의 카운트다운은 단 1초 동안이라도 멈추는 법이 없다. 내가 마지막 숨을 쉬는 순간까지 카운트다운은 계속된다. 나는 아버지가 돌아가시면서 이와 같은 경험을 했다는 사람을 꽤 많이 보았다.

슬픔을 주인 자리에서 끌어내리라

2009년 나는 '대단한 여성들'(Extraordinary Women) 콘퍼런스에서 1만 명에 달하는 여성들에게 20분간 강연을 해 달라는 부탁을 받았다. 내 아들이 몇 달 전에 암에서 기적적으로 나은 터라 그 이야기를 나누기로 했다. 그런데 강연을 마치고 한 여성이 강연장 밖까지 나를 따라와 잠시 이야기를 나눌 수 있냐고 물었다. 내가 "물론입니다"라고 대답하자 그 여성은 이렇게 물었다. "아드님이 치료를 받지 '못했다면' 선생님은 어떻게 하셨을까요?"

나는 이렇게 말했다. "저는 지금과 완전히 다른 모습이겠죠. 말로 다 표현할 수 없을 만큼 큰 상처에 신음하고 있을 겁니다. 매일 침대에서 기어 나오기 위해 안간힘을 쓰고 있겠죠. 하루 종일 숨도 쉬기 힘들 겁니다. 그런 상황이 와도 하나님이 자비와 은혜의 하나님이시고 기적과 능력의 하나님이시라는 사실은 조금도 달라지지 않습니다. 단지, 제 아들에 관한 하나님의 목적만 달라질 뿐입니다."

여성은 자신의 스무 살짜리 아들이 작년에 내 아들과 같은 암에 걸렸다고 말했다. "금식하며 기도했습니다. 온 교인, 심지어 제 아들도 금식하며 기도했지요. 하지만 그 아이는 결국 죽었습니다." 여성은 그 이야기를 하는 내내 흐느꼈다.

"아드님이 주님을 영접했습니까?"

"네, 그 아이는 주님을 정말 사랑했어요."

"그렇다면 문제는 아드님이 아니겠네요. 아드님은 침대에서 잠들자마자 곧바로 주 예수 그리스도의 영광스러운 품 안에서 깨어났을 겁니다. 깨어나자마자 아드님의 마음속에 이 땅에서 한 번도 경험하지 못한 사랑과 기쁨과 경이감이 가득 찼을 겁니다."

나는 계속해서 이렇게 말했다. "문제는 바로 부인입니다. 지금 큰 슬픔에 잠겨 계시지요?"

여성은 즉시 고개를 끄덕였다. "네, 맞아요!"

"슬픔이 부인 인생의 주인이 되고 말았습니다. 아침에 슬퍼하며 눈을 뜨고 하루 종일 슬퍼하다가 흐느끼며 잠자리에 드시죠? 그렇지 않나요?" 여성은 다시 고개를 끄덕였고, 나는 "한 사람이 두 주인을 섬기지 못할 것이니"(마 6:24)라는 예수님의 말씀을 언급하면서 이렇게 말했다. "선택을 하셔야 합니다. 슬픔이 계속해서 부인 삶의 주인 노릇을 하기를 원하십니까? 아니면 예수님을 주인으로 모시겠습니까?"

여성은 잠시 생각에 잠겼다가 아들에 관해서 말했다. "단지 아들이 제가 사랑한다는 걸 알았으면 해요." 여성은 자식을 잃은 대부분의 부모와 같은 착각을 하고 있었다. 그녀는 슬퍼하는 것이 곧 사랑하는 것이라고 생각하고 있었다. 자신이 슬퍼하지 않으면 아들을 사랑하지 않는 것이라고 생각했다.

나는 여성에게 이렇게 말했다. "부인은 아드님을 평생 사랑하셨고, 아드님도 그것을 알았을 거예요. 하지만 아드님은 더 이상 부인이나 부인의 사랑, 아니 이 땅에서 일어나는 그 어떤 일에도 관심

이 없어요. 지금 아드님의 시선은 예수님께 고정되어 있어요. 아드
님은 아무런 제약도 없이 예수님을 바라보고 있답니다." 그러고 나
서 바울의 말을 인용했다. "하나님이 자기를 사랑하는 자들을 위하
여 예비하신 모든 것은 눈으로 보지 못하고 귀로 듣지 못하고 사람
의 마음으로 생각하지도 못하였다"(고전 2:9).

　　나는 계속해서 이렇게 말했다. "지금 아드님이 경험하고 있는
것은 우리가 도저히 상상할 수도 없을 만큼 놀라운 것들입니다. 하
지만 부인은 아직 이곳에 있습니다. 하나님은 부인의 남은 시간을
위한 목적을 갖고 계십니다. 슬픔에 마음과 정신을 빼앗겨 현재 순
간에 집중하지 못한다면 선한 목자께서는 부인을 이끄실 수 없습니
다. 그러면 부인은 하나님이 주시려는 것을 받을 수 없고 하나님이
원하시는 사람으로 성장해갈 수 없습니다."

평생 계속될 주인 삼기

다행히 부인은 내 말을 이해하고 받아들였다! 우리는 함께 기도
했고, 그녀는 예수님께 자기 마음의 보좌로 돌아와 달라고 요청했다.
예수님은 물론 그렇게 해 주셨다! 예수님이 다시금 그녀의 첫 번째
사랑이 되자 그녀의 어두웠던 낯빛이 밝아지고 두 눈이 반짝거렸다.
나는 이 결심이 평생 한 번만 하면 끝나는 일이 아니라고 말했다.

　　"슬픔에 마음을 빼앗겨 현재 순간에 집중하지 못하게 될 때마다

예수님께 보좌로 돌아와 달라고 요청해야 합니다. 계속해서 현재 순간으로 돌아와야 합니다. 처음에는 하루에 열두 번씩 이 상황이 반복될 수 있습니다. 하지만 점점 슬픔은 쇠하여지고 예수님은 흥하실 겁니다. 시간이 갈수록 예수님이 부인의 순간순간을 더 온전히 다스리실 겁니다. 성령의 인도하심과 예수님의 속삭이심에 점점 더 민감해지실 겁니다. 그리고 현재 순간 속에 부인과 함께 있는 사람들의 필요에도 점점 더 민감해지실 거고요.”

슬픔이 주인 되길 원치 않으시다

아버지가 돌아가시고 나서 6개월 뒤에도 무거운 슬픔이 여전히 가시지 않았다. 답답해진 나는 게리 스몰리에게 전화를 걸어 물었다. “얼마나 오래 가죠? 야구 모자를 쓴 백발의 노인을 볼 때마다 가슴이 쓰라려요. 그때마다 펑펑 울어요. 언제까지 이럴까요?”

스몰리는 숨 쉴 틈도 없이 말했다. “2년! 그것이 무거운 슬픔이 참을 만한 슬픔으로 바뀌는 평균적인 시간이네.” 그러고 나서 그는 앞서 내가 말한 두 가지를 말했다. “하나님은 슬픔이 자네의 주인이 되는 것을 원치 않으시네. 예수님은 여전히 자네의 선한 목자가 되기를 원하시네. 마음이 약해진 이 시간을, 그분께 전보다 더 가까이 다가가기 위한 도약대로 사용하게. 그것이 주님의 뜻이라네. 주님은 깊은 슬픔의 한복판에서도 자네 마음의 보좌에 앉기를 원하신다네.”

현재 어떤 상실로 몹시 슬퍼하고 있다면 스몰리가 내게 해 준 다음 말을 마음에 새기기를 바란다. "하나님이 자네를 통해 이루시려는 일은 아직 끝나지 않았네!" 당신에게도 똑같이 말해 주고 싶다. 하나님이 당신을 통해 이루시려는 일은 아직 끝나지 않았다! 하나님은 여전히 당신의 매일을 향한 목적을 갖고 계시며, 당신이 전보다 더 가까이 선한 목자를 따르기를 원하신다. 문제는 어떻게 슬픔을 본래의 자리로 돌리고 예수님을 마땅한 자리로 모시느냐 하는 것이다.

체포되시기 직전 예수님은 제자들이 곧 한 번도 경험해 보지 못한 슬픔을 겪게 될 줄 아시고 이렇게 말씀하셨다. "내가 진실로 진실로 너희에게 이르노니 너희는 곡하고 애통하겠으나 세상은 기뻐하리라 너희는 근심하겠으나 너희 근심이 도리어 기쁨이 되리라 여자가 해산하게 되면 그때가 이르렀으므로 근심하나 아기를 낳으면 세상에 사람 난 기쁨으로 말미암아 그 고통을 다시 기억하지 아니하느니라 지금은 너희가 근심하나 내가 다시 너희를 보리니 너희 마음이 기쁠 것이요 너희 기쁨을 빼앗을 자가 없으리라"(요 16:20-22).

여기서 예수님은 제자들이 겪게 될 고통과 슬픔이 그와는 비교조차 하지 못할 엄청난 기쁨으로 바뀔 것이라고 말씀하고 계신다. 이 기쁨은 영구적이다. 누구도 이 기쁨을 앗아갈 수 없다.

슬픔이 기쁨으로 바뀌는 방법

문제는 "어떻게?"이다. 어떻게 하면 슬픔이 더 큰 기쁨, 누구도 앗아갈 수 없는 기쁨으로 바뀔 수 있는가? 우리를 위한 답은 예수님이 제자들에게 주신 답과 똑같다. 예수님에 따르면 제자들의 슬픔을 기쁨으로 바꿀 결정적인 열쇠는 그분이 그들을 다시 볼 것이라는 사실이었다. 예수님이 부활 후 나타나신 사건이 왜 그들의 슬픔을 그 어떤 사람이나 상황도 앗아갈 수 없는 기쁨으로 바꿀 수 있었을까? 답은 분명하다. 그때에야 비로소 그들이 그분이 참으로 하나님의 영원하신 아들이시라는 사실을 진정으로 믿을 수 있기 때문이었다. 그들은 두 눈으로 직접 봐야 확실히 믿을 수 있었다.

예수님의 체포 직전 제자들은 마침내 그분과 그분의 주장을 믿을 수 있다고 말했다. "우리가 지금에야 주께서 모든 것을 아시고 또 사람의 물음을 기다리시지 않는 줄 아나이다 이로써 하나님께로부터 나오심을 우리가 믿사옵나이다"(요 16:30).

예수님은 그 즉시 그들의 말에 반박하셨다. "이제는 너희가 믿느냐 보라 너희가 다 각각 제 곳으로 흩어지고 나를 혼자 둘 때가 오나니 벌써 왔도다 그러나 내가 혼자 있는 것이 아니라 아버지께서 나와 함께 계시느니라"(31-32절).

제자들은 자신들이 믿는다고 생각했다. 하지만 현실은 전혀 달랐다. 예수님이 체포되시자 (요한 외에) 그들 모두는 자기 목숨을 부지하고자 그분을 버리고 도망쳤다. 예수님이 말씀하신 그대로였다.

그들이 머리로 믿는 것이 아직 그들의 마음까지 내려가지 않은 상태였다. 예수님은 그들의 지적 믿음이 진정한 마음의 믿음으로 변할 수 있도록 죽음에서 돌아오셔야 했다.

다른 제자들이 부활하신 그리스도를 보았다고 하자 도마가 어떤 반응을 보였는지 기억하는가? "내가 그의 손의 못 자국을 보며 내 손가락을 그 못 자국에 넣으며 내 손을 그 옆구리에 넣어 보지 않고는 믿지 아니하겠노라"(요 20:25).

그러고 나서 7일 뒤 그의 전환점이 찾아왔다. 도마가 닫힌 문 뒤에서 다른 제자들과 함께 있을 때 예수님이 갑자기 그 방에 나타나셨다. 예수님은 도마를 보며 말씀하셨다. "네 손가락을 이리 내밀어 내 손을 보고 네 손을 내밀어 내 옆구리에 넣어보라 그리하여 믿음 없는 자가 되지 말고 믿는 자가 되라"(27절).

도마의 반응은 "나의 주님이시요 나의 하나님이시니이다"였다(28절). 그때 예수님은 당신과 나에게는 적용되지만 그 방에 있는 제자들에게는 적용되지 않는 영광스러운 약속을 주셨다. "너는 나를 본 고로 믿느냐 보지 못하고 믿는 자들은 복되도다"(29절). 예수님이 도마에게 하신 이 말씀은 우리에게 훨씬 더 큰 복을 약속해 주시는 말씀이다.

우리의 전환점(우리의 슬픔이 기쁨으로 바뀌기 시작하는 순간)은 예수님과 그분의 부활, 그분의 말씀에 대한 우리의 믿음이 머리에서 마음으로 내려가는 순간이다. 그렇다면 이런 마음의 믿음이 슬픔의 바다 한

복판에서 우리의 현실이 되기 위해서 어떻게 해야 하는가? 예수님이 27절에서 도마에게 주신 명령은 우리에게 주시는 명령이기도 하다. "믿음 없는 자가 되지 말고 믿는 자가 되라." 보다시피 믿음은 감정이 아니라 선택이자 행동이다. 예수님은 행동으로 나아갈 정도로 그분과 그분의 말씀을 믿으라고 명령하신다. 당시 도마에게는 없던 뭔가가 지금 우리에게는 있다. 즉 우리는 예수님의 기록된 말씀을 갖고 있다.

바울은 이렇게 말한다. "믿음은 들음에서 나며 들음은 그리스도의 말씀으로 말미암았느니라"(롬 10:17). 또한 우리에게는 모든 것을 가르치시고 예수님이 말씀하신 모든 것을 기억나게 하시는 성령과 그분의 사역이 있다(요 14:26). 예수님의 말씀은 우리의 믿음을 자라게 할 뿐만 아니라 그분의 영과 생명을 우리의 삶 속에 불어넣는다(요 6:63). 예수님의 가르침이나 명령, 약속에 따라 행동할 때마다 우리의 믿음이 자란다. 우리는 그저 그분의 음성에 귀를 기울이고 기도하며 그분이 말씀하시는 것을 행하기만 하면 된다. 우리는 비록 부활하신 그리스도를 육신의 눈으로 볼 수 없지만 우리의 영으로 그분을 경험할 수 있다.

다시 말하지만 예수님은 보지 않고도 믿는 자들에게 더 큰 복을 약속해 주셨다. 당신처럼 나는 육신의 눈으로 예수님을 본 적이 없다. 하지만 그분은 나의 가장 좋은 친구가 되셨다. 나는 50년 넘게 그분의 임재를 경험하며 살아왔다. 그분은 심지어 내가 지독한 실망감을 안겨 드릴 때도 결코 나를 버리시지 않았다. 그분의 임재는 수없이 나의 애통을 기쁨으로 바꿔 놓았다. 예수님의 말씀을 부지런히 머릿속에 담으면 그 말씀이 마음으로 흘러넘치고, 그분의 지속적인 임재를 경험하기 시작한다. 우리 안에 살아 계신 그분의 임재를 경험하면 우리의 정신과 마음, 태도, 행동을 지배하는 슬픔의 견고한 진이 부수어진다.

사람들을 슬픔의 노예로 속박시키는 착각들

슬픔에 잠겨 있는 것을 좋아하는 사람은 세상에 없다. 이번 장의 첫머리에서 말했듯이 상실 직후의 슬픔은 중요한 역할을 한다. 하지만 그 슬픔이 예수님 대신 우리 삶의 주인 자리를 꿰차면 파괴적으로 변한다. 나는 슬픔의 바다에서 평강과 기쁨의 안전한 항구로 이동하기를 원하는 사람들을 상담하면서 특정한 태도 혹은 의식적, 무의식적 믿음이 극복하기 힘든 장애물을 만들어 낸다는 사실을 발견했다. 내가 예수님의 말씀으로 그런 부분에 빛을 비추자 그들은 착각과 슬픔을 하나님의 현실과 예수님의 놀라운 기쁨으로 바꿀 수 있었다.

그릇된 믿음 1: 우리가 슬퍼하는 일과 우리가 경험한 상실이 하나님이 전혀 모르거나 신경을 쓰시지 않는 사이에 벌어졌다

우리가 슬퍼하는 일이 하나님이 지켜보시지 않는 와중에 벌어졌다고 생각하기 쉽다. 만약 하나님이 지켜보고 계셨다면 왜 그 일이 벌어지기 전에 개입하셔서서 막아 주지 않으셨는가? 그렇게 생각하며 원망을 품고 싶다.

일단, 어떤 상실이 일어나든 하나님은 그 현장에 계셨다. 다만 하나님의 관심은 우리가 현재 살고 있는 이생에만 있지 않다. 하나님의 시각은 영원하며 모든 것을 아우른다. 그분의 사랑, 자비, 의, 공의는 시간의 제약을 받지 않는다. 우리의 시각은 매우 제한된 반면, 하나님은 모든 면에서 한계를 모르신다. 그분이 우리의 상실을 허락하신 데는 우리가 보거나 이해할 수 없는 영원한 측면이 있다. 바울은 이렇게 말했다. "내가 확신하노니 사망이나 생명이나 천사들이나 권세자들이나 현재 일이나 장래 일이나 능력이나 높음이나 깊음이나 다른 어떤 피조물이라도 우리를 우리 주 그리스도 예수 안에 있는 하나님의 사랑에서 끊을 수 없으리라"(롬 8:38-39).

중요한 질문은 이것이다. 이 상실을 예수님께 맡기기로 선택할 것인가? 아니면 그분께 등을 돌리고 그분과 그분의 말씀을 믿지 않기로 선택할 것인가?

그릇된 믿음 2: 이 상실은 영구적인 상실이다

우리가 보고 만질 수 있는 모든 것은 일시적인 것이다. 우리가 볼 수 있는 모든 것은 지금 우리가 살고 있는 이 삶 너머까지 이어질 수 없다. 하지만 우리가 이 땅에서 잠시 사는 동안에는 우리가 볼 수 없는 영원한 측면이 있다(고후 4:16-18).

우리는 일시적인 몸을 입고 있는 영원한 존재들이다. 우리의 상실이 이생에서 회복되지 않을 수도 있지만 거듭난 사람들에게는 모든 상실이 무한히 더 좋고 영광스러운 것으로 회복될 것이다. 하나님이 우리를 위해 예비하신 것들은 상상조차 할 수 없는 것들이다. 바울은 이렇게 썼다. "하나님이 자기를 사랑하는 자들을 위하여 예비하신 모든 것은 눈으로 보지 못하고 귀로 듣지 못하고 사람의 마음으로 생각하지도 못하였다"(고전 2:9).

우리가 일시적인 것은 잃을 수 있지만 영원한 것은 잃을 수 없다.

그릇된 믿음 3: 현재 우리의 상태와 삶이 우리의 영원한 상태다

신자로서 우리는 이것이 틀린 말이라는 것을 머리로는 알지만 사실인 것처럼 행동할 때가 많다. 우리는 이생이 궁극적인 삶이고 우리가 부여잡고 있는 모든 사람과 모든 것이 영원한 것처럼 군다. 우리는 이생에서 잃은 모든 것과 모든 사람을 영원히 슬퍼할 만한 비극으로 본다. 착각도 그런 착각이 없다. 이것은 착각인 정도가 아니라 완전한 거짓말이다. 이생과 그 안의 모든 것은 아무리 중요해 보여도 일시적인 것에 불과하다. 하나님은 이생과 내세 모두에서 우리를 위해 훨씬 더 많은 것을 예비하셨다. 이것이 예수님이 일시적일 뿐인 땅에 보물을 쌓아 두지 말라고 명령하신 이유다(마 6:19).

대신 그분은 하나님이 가치 있게 여기는 영원한 것에 집중하라고 명령하신다. 그분은 이렇게 말씀하셨다. "오직 너희를 위하여 보물을 하늘에 쌓아두라 거기는 좀이나 동록이 해하지 못하며 도둑이 구멍을 뚫지도 못하고 도둑질도 못하느니라"(20절). 그리고 계속해서 이렇게 말씀하셨다. "그런즉 너희는 먼저 그의 나라와 그의 의를 구하라 그리하면 이 모든 것을 너희에게 더하시리라"(33절).

상실에 대해서 계속해서 슬퍼하는 것은 현재가 아닌 과거에 시선을 고정하는 일이다. 그러면 현재의 기적들을 놓칠 뿐 아니라 하나님과 그분의 나라를 제대로 섬길 수 없다. 예수님은 이렇게 말씀하셨다. "손에 쟁기를 잡고 뒤를 돌아보는 자는 하나님의 나라에 합당하지 아니하니라"(눅 9:62). 여기서 "합당하지"로 번역된 헬라어 단어는 '유데토스'(euthetos)로, '유용한'을 의미한다.[3] 따라서 이것은 도덕적인 정죄가 아니라 실용성의 문제다. 앞서 말했듯이 농부가 뒤를 돌아보면 밭을 똑바로 갈 수 없는 것처럼 우리도 뒤를 돌아보면 하나님의 나라를 제대로 섬길 수 없다.

그릇된 믿음 4 : 이생이 내세보다 낫다

앞서 말했듯이 우리는 하나님이 우리를 위해 예비하신 놀라운 것들을 상상조차 할 수 없다. 하나님은 우리가 용서를 받고 우리의 죄의 결과를 당하지 않도록 자신의 아들을 희생시키심으로써 우리를 향한 놀라운 사랑을 이미 증명해 보이셨다. 예수님은 제자들과 우리에게 근심하지 말고 그분과 하나님을 믿으라고 명령하셨다(요 14:1).

우리를 위해 자신의 아들까지 희생시키신 하나님이 우리를 위해 예비하신 것이라면 결코 실망스러운 것이 아닐 것이다. 그분의 아들의 말씀을 듣고 그대로 행함으로 그분에 대한 믿음을 표현하면 그분은 우리의 일시적인 상실을 영원한 유익으로 바꿔 주실 것이다.

그릇된 믿음 5: 우리의 슬픔에 관해서 우리가 할 수 있는 일은 아무것도 없다

이것도 역시 완전한 거짓말이다. 우리가 할 수 있는 것이 많다. 예를 들어, 상실 속에서 보물을 찾아 그 보물에 대해 하나님께 감사할 수 있다. 그리고 이 책에서 내내 말했듯이 예수님의 말씀은 영이요 생명이다. 그분의 말씀을 기도하고 묵상하며 읽으면 그 말씀이 그분의 영과 생명을 우리의 영과 삶 안에 불어넣는다.

최근 93세를 일기로 돌아가신 삼촌의 장례식장에 다녀왔다. 삼촌은 65세에 은퇴하고 나서 이후 25년간 관리인으로 교회를 섬겼다. 세상은 "그것이 무슨 대단한 일이라고!"라며 비웃을지 모른다. 하지만 하나님의 경제에서 삼촌은 "섬기는 자"였으며, 이는 삼촌이 "너희 중에 큰 자" 중 하나였다는 뜻이다(마 23:11).

우리 할아버지가 돌아가신 뒤 할머니는 뇌졸중으로 2년간 침대 신세를 지셨다. 한 번은 내가 찾아갔더니 할머니가 이렇게 말하셨다. "하나님이 왜 나를 살려 두시는지 모르겠구나. 나는 아무짝에 쓸모가 없어. 내가 여기 있을 이유가 없어. 그저 남편이 있는 집(천국)에 가고 싶은 생각뿐이구나."

그때 나는 이렇게 말했다. "이 땅에서 할머니를 위한 목적이 아직 있어요. 그렇지 않으면 하나님이 벌써 집으로 데려가셨을 거예요! 여덟 명의 자녀와 스물아홉 명의 손주, 오십팔 명의 증손주가 있잖아요. 저희 모두는 매일 하나님의 도우심과 인도하심을 절실히 필요로 해요. 그러니 매일 저희 모두를 위해서 기도해 주세요. 꼭 해주셔야 해요. 하나님은 할머니의 기도에 특별히 더 응답해 주실 거예요. 저희에게 할머니의 기도는 억만금보다도 더 값어치가 있어요. 그러니 꼭 저희를 위해서 기도해 주세요."

순간, 할머니의 얼굴이 밝아지면서 미소가 떠올랐다. "내가 그건 할 수 있지!" 나는 할머니의 기도가 나와 내 사촌들의 삶에 말할 수 없이 큰 영향을 미쳤다고 백퍼센트 확신한다. 우리는 무엇을 잃었든 상관없이 항상 남들을 위해 기도하고 남아 있는 모든 복에 대해서 종일 하나님께 감사하며 영광을 돌릴 수 있다.

그릇된 믿음 6: 하나님은 상황을 회복시켜 주시지 않는다

이것이 요셉의 아버지 야곱이 한동안 품었던 생각이다. 그는 누구의 위로도 뿌리쳤다. 그는 매일, 종일 슬퍼하기만 했다. 요셉이 죽었다고 생각한 그는 세상에서 가장 사랑했던 사람을 영원히 잃었다는 생각에 깊은 슬픔의 수렁에 빠져들었다. 하지만 하나님은 야곱이 원하는 방식은 아니었지만 결국 상황을 회복시켜 주셨다. 그 방식은 두 국가를 구하고 스스로 큰 영광을 받으시는 것이었다. 야곱의 비전은 자신의 작은 세상과 자신의 단기적인 타이밍에 갇혀 있었다. 하나님의 비전은 야곱의 비전보다 무한히 더 크고 좋았다. 때로 하나님은 우리가 원하는 대로 혹은 우리의 타이밍에 따라 상황을 회복시켜 주시지 않는다. 하지만 하나님께서는 우리의 상황을 우리가 상상하는 것보다 훨씬 더 좋고 크게 바꾸기 위한 영원이라는 긴 시간 안에서 만들어가신다.

인간의 기준에서 보면 닉 부이치치(Nick Vujicic)는 회복 불능으로 망가진 상태로 세상에 태어났다. 그는 팔다리가 없이 태어났다. 그의 어머니는 처음에는 그를 안지도 않고, 심지어 쳐다보지도 않으려고 했다. 결국 간호사가 그를 안고 그녀와 남편 쪽으로 내밀자 두 사람은 모두 병원을 뛰쳐나가 구토를 했다.

하나님이 닉의 몸을 고쳐 주셨을까? 아니다. 하나님이 그의 몸을 고치는 것보다 더 좋은 일을 행하셨을까? 물론이다! 닉은 꿈꿔 왔던 모든 것을 했다. 예를 들어, 그는 수영과 스키를 배웠다. 하지만 이 정도는 아무것도 아니다. 현재 그는 결혼을 해서 네 명의 자녀를 두고 있다. 그는 전 세계를 누비며 사역을 하며, 여덟 권의 책을 썼다. 그의 책《허그》(두란노 역간)는 무려 30개 언어로 번역되어 날개

돈친 듯이 팔려나갔다. 무엇보다도 그는 하나님의 영광을 위해 모든 연령대의 수백만 명에게 영향을 미침으로 하늘에 보화를 착착 쌓아가고 있다.[4] 하나님은 회복 불가능해 보이는 것을 그분의 방식과 타이밍에 따라 '반드시' 회복시켜 주신다.

그릇된 믿음 7: 누군가 혹은 뭔가를 소유할 권리를 침해받았다

우리 모두는 뭐든 자신이 가질 권리가 있다고 생각하는 것을 움켜쥐며 자란다. 그래서 우리가 소중히 여기는 뭔가 혹은 누군가를 잃으면 배신감을 느낀다. 그 사람이나 물건에 대한 우리의 권리가 침해를 받은 것처럼 느낀다. 우리에게서 떠나간 것에 대한 소유권이 우리에게 있는 것처럼 느끼고 행동한다. 의식적으로 혹은 무의식적으로 도둑맞은 기분을 느낀다.

그런데 권리의식과 행복을 동시에 품는 것이 불가능하다는 사실을 아는가? 권리의식은 좀처럼 충족되지 않는 기대를 낳는다. 그리고 그 기대가 충족되지 않으면 우리는 실망하고 좌절하며 상처를 받는다. 그리고 이런 1차적 감정이 풀리지 않은 채로 남으면 분노와 분개, 그리고 결국 원망으로 발전한다. 하지만 사실 우리에게는 그 누구도, 그 무엇도 소유할 권리가 없다. 바울은 이렇게 말했다. "너희는 너희 자신의 것이 아니라 값으로 산 것이 되었으니"(고전 6:19-20). 그리고 8장에서 보았듯이 하나님 앞에 권리를 내려놓으면 마음의 기적적인 변화가 찾아온다.

많은 사람이 하나님과 예수님을 믿는다고 자신 있게 말한다. 하지만 죽음, 이혼, 이별, 심각한 부상이나 질병, 금전적 손실 같은 가슴 아픈 상실 앞에서 그들은 하나님과 예수님이 어릴 적 공상에 불과한 것처럼 행동한다. 그들은 하나님이 신경 쓰시지 않거나 심지어 눈치 채시지도 못하는 와중에 비극이 일어난 것처럼 행동한다. 그래서 슬픔이 밀려오면 눈에 띄게 혹은 아무도 모르게 슬픔의 무자비한 주인 노릇에 굴복한다. 그들은 하나님이 주권적이시지 않거나 자신에게 등을 돌리신 것처럼 행동한다. 계속해서 기도하고 성경을 읽고 교회에 가면서 신앙생활을 하는 시늉은 하지만 하나님이 상실을 막아 주시지 않았기 때문에 그분이 무기력하거나 우리에게 무관심한 것처럼 행동한다.

대개 그것은 그들이 종교를 믿고 종교적 활동만 했을 뿐 예수님과 진정으로 친밀한 관계를 맺은 적이 없기 때문이다. 예수님은 이렇게 말씀하셨다. "이 백성이 입술로는 나를 공경하되 마음은 내게서 멀도다"(마 15:8). 예수님은 우리를 종교나 종교적 활동으로 부르신 적이 없다. 그분은 우리를 그분 및 성부 하나님과의 개인적이고도 친밀한 관계로 부르셨다. 하지만 사람들은 하나님에 관한 감정이나 그릇된 관념에 따라 그분과의 관계를 바라본다. 그래서 극심한 시련이 닥치면 곧바로 슬픔의 노예로 전락한다. 그들이 자신의 그릇된 관념을 토대로 만들어 낸 공상 속의 신이 그들을 실망시켰기 때문이다.

하지만 여기 좋은 소식이 있다. 진짜 하나님은 그들을 그들이 생각하는 것보다 무한히 더 사랑하시며, 그분의 아들을 통해 그들과 진짜 관계를 맺기를 원하신다.

깊은 슬픔의 한복판에서도 우리는 예수님의 말씀을 부여잡을 수 있다. 그분이 하시는 말씀을 믿고 그분이 명령하시는 대로 행할 수 있다. 앞서 말했듯이 그분이 당신을 통해 이루시려는 일은 아직 끝나지 않았다. 현재의 상실이 아무리 커도 그분은 여전히 당신을 향한 목적을 품고 계신다. 그분이 당신을 통해 이루시려는 소명이 여전히 있다. 당신의 소명의 중요성을 세상의 기준으로 판단하지 말라. 예수님은 "섬기는 자"가 "너희 중에 큰 자"라고 말씀하셨다(마 23:11). 우리의 단연 가장 큰 소명은 하나님이 직접 모든 신자에게 주신 것이다. 그것은 그분과의 친밀함 속으로 더 깊이 들어가기 위해 노력하는 것이다(렘 9:24). 예수님은 요한복음 14장 21-23절에서 그 방법을 알려 주셨다.

슬픔은 우리가 예수님을 더 친밀히 알지 못하고, 그분이 하신 말씀을 발견하지 못하며, 현재 순간 속에서 살지 못하도록 방해한다. 그때 우리는 하나님과의 친밀함을 경험하지 못한다. 정말 중요한 사실을 말하자면, 하나님과의 친밀함을 얻으면 잃은 것에 대해 잃을 수 없는 것으로 보상을 받게 된다. 이에 관해 바울은 이런 표현을 사용했다. "그러므로 우리가 낙심하지 아니하노니 우리의 겉사람은 낡아지나 우리의 속사람은 날로 새로워지도다 우리가 잠시 받는 환난의 경한 것이 지극히 크고 영원한 영광의 중한 것을 우리에게 이루게 함이니 우리가 주목하는 것은 보이는 것이 아니요 보이지 않는 것이니 보이는 것은 잠깐이요 보이지 않는 것은 영원함이라"(고후 4:16-18).

12. 그릇된 지식

진짜 하나님을 알고
참된 비전을 얻으라

요셉의 원칙 12. 하나님을 바로 알 때 참된 비전을 얻는다 요셉이 하나님에 관해서 알았던 것은 아버지에게서 들은 것밖에 없었나. 이 사실을 생각하면 그의 믿음이 더욱 놀랍게 다가온다. 그는 아버지가 구술로 전해 준 내용 외에 그 어떤 기록도 갖고 있지 못했다. 물론 하나님이 그에게 개인적인 계시를 주셨는지 우리는 알지 못한다. 하나님이 그에게 해몽 외에도 다른 내용도 속삭여 주셨는지 우리는 알지 못한다. 그가 다른 계시를 전혀 받지 못했을 수도 있고, 그가 성경에 기록되지 않은 하나님과의 개인적인 만남을 경험했을 수도 있다. 어떤 경우든 그가 하나님을 절대적으로 믿고 의지했다는 사실은 그의 삶에서 분명히 드러난다. 하지만 그가 하나님에 관해 어떤 지식을 갖고 있었든 그 지식은 기껏해야 매우 제한적이었을 가능성이 높다.

"하나님은 누구이신가?"
"하나님은 어떤 분이신가?"
"하나님은 내게서 무엇을 원하시는가?"
"하나님이 원하시는 것을 어떻게 드릴 수 있을까?"

"하나님을 진노하시게 하면 어떻게 되는가?"

"하나님이 나를 기뻐하실 수 있을까?"

이것들은 거의 태초부터 모든 사람이 했던 질문이다. 사람들은 남들의 의견, 종교의 가르침, 자신의 판단과 성향에 따라 하나님에 관한 관념과 이미지를 형성했다. 많은 사람이 자기 아버지와의 경험을 바탕으로 하나님을 바라본다. 아버지에게 방치나 무시, 학대를 당한 사람들은 하늘 아버지도 그럴 것이라는 관념을 의식적이거나 무의식적으로 형성하기 쉽다. 육신의 아버지가 엄격하거나 매정했다면 그런 속성을 성부 하나님의 속성으로 여길 수 있다. 육신의 아버지가 지나치게 응석을 받아주거나 지나치게 간섭이 심했다면 하나님도 그럴 것이라고 생각하기 쉽다.

당신은 무엇에 따라 하나님에 대한 관념을 형성했는가? 안타깝게도 예수님에 따르면, 대부분의 사람들이 하나님에 관해서 기껏해야 불완전한 관념을 품고 있다. 심지어 완전히 잘못된 관념을 품은 사람들도 적지 않다.

절대 진리

예수님은 이렇게 말씀하셨다. "아들과 또 아들의 소원대로 계시를 받는 자 외에는 아버지를 아는 자가 없느니라"(마 11:27). 이것은 한 종교 지도자가 우연히 떠오른 생각을 말한 것이 아니다. 이것은 절대 진리를 포함한 강력한 진술이다. 예수님에 따르면 이 진리는 논쟁의 여지가 없다. 이것은 다른 사람의 진술이나 의견에 따라 달라지지 않는 진리다. 예수님은 하늘 아버지를 아시는 유일한 분으로서 이 땅에 오셨다. 그분은 아버지와 함께 영원토록 사셨다. 그분은 아버지가 주신 사명을 이루기 위해 이 땅에 오셨다. 그분은 요한복음 6장 46절에서 이렇게 말씀하셨다. "이는 아버지를 본 자가 있다는 것이 아니니라 오직 하나님에게서 온 자만 아버지를 보았느니라."

예수님은 아버지에게서 보내심을 받고 이 땅에 오신 유일한 분이며 아버지를 완벽히 보여 주실 수 있는 유일한 분이다.

우리는 기다릴 필요가 없다

좋은 소식이 있다. 우리는 예수님이 아버지를 보여 주실 때까지 기다릴 필요가 없다! 그분은 이미 아버지를 보여 주셨다. 그분은 제자들과 우리에게 성부 하나님이 어떤 분이시며 무엇을 원하시고 무엇을 원하시지 않는지를 정확히 알려 주는 100개 이상의 진술을 주셨다. 그분은 하나님이 우리를 어떻게 생각하시고, 우리에게 무엇을 주기 원하시며, 우리에게서 무엇을 원하시는지 알려 주신다. 안타깝게도 내가 아는 대부분의 신자들은 예수님이 아버지에 관해서 말씀하신 것에 대해 잘 모른다. 하지만 그분의 놀라운 계시 없이는 성부 하나님에 관한 정확한 비전을 얻을 수 없다.

당신은 어떤가? 예수님이 성부 하나님에 관해서 제자들과 당신과 나에게 주신 100개 이상의 진술을 얼마나 잘 아는가? 다시 말하지만 오직 성자 하나님만 성부 하나님을 아시며, 그분은 그분의 말씀을 듣고 받기 원하는 모든 사람에게 이미 아버지를 보여 주셨다. 당신이 그분의 말씀을 듣고 받기를 원한다면 지금 당장이라도 그분이 아버지를 보여 주실 것이다.

예수님은 삶을 통해서도 하나님을 완벽히 보여 주셨다. 예수님의 태도와 행동은 아버지를 있는 그대로 보여 주었다. 그래서 예수님은 제자들에게 이렇게 말씀하셨다. "나를 본 자는 아버지를 보았거늘 어찌하여 아버지를 보이라 하느냐 내가 아버지 안에 거하고 아버지께서 내 안에 계심을 믿으라"(요 14:9, 11).

예수님은 이렇게 설명하셨다. "내가 너희에게 이르는 말은 스스로 하는 것이 아니라 아버지께서 내 안에 계셔서 그의 일을 하시는 것이라"(요 14:10).

예수님은 이런 말씀도 하셨다. "내가 내 자의로 말한 것이 아니요 나를 보내신 아버지께서 내가 말할 것과 이를 것을 친히 명령하여 주셨으니"(요 12:49).

성부 하나님이 특정한 상황에서 어떻게 행동하실지 알고 싶다면 예수님이 그런 상황에서 어떻게 행동하셨는지를 보면 된다. 복음서들의 기록에서 예수님이 어떤 행동을 하셨고 사람들에게 어떤 말씀을 하셨는지 보라.

"잠깐! 그런 연구는 몇 주, 아니 몇 달이 걸릴 수 있어!" 지레 겁부터 먹지 말고 오히려 기뻐하라. 예수님의 제자들은 그분과 3년 반 이상 동고동락하면서 그분의 모든 말씀을 듣고 그분의 모든 행동을 지켜봤다. 그런데도 성에 차지 않아 그분을 더 알기를 원했다. 그분이 떠나자 그들은 자신들이 알고 사랑해 온 분, 인생의 모든 중요한 질문에 답해 주신 분, 아버지께로 가는 길이 되어 주신 분이 가버리셨다는 사실에 큰 충격을 받았다. 상황이 허락되었다면 그들은 남은 평생 그분과 함께하는 편을 선택했을 것이다. 나도 지난 15년간 거의 매일 그분의 삶과 가르침에 관해 묵상했지만 그분을 향한 갈증은 여전히 가시지 않고 있다.

하나님을 친밀히 알기를 진정으로 원하는가? 그렇다면 예수님의 곁에서 남은 평생을 보내라. 그분의 삶을 두 눈으로 확인하라. 그분이 하시는 모든 말씀에 유심히 귀를 기울이라. 그러면 그분 안에서 아버지를 보고 그분을 통해 아버지가 하시는 말씀을 듣게 될 것이다. 그분의 삶과 말씀에 온 시선을 집중하라. 그러면 그분의 말씀을 성부, 성자와의 가장 깊은 친밀함 속으로 들어가기 위한 도약대로 사용하는 법을 발견하게 될 것이다. 하나님에 대한 요셉의 비전은 비록 희미했지만 모든 상황에서, 심지어 최악의 상황에서도 그분을 온전히 믿기에 충분했다. 예수님의 삶과 말씀에 관한 증언이 복음서들에 기록되어 있기 때문에 우리는 복음서들에서 아버지를 보고 그분과 그분의 아들에 관한 고해상도 비전을 얻을 수 있다.

하나님은 당신이 그분을 이해하고 알기를 진정으로 원하신다. "자랑하는 자는 이것으로 자랑할지니 곧 명철하여 나를 아는 것과 나 여호와는 사랑과 정의와 공의를 땅에 행하는 자인 줄 깨닫는 것이라 나는 이 일을 기뻐하노라 여호와의 말씀이니라"(렘 9:24). 아버지에 관한 예수님의 계시 몇 가지를 소개해 보겠다.

하나님은 주권적이시다

요셉은 자신의 목숨을 걸 정도로 하나님의 주권을 믿었다. 하나님이 자신의 귀에 바로의 꿈에 대한 해몽을 속삭이셨을 때 요셉은 행동에 나설 정도로 그 해몽을 전적으로 믿었다. 잘못된 해몽을 내놓는 것만으로도 목숨이 날아가는 상황이었기 때문에 요셉은 하나님의 주권과 그분의 속삭이심을 100퍼센트 완벽하게 믿었다고 말할 수 있다. 그는 하나님이 미래를 보시며 우주의 사건들을 주권적으로 조율하신다고 믿었다. 그는 하나님이 항상 자신과 함께하셨으며 모든 사람, 심지어 그분을 믿지 않는 자들의 마음까지도 움직이실 수 있다고 믿었다.

하나님은 변하시지 않았다. 예수님은 본디오 빌라도 앞에 서셨을 때 하나님의 주권에 대한 확신을 증명해 보이셨다. 그분의 침묵에 짜증이 난 빌라도는 자신에게 그분을 풀어주기도 하고 십자가에 못 박기도 할 수 있는 권세가 있다고 말했다. 그러자 예수님은 이런 말씀으로 인간들을 다스리는 아버지의 주권을 보여 주셨다. "위에서 주지 아니하셨더라면 나를 해할 권한이 없었으리니"(요 19:11). 빌라도는 하나님에 대한 예수님의 절대적인 확신에 매우 놀랐다.

하나님은 비할 데 없는 사랑으로 우리를 사랑하신다

예수님은 우리를 향한 하나님의 측량할 수 없는 사랑을 수없이 선포하셨다. 그분은 우리와 니고데모에게 이렇게 말씀하셨다. "하나님이 세상을 이처럼 사랑하사 독생자를 주셨으니 이는 그를 믿는 자마다 멸망하지 않고 영생을 얻게 하려 하심이라"(요 3:16).

내가 예수님을 구주로 영접한 직후, 한 좋은 친구가 우리 모임에서 다음과 같은 해설이 붙은 요한복음 3장 16절을 읽어 주었다. 해설을 붙인 사람이 누구인지는 알 수 없다.

하나님이 (가장 큰 사랑을 행하시는 분)

세상을 (가장 큰 무리)

이처럼 사랑하사 (가장 큰 정도)

독생자를 (가장 큰 선물)

주셨으니 (가장 큰 행위)

이는 그를 (가장 큰 매력을 지니신 분)

믿는 (가장 큰 단순성)

자마다(가장 큰 제시)

멸망하지 않고(가장 큰 약속)

영생을(가장 큰 보물)

얻게 하려 하심이라(가장 큰 확실성)

예수님은 계속해서 이렇게 말씀하셨다. "하나님이 그 아들을 세상에 보내신 것은 세상을 심판하려 하심이 아니요 그로 말미암아 세상이 구원을 받게 하려 하심이라"(요 3:17).

우리 같으면 우리에게 호의적이지 않은 사람들은 고사하고 '그 누구를' 위해서도 우리 자식이 고문을 받고 처형을 당하도록 절대 내어주지 않을 것이다. 당신과 나를 향한 하나님의 사랑은 그만큼 크고 불가해하다. 우리 사도 바울은 이렇게 썼다. "우리가 아직 죄인 되었을 때에 그리스도께서 우리를 위하여 죽으심으로 하나님께서 우리에 대한 자기의 사랑을 확증하셨느니라"(롬 5:8).

하나님은 모든 것을 아신다

예수님은 하나님이 우리의 기도를 듣고 응답하신다고 말씀하셨다. 심지어 그분은 이렇게 말씀하셨다. "구하기 전에 너희에게 있어야 할 것을 하나님 너희 아버지께서 아시느니라"(마 6:8). 하나님은 우리의 지극히 사소한 부분까지도 훤히 아신다. 당신의 머리카락 개수를 세어 보라. 1년 내내 세어도 다 세지 못할 것이다. 그런데 하나님은 당신의 머리카락 개수만이 아니라 세상 모든 사람의 머리카락 개수를 아신다(마 10:30).

하나님은 자비롭고 은혜로우시다

예수님은 이렇게 말씀하셨다. "내가 긍휼(자비)을 원하고 제사를 원하지 아니하노라 하신 뜻이 무엇인지 배우라"(마 9:13). 예수님은 또 이렇게 말씀하셨다. "그는 은혜를 모르는 자와 악한 자에게도 인자하시니라 너희 아버지의 자비로우심 같이 너희도 자비로운 자가 되라"(눅 6:35-36). 예수님은 하나님의 은혜를 여러 방식으로 여러 번 선포하셨다. 예를 들어, 이렇게 말씀하셨다. "하나님이 그 해를 악인과 선인에게 비추시며 비를 의로운 자와 불의한 자에게 내려 주심이라"(마 5:45).

사람들은 은혜와 자비를 동일한 것으로 생각할 때가 많다. 하지만 둘은 완전히 다르다. '은혜'는 (우리 모두를 포함한) 하나님이 자격 없는 자들에게 친절을 베푸시는 것으로 정의할 수 있다. 우리 삶 속의 가치 있는 것들은 다 하나님이 주신 것이다. 우리가 그런 선물을 받은 것은 받을 만한 뭔가를 했기 때문이 아니라 순전히 하나님의 성품 덕분이다. 하나님이 아가페 사랑으로 우리를 사랑하시는 것은 우리가 그런 사랑을 받을 만한 존재이거나 그럴 만한 뭔가를 했기 때문이 아니다 단지 그분이 본래 그런 은혜를 베푸시는 분이시기 때문이다.

은혜는 이런 식으로 생각하면 이해하기 쉽다. 내가 당신의 교회에 설교를 하러 가서 이렇게 말한다고 상상해 보라. "맨 앞의 두 줄에 앉아 계신 분들은 다 예배 후에 저를 찾아오시기 바랍니다. 모두 500달러씩 드리겠습니다."

그런데 당신은 첫 번째 줄에 앉은 세 사람이 예배 전에 "나는 스티븐 스콧이 정말 꼴 보기 싫어요. 오늘 우리 목사님이 설교하셨으면 좋겠어요"라고 말했다는 사실을 안다. 두 번째 줄에 있는 한 사람은 당신에게 "교회에 오기 정말 싫어요. 아내가 한 번만 와달라고 사정하지 않았다면 절대 오지 않았을 거예요"라고 말했다. 한편 당신은 첫 번째 줄에 앉은 한 사람이 교회에서 그리스도를 가장 많이 닮은 사람이라는 것을 안다. 당신은 내 말을 듣고 생각한다. '이 모든 사람에게 똑같이 500달러씩 준다니 말이 돼? 하나님을 아예 믿지도 않는 사람들과 하나님을 사랑하는 사람들, 자기를 좋아하는 사람들과 자기를 꼴 보기 싫어하는 사람들에게 똑같이 준다고?' 바로 이것이 은혜를 베푸는 것이다.

반면, 내가 첫 번째 두 줄에 앉은 사람들에 관해서 모른다면 그들에게 자비를 베푸는 것은 불가능하다. 왜일까? 자비를 베풀려면 먼저 가해자가 저지른 가해가 있어야 하기 때문이다. '자비'란 잘못으로 인해 벌을 받아 마땅한 가해자에게 친절, 나아가 용서를 베푼다는 뜻이다. 하지만 처음 두 줄의 누구도 내게 잘못을 저지른 적이 없다면 애초에 자비를 베풀 필요가 없다.

반면, 예배 후에 그들 중 한 명이 나를 찾아와 내 코를 꼬집는다면 이제 자비를 베풀 이유가 생긴다. 가해자가 생긴다. 희생자(나)에 대한 가해가 발생한다. 이제 마땅한 벌을 내릴지 자비를 베풀지 결정할 필요성이 발생한다.

우리 모두는 하나님의 가장 큰 계명들에 불순종하는 죄를 지었다. 그 계명들은 마음과 힘과 뜻과 목숨을 다해 하나님을 사랑하고 이웃을 우리 자신만큼 사랑하는 것이다(마 22:37-39). 우리는 사랑과 자비가 넘치고 의로우신 하나님께 수많은 잘못을 저질렀다. 그런데 죄와 불의를 미워하시는 하나님은 우리에게 마땅한 벌을 내리시는 대신 자비를 베풀어 주신다. 하나님은 우리가 죄로 인해 받아 마땅한 모든 진노와 형벌을 스스로 받으시기 위해 그분의 죄 없이 완벽한 아들을 보내셨다. 우리 하나님은 우리에게 자비를 베푸셨고, 예수님은 우리가 악한 태도와 행동에서 용서와 깨끗함을 받을 길을 여시고자 아버지의 뜻에 철저히 순종하셨다. 바울은 이렇게 썼다. "하나님이 죄를 알지도 못하신 이를 우리를 대신하여 죄로 삼으신 것은 우리로 하여금 그 안에서 하나님의 의가 되게 하려 하심이라"(고후 5:21).

이것은 놀라운 사실이다. 하나님의 자비라는 속성을 생각하면 기독교가 여타 종교와 얼마나 다른지에 새삼 놀라게 된다. 신화에 등장하는 가상의 신들과 모든 부족과 문화, 종교에서 인간이 만든 신들을 보면 자비라고는 눈곱만큼도 없다. 자비는 하나님과 여타 지어 낸 신들 사이의 결정적인 차이점이다. 자신에게 잘못한 자들에게 기꺼이 자비를 베푸는 신은 오직 하나님뿐이시다. 인간이 만든 모든 신들은 자신에게 잘못한 자들에게 복수하는 것을 즐기고 심지어 자랑하기까지 한다. 예레미야서 9장 24절은 이렇게 말한다. "자랑하는 자는 이것으로 자랑할지니 곧 명철하여 나를 아는 것과 나 여호와는 사랑과 정의와 공의를 땅에 행하는 자인 줄 깨닫는 것이라 나는 이 일을 기뻐하노라 여호와의 말씀이니라." 여기서 "사랑"(다른 역본들에서는 "인자")으로 번역된 단어는 히브리어 '헤세드'(hesed)다. 이는 "자비"로 번역되는 것과 같은 단어다. 그렇다면 우리 하나님은 자비를 베풀기를 기뻐하신다고 말할 수 있다. 이 점이 그분과 다른 모든 가짜 신들과의 차이점 중 하나다.

자비는 성부 하나님의 속성일 뿐 아니라 예수님의 속성이기도 하다. 예수님은 평생 자비를 행하시다가 결정적으로 우리를 위해 자신을 희생시키셨다. 심지어 십자가 위에서 이런 기도까지 드리셨다. "아버지 저들을 사하여 주옵소서 자기들이 하는 것을 알지 못함이니이다"(눅 23:34). 아, 이 얼마나 놀라운 아버지와 아들이신가. 아, 이 얼마나 놀라운 사랑인가. 이토록 놀라운 아가페 사랑이 하나님에게서 우리에게로 흘러넘치고 있다.

하나님은 애정, 연민, 인정이 많으시다

하나님이 아가페 사랑으로 우리를 사랑하신다는 것은 고린도

전서 13장에 나열된 속성들을 보이신다는 뜻이다. 그분은 오래 참고, 온유하며, 자랑하지 아니하며, 교만하지 아니하며, 무례히 행하지 아니하며, 자기의 유익을 구하지 아니하며, 성내지 아니하며, 악한 것을 생각하지 아니하며, 불의를 기뻐하지 아니하며, 진리와 함께 기뻐하신다. 우리를 향한 그분의 사랑은 약해지지도 사라지지도 않는다. 예수님은 이렇게 말씀하셨다. "너희 중에 누가 아들이 떡을 달라 하는데 돌을 주며 생선을 달라 하는데 뱀을 줄 사람이 있겠느냐 너희가 악한 자라도 좋은 것으로 자식에게 줄 줄 알거든 하물며 하늘에 계신 너희 아버지께서 구하는 자에게 좋은 것으로 주시지 않겠느냐"(마 7:9-11).

그렇다. 우리가 자녀에게 느끼는 사랑이나 연민, 애정은 우리를 비롯해서 독생자를 믿고 사랑하는 모든 사람을 향한 하나님의 막대한 사랑을 아주 작게나마 보여 주는 거울이다. 그 거대한 사랑 전체를 보려면 예수님이 사회에서 가장 천대와 경멸을 받은 남녀노소를 어떻게 대하셨는지 보면 된다. 앞서 보았듯이 예수님은 당신 자신과 당신의 태도 및 행동을 보는 것이 곧 아버지의 마음과 행동을 보는 것이라고 말씀하셨다. 예수님의 삶에서 아버지의 마음을 보여 주는 몇 가지 사건들을 다음과 같이 정리해 보았다.

◦ 아버지의 마음을 보여 주는 예수님의 상호작용 몇 가지
아이들에게 – 마태복음 19장 14절

여인들에게 - 누가복음 8장 43절

사마리아인들에게 - 요한복음 4장

병자들에게 - 마가복음 2장, 요한복음 5장, 누가복음 8장, 누가복음 18장

죄인들에게 - 누가복음 5장, 누가복음 7장

간음한 사람에게 - 요한복음 8장

창기에게 - 누가복음 7장

부자에게 - 누가복음 19장, 마가복음 10장

가난한 사람에게 - 누가복음 21장

제자들이 기도하는 법을 알려 달라고 요청하자 예수님은 따라야 할 본보기로 주기도문을 주셨다. 그 기도에서 예수님은 제자들에게 "하늘에 계신 우리 아버지여"로 시작하라고 가르치셨다(마 6:9). 이는 그 자체로 놀라운 계시다. 한낱 죽을 수밖에 없는 인간인 우리가 우주를 창조하신 하나님을 "우리 아버지"라고 부를 수 있다니. 내 경우는 아버지를 사랑하고 존경했기 때문에 이 사실이 그렇게 감사할 수 없다.

반면, 학대적인 아버지 밑에서 자란 사람의 경우에는 거부감이 생길 수도 있다. 하지만 육신의 아버지가 우리에게 어떻게 했든 상관없이 하늘에 계신 우리 아버지는 놀랍도록 사랑과 자비와 연민이 많은 아버지이시다. 나는 오랜 시간 하나님과 그분의 아들을 알아

오면서 그분의 은혜와 자비, 사랑, 연민에 계속해서 놀라고 감격했다. 그분이 내 삶 속에서, 심지어 내가 그분께 등을 돌렸을 때도 완벽한 타이밍에 개입해 주신 이야기를 다 하자면 책 몇 권을 써도 부족하다.

예를 들어, 1980년대 초 하나님과 관계를 끊기로 결심했던 적이 있다. 나는 오픈카를 타고 집에서 1킬로미터쯤 떨어진 곳의 태평양 해안고속도로(Pacific Coast Highway)를 달리고 있었다. 한번은 빨간 불에서 멈췄는데 나는 하늘을 올려다보며 소리를 질렀다. "하나님, 이제 더 이상 당신을 믿지 않겠습니다!"

하나님이 "스티브 스콧, 나도 너와 관계를 끊겠다"라고 말씀하시고서 그 자리에서 당장 내 생명을 취하셔도 나는 할 말이 없었다. 하지만 대신 하나님은 부드러운 음성으로 속삭이셨다. "지금 누구한테 하는 말이냐?"

하나님은 그렇게 나를 놀리셨다. 그때 나는 이렇게 대답했다. "좋습니다. 당신이 계신다는 건 인정합니다. 하지만 당신께 정말, 정말 화가 납니다."

하나님이 내게서 떠나가셨을까? 전혀 아니다. 이후 수년간 하나님은 바울이 고린도전서 13장에서 기술한 아가페 사랑의 모든 속성을 내게 증명해 보이셨다. 하나님은 그분의 사랑과 은혜와 자비를 절대 부인할 수 없는 방식으로 수없이 증명해 보이셨다.

예수님이 그분의 말씀과 삶을 통해 보여 주신 성부 하나님은 더

없이 놀라우신 분이다. 그분의 사랑과 자비의 크기는 우리가 감히 상상할 수도 없을 정도다. 복음서들 속으로 뛰어들어 최대한 많은 시간을 보내기를 바란다. 예수님의 말씀과 삶을 보면 하나님을 당신이 상상도 못했던 수준만큼 깊고도 친밀하게 알 수 있다. 나의 은사이신 한 신약 교수는 수업이 끝날 때마다 이렇게 말하셨다. "그분을 아는 것은 곧 그분을 사랑하는 것이다!"

13. 그릇된 소원

움켜쥔 손을 펴
하나님께 인생을 맡기라

요셉의 원칙 13. 하나님의 타이밍에 맡기라

내 친구 중 한 명이 보안법 위반으로 감옥에 들어가게 되었다. 그는 18개월 뒤에 풀려났다. 석방 직후 그는 우리 회사의 채플 예배에 강연을 하러 왔다. 그는 주로 화이트칼라 죄수들이 수감되는 펜실베이니아 주의 한 최저 보안 수준의 교도소(minimum-security prison : 많은 자유가 허락되는 교도소)에서 복역했다. 그가 처음 한 말은 이것이었다. "그곳이 최저 보안 수준의 교도소이지만 감방 문이 닫히는 순간, 모든 것을 잃었다는 현실을 절실히 깨닫게 됩니다. 말 그대로 모든 것을요! 제 유일한 소유물은 제가 입고 있던 죄수복과 교도소에서 준 칫솔뿐이었습니다. 아무런 자유가 없었습니다. 저는 감방 안에 갇혀 있었습니다. 교도관들이 풀어줄 때만 감방을 나갈 수 있었습니다. 교도관들이 허락하기 전까지는 아내와 아이들을 볼 수 없었습니다. 가족들에게 전화를 걸 수도 없었고요. 자유를 잃으면 아무것도 갖지 못합니다. 사실상 아무런 권리도 없고요!"

믿지 못할지 모르겠지만 감옥에 가는 것보다 더 나쁜 상황들이 있다. 바로 노예 신세가 그중 하나다. 머나먼 외국 땅에서 노예가 되는 것은 특히 더 비참할 것이다. 최소한 내 친구에게는 인간적인 대우와 치료를 받을 수 있는 죄수의 인권이 있었다. 그리고 친구는 밥과 반찬이 형편없다고 말했지만 그래도 하루에 세 끼가 꼬박꼬박 나왔다. 반면, 노예에게는 죄수의 권리조차 없다. 인간적인 대우와 법적인 도움을 받을 권리가 없다. 심지어 먹고 잘 권리도 없다. 이것이 요셉이 겨우 17세의 나이에 처했던 상황이다. 그는 외국인 노예였다. 그에게 권리라고는 일체 없었다.

하지만 요셉은 엄청난 성공을 거두어, 결국 주인의 모든 소유를 맡게 되었다. 앞서 말했듯이 그의 이방인 주인이 그의 불가해한 성공을 설명할 길은 단 하나밖에 없었다. 그는 하나님이 요셉과 함께하셨다는 정확한 결론을 내렸다(창 39:3). 나중에 요셉은 감옥에 갇혀 더 힘든 상황에 처했다. 이번에도 아무런 권리가 없었다. 하지만 결국 그는 바로의 궁전에 입성했다. 알다시피 거기서 그는 엄청난 성공을 거두었고, 불경한 바로조차도 그토록 큰 성공에 대해서 한 가지 이유밖에 떠올릴 수 없었다. 하나님이 그와 함께하셨다(창 41:37-44).

가장 불리한 점이 가장 큰 이점이 되었다

하나님은 요셉과 함께하셨던 것보다도 더 좋은 방식으로 우리와 함께하기를 원하신다. 하지만 그 점을 살펴보기 전에 요셉이 우리 대부분보다 훨씬 유리했던 점 한 가지를 살펴보자. 그의 놀라운 이점은 모든 권리를 잃었다는 것이었다. 당신과 나는 여전히 권리를 지니고 있다. 우리 대부분은 권리를 꽉 움켜쥐고 살며, 권리가 위협을 받거나 침해당하거나 빼앗기면 깊은 상처를 받는다. 우리는 자신에게 행복할 권리, 연봉과 상여금이 높은 좋은 직장에 다닐 권리, 건강을 누릴 권리, 남들에게 경청을 요구할 권리, 사랑과 존중을 받을 권리, 원하는 것을 추구할 권리, 좋아하는 음식을 먹을 권리, 좋은 집에서 살 권리, 부모나 배우자, 자녀, 친척, 친구, 고용주, 정부 등에게 마땅한 대우를 받을 권리가 있다고 생각한다. 우리는 셀 수도 없이 많은 권리를 지니고 있다고 생각한다.

하지만 우리의 것처럼 보이는 권리들은 다 눈 깜짝할 새에 빼앗길 수 있다. 투옥이나 전쟁이 우리의 권리를 앗아갈 수 있다. 친구나 가족, 고용주가 우리의 권리를 거두어갈 수 있다. 그리고 물론 부상이나 건강 악화로 권리를 누리지 못할 수 있다. 어떤 권리를 빼앗기든 우리의 자연스러운 반응은 반발하는 것이다. 우리는 저항하다가 이내 절망이나 우울함으로 빠져든다.

반면, 요셉은 권리들을 완전히 빼앗겼을 때 거의 모든 사람이 하지 않는 행동을 했다. 그는 불평하고 반발하고 저항하는 대신, 즉시 하나님께로 달려갔다. 그는 분노로 이글거리는 채로 하나님께 가지 않고 믿음을 품고서 갔다. 그는 아무것도 없었지만 하나님이 전부를 갖고 계신다고 진심으로 믿었다. 하나님에 대한 그의 믿음은 단순한 느낌이 아니었다. 심지어 종교적인 형태의 믿음도 아니었다. 그것은 마음에서 우러나와 행동으로 연결되는 적극적이고 실천적인 믿음이었다. 그 결과, 요셉은 하나님과의 친밀한 관계를 경험했다. 하나님은 그와 함께 계셨고, 그 사실이 모든 사람의 눈에 분명히 보였다.

요셉은 권리가 없다보니 아무런 권리의식이 없었다. 남들에게 아무것도 요구하지 않았다. 뭔가를 받으려고 기대하지도 않았다. 그래서 그는 크든 작든 받은 모든 것을 하나님의 귀한 선물로 여겼다. 모든 것을 받아 마땅한 보상이 아닌 하나님 은혜의 선물로 여겼다. 사도 바울은 이렇게 말했다. "하나님은 교만한 자를 대적하시되 겸손한 자들에게는 은혜를 주시느니라 그러므로 하나님의 능하신 손 아래에서 겸손하라 때가 되면 너희를 높이시리라"(벧전 5:5-6).

요셉은 굴욕의 자리까지 낮아졌다. 하지만 하나님은 그분의 방식과 타이밍에 따라 강하신 손으로 그를 상상도 할 수 없이 높은 자리로 높여 주셨다. 선반에 있는 빈 잔을 수도꼭지 아래로 옮기는 것처럼 겸손은 요셉을 하나님 은혜의 지속적인 흐름을 받기에 완벽한 자리에 놓았다.

요셉처럼 바울도 체포를 당해 빌립보의 감옥에 던져졌을 때 모든 권리와 특권을 빼앗겼다. 하지만 그 감옥에서 그는 그 도시의 신자들에게 놀라운 편지를 썼다. 그는 사슬에 묶여 감방에 앉은 상태에서도 이런 놀라운 고백을 했다. "나는 비천에 처할 줄도 알고 풍부에 처할 줄도 알아 모든 일 곧 배부름과 배고픔과 풍부와 궁핍에도 처할 줄 아는 일체의 비결을 배웠노라 내게 능력 주시는 자 안에서 내가 모든 것을 할 수 있느니라"(빌 4:12-13).

바울의 비결은 요셉의 비결과 같았다. 그는 자신의 것처럼 보이는 권리를 하나님 앞에 내려놓는 법을 배웠다. 그는 하나님이 부유하든 지독히 가난하든 상관없이 만족할 수 있는 힘을 주시리라 믿었다. 그가 요셉보다 유리했던 점은 예수님을 친밀하게 알게 되었다는 것이다. 그는 자신을 "그리스도 예수의 일로 … 갇힌 자"(엡 3:1)이자 "예수 그리스도의 종"으로 불렀다(롬 1:1). 우리도 이런 이점을 갖고 있다. 요셉처럼 우리는 자신의 것처럼 보이는 권리를 하나님 앞에 내려놓을 수 있다. 하지만 요셉과 달리 우리는 거기서 한 걸음 더 나아가 사랑과 자비와 긍휼이 많으신 우리 구주의 종이 될 수 있다.

"잠깐, 나는 내가 하나님의 자녀라고 생각했는데." 물론 당신은 하나님의 자녀다. 성령으로 거듭난 사람은 누구나 하나님의 자녀다(요 3). 또한 당신은 선한 목자의 양떼에 속한 사랑받는 어린 양이다(요 10). 그분은 당신의 구주이시고 당신은 그분께 구원을 받은 자다. 또한 그분이 말씀하시는 대로 행하면 당신은 그분의 친구가 된다(요 15:14).

이 모두는 하나님과의 관계의 측면들이다. 이것들은 우리가 곧바로 취하고 받아들일 수 있는 측면들이며, 이 모든 측면은 막대한 복을 가져온다. 하지만 오늘날 대부분의 신자들이 가장 모르고 가장 받아들이지 못한 측면이야말로 가장 큰 수준의 자유, 만족, 행복,

안전을 제시하는 측면이다. 이것은 예수님의 모든 제자가 기쁨으로 받아들인 측면이다. 이 측면은 바로 그리스도의 종이 되는 것이다. 혹시 이렇게 묻고 싶은가? "종이 되고 싶은 사람이 세상에 어디 있는가?"

가장 큰 행복과 만족을 원하는 사람이라면 누구나 그래야 한다. 사랑과 연민, 은혜, 자비가 많으신 선한 목자를 친밀히 알고 싶은 사람이라면 누구나 그래야 한다. 궁극적인 수준의 안전을 원하는 사람이라면 그래야 한다. 이 땅에서 우리의 삶만이 아니라 이 지구의 삶보다도 더 오래가는 안전, 그 누구도 그 무엇도 우리에게서 앗아갈 수 없는 안전, 그런 안전을 원한다면 종이 되기를 원해야 한다. 하나님과의 관계에서 종의 측면은 저주가 아니다. 오히려 그것은 말할 수 없는 복이다. 우리의 권리를 하나님 앞에 내려놓으면 그분이 우리 자신보다도 우리를 더 잘 돌봐 주실 줄 알기에 비할 데 없는 기쁨과 만족이 찾아온다. 무엇보다도 그분의 안전은 영원까지 뻗어 나간다.

내 권리를 내려놓는 것의 의미

히브리 전통에서는 자유를 얻은 뒤에도 자신을 풀어준 전 주인이나 새로운 주인 밑으로 자발적으로 들어간 종들이 있었다. 그들은 자신의 선택에 의해 남은 평생 그 주인의 종으로 살아간다. 우리가 거듭났을 때 예수님은 우리를 자기중심주의와 죄의 가혹하고 무자비한 주인 노릇에서 해방시키셨다. 예수님은 예루살렘의 군중에게 그분의 말씀과 가르침 안에 거하면 그분의 참된 제자가 될 것이라고 말씀하셨다. 그들이 진리를 친밀히 알고, 그 진리가 그들을 자유롭게 할 것이라고 말씀하셨다(요 8:31-32). (나중에 그분은 스스로를 '진리'로 부르셨다!) 그러자 무리 중 일부가 즉시 반박했다. "우리가 아브라함의 자손이라 남의 종이 된 적이 없거늘 어찌하여 우리가 자유롭게 되리라 하느냐?"

그들이 이런 말을 하는 것은 그들이 얼마나 지독한 자기기만에 빠져 있는지를 여실히 보여 준다. 당시 그들은 거의 100년간 지배를 당해 오고 있었다. 물론 예수님은 전혀 다른 종류의 종노릇을 말씀하신 것이다. 그분은 즉시 이렇게 대답하셨다. "진실로 진실로 너희에게 이르노니 죄를 범하는 자마다 죄의 종이라"(34절).

이 선포로 예수님은 그들, 나아가 우리에게 잘 알려지지 않은 한 가지 사실을 경고하고 계신다. 그것은 죄가 가혹한 주인이라는 사실이다. 죄는 밖에서부터 사람을 속박하는 것이 아니라 안에서부터 사람을 속박한다. 즉 죄는 우리의 가장 깊은 존재, 우리의 마음과 영혼을 사로잡는다. 육체를 죽이되 영혼은 죽일 수 없는 다른 주인들과 달리, 죄는 사람의 영혼을 속박하고 감염시키고 무력화하고 궁극적으로는 죽일 수 있는 영적 암을 낳는다. 죄의 지독한 마수에서 해방되지 않으면 사망률은 최악의 암보다도 높다. 죄의 사망률은 무려 백퍼센트다! 생존율이 제로다.

　이것이 에베소서에서 바울이 우리 모두가 죄로 죽어 아무런 소망이 없었다고 말한 이유다(엡 2:1, 12). 백퍼센트 죽는다. 죽지 않을 소망이 전혀 없다. 노예는 주인이 해방시켜줄 수 있다. 혹은 그를 풀어줄 힘을 지닌 다른 사람을 통해 해방될 수 있다. 하지만 사람을 죄의 속박에서 풀어줄 수 있는 사람은 없다. 죄의 영적 암이 우리의 영혼을 파괴하지 못하도록 치유해줄 수 있는 의사나 병원은 없다. 우리 모두가 거듭나기 전에는 이런 절망적인 상태에 처해 있었다. 간단히 말해, 죄는 우리를 사로잡는 동시에 우리의 영혼을 죽이는 영적 암을 주입시킨다.

　이런 절망적인 상황에서 우리를 해방시키실 수 있는 유일한 구원자가 오셨다. 그분은 우리를 해방시키실 뿐 아니라 영적 죽음에서 부활하게 해 주실 수 있다. 그분은 우리의 부활이다. 그분은 우리에게 생명을 주시고 기적을 일으키는 구원자이시다. 예수님은 그무리에게 그분의 말씀 안에 거하면 진리를 알고 진리가 그들을 자유하게 할 것이라고 말씀하셨다. 그리고 곧바로 자신이 아들이라고 밝히시고 자신이 죄의 노예가 된 자들을 해방시키실 분이라고 말씀하셨다. 그분은 이렇게 힘주어 선포하셨다. "그러므로 아들이 너희를 자유롭게 하면 너희가 참으로 자유로우리라"(요 8:36).

　바울은 이렇게 선포했다. "긍휼이 풍성하신 하나님이 우리를 사랑하신 그 큰 사랑을 인하여 허물로 죽은 우리를 그리스도와 함께

살리셨고"(엡 2:4-5). 하나님은 예수님을 통해 우리를 영적 죽음에서 되살리셨을 뿐 아니라 죄의 속박과 그로 인한 저주에서 해방시키셨다. 예수님은 당신과 나를 죄의 무자비한 통제에서 해방시키셨다.

우리는 자유를 얻었기 때문에 자유민으로서 선택권을 갖고 있다. 이제 우리는 제자들처럼 할 자유가 있다. 즉 자발적으로 새로운 주인의 종이 되기로 선택할 수 있다. 오직 이 주인만 무자비하시지 않다. 그분은 우리의 영혼에 속박이나 영적 암을 가져오시지 않는다. 대신, 아가페 사랑, 인자, 자비, 보호, 영생을 제공해 주신다. 그분은 우리의 어깨에 그분의 짐을 지우기는커녕 오히려 우리의 어깨에서 짐을 벗겨 대신 져주신다. 그분은 당신의 양떼를 사랑하고 영생을 주시는 선한 목자이시다. 아버지와 함께 그분은 우리를 그분과 아버지의 장중에 품어 다른 모든 이들로부터 안전하게 보호해 주신다(요 10:27-29). 이것이 베드로가 우리에게 이렇게 자신 있게 권한 이유다. "너희 염려를 다 주께 맡기라 이는 그가 너희를 돌보심이라"(벧전 5:7).

당신을 사랑하시는 하나님 앞에 권리를 내려놓으라

옛 히브리 전통과 달리, 그리스도의 종이 되는 것은 한차례의 결심이 아니다. 이것은 우리가 매일, 때로는 하루에도 수십 번씩 해야 하는 결심이다. 아들이 우리를 이전 주인에게서 해방시키셨기 때문에 이제 우리는 그분을 매순간 새로운 주인으로 삼기로 결심할 '자유'가 있다. 그분을 새로운 주인으로 삼는 방법은 매순간 우리의 권리를 그분 앞에 내려놓는 것이다. 바울의 표현을 빌자면 모든 생각을 사로잡아 그리스도께 복종하게 해야 한다(고후 10:5). 우리가 이것을 완벽하게 하고 있는가? 물론 아니다. 하지만 우리는 그리스도께 등을 돌려 옛 주인의 속박 아래로 다시 들어가지 않고 계속해서 이 방향을 선택해 나갈 수 있다.

내가 게리 스몰리를 처음 만난 것은 1974년 2월이었다. 당시 그는 다가올 세미나를 준비하고 있던 200명의 리더들에게 설교를 했다. 그날 밤은 내 인생의 진정한 전환점이었다. 그의 설교 본문은 빌립보서 2장 5-11절이었다. 이 구절에서 바울은 예수님처럼 하나님으로서 모든 권리를 가졌으나 그 모든 권리를 포기하고 (아버지에 대한) 종의 형태를 취해 인간으로 태어나신 그리스도와 같은 태도를 품으라고 강권하고 있다. 나아가 예수님은 자신을 낮춰 죽기까지, 심지어 십자가에서 죽기까지 순종하셨다. 이 일로 인해 성부 하나님은 그분을 가장 높은 자리까지 높여 주셨다. 그래서 언젠가 그분의 이름만 언급되면 땅 위와 아래와 저 하늘 위의 모든 존재가 그분 앞에 무릎을 꿇고 모든 입술이 그분을 주로 선포할 날이 오게 되었다.

게리 스몰리에 따르면 여기서 바울은 예수님이 실질적인 권리를 내려놓으신 것과 같은 방식으로 우리도 우리의 것처럼 생각되는 권리를 내려놓아야 한다고 선포하고 있다. 우리는 마치 이 권리가 진짜인 것처럼 굴고 있지만 실상은 그렇지 않다. 앞서 말했듯이 온갖 사건으로 인해 우리의 권리는 순식간에 날아갈 수 있다. 언제라도 쉽게 빼앗길 수 있는 권리는 전혀 영구적인 권리가 아니다. 사실 이것은 실제 권리가 아니라 우리의 머릿속에 있는 권리일 뿐이다.

게다가 이 권리를 움켜쥐어봐야 우리는 전혀 행복하거나 안전해지지 않는다. 오히려 정반대 결과를 낳는다. 이 권리를 움켜쥐려고 하면 온갖 불안과 걱정, 두려움, 스트레스, 편집증만 유발한다. 그리고 누군가가 이 권리를 위협하거나 앗아가면 희생자가 된 것처럼 그 사람을 향한 분노와 원망을 품게 된다.

이 권리를 움켜쥘 뿐 아니라 더 큰 권리를 얻으려 하면 권리의식이 나타난다는 점도 문제다. 권리의식은 감사와 진정한 행복을 불가능하게 만든다. 감사는 행복이 뿌리를 내리고 자랄 수 있는 유일한 토양이다. 자신의 것처럼 보이는 권리를 움켜쥐고 권리의식을 기르고 싶다면 그렇게 하라. 그렇지만 오직 예수님만 주실 수 있는 안전이나 만족, 평강, 기쁨은 기대하지 말라.

반면, 예수님과 요셉, 바울, 베드로, 여타 제자들처럼 권리를 내려놓으면 오직 예수님만 주실 수 있는 평강, 기쁨, 만족, 안전을 얻을 수 있다.

여기서 두 가지 질문이 생긴다. 첫째, 우리는 어떤 권리를 부여 잡고 있는가? 둘째, 그 권리들을 어떻게 하나님 앞에 내려놓을 수 있을까? 우리는 권리들을 너무도 당연시 여기기 때문에 그것을 거의 느끼지도 못할 정도다. 그 권리들은 우리의 무의식 속에 묻혀 있어서 우리는 그것에 관해 생각조차 하시 않는 경우가 많다. 하지만 그 권리들에 대한 권리의식은 우리의 태도와 행동에 큰 영향을 미칠 수 있다. 게리 스몰리는 한 가지 완벽한 탐지 시스템을 내게 알려 주었다. 여기서 이 시스템을 소개하도록 하겠다. 그는 우리가 분노할 때는 대개 우리의 것으로 보이는 권리가 침해나 위협을 당했을 때라고 말했다. 누군가의 태도나 행동에 상처를 입거나 화가 난다면 십중팔구 그것은 우리의 것으로 보이는 권리가 침해를 당했기 때문이다.

스몰리는 우리의 것처럼 보이는 모든 권리가 일곱 가지 범주 중 하나에 속한다고 말했다. 그는 이 범주들을 기억하기 좋게 FROMPTH이란 두문자어를 만들어 냈다. 이것들 자체는 전혀 나쁜 것이 아니지만 우리에게 이것들에 대한 권리가 있다고 의식적 혹은 무의식적으로 믿고서 권리의식에 빠지면 남들과 하나님을 아가페 사랑으로 사랑하는 데 걸림돌이 된다. 예수님을 사랑하는 종으로서 사는 데 걸림돌이 된다. 우리의 것처럼 보이는 권리들의 일곱 가지 범주는 다음과 같다.

F: 미래(Future)

우리의 상황이 미래에도 그대로이거나 더 좋아질 권리가 있다고 잘못 생각할 수 있다. 더 나은 미래에 대한 권리의식에 빠지고 그에 따라 기대 수준을 높일 수 있다. 그러다가 그 기대대로 되지 않으면 온갖 부정적인 감정에 빠진다. 물론 더 나은 미래를 바라는 것 자체는 전혀 잘못이 아니다. 하지만 더 나은 미래를 권리로 보면 결국 실망, 낙심, 우울함, 분노, 분개, 원망에 빠질 수밖에 없다. 더 나은 미래에 대한 권리를 내려놓으면 권리의식에서 빠져나와 더 큰 감사와 행복을 얻을 수 있다.

R: 존중(Respect)

우리 모두는 자신이 남들에게 존중을 받고 좋은 평판을 누릴 권리가 있다고 믿는다. 존중을 받을 권리가 우리의 것이라고 생각하면 존중을 기대하고, 나아가 존중을 요구하게 된다. 그러다 자신의 당연한 권리라고 생각했던 존중을 받지 못하면 희생자가 된 기분을 느끼며 온갖 부정적인 감정의 소용돌이에 빠진다. 이 권리의식은 관계에 치명적이다. 모든 사람이 존중을 원한다. 사실, 존중의 욕구는 인간의 가장 중요한 욕구다. 그래서 상대방이 조금이라도 우리를 존중하지 않는 모습을 보이면 감정적으로, 나아가 육체적으로 그 사람에게서 거리를 둘 수 있다.

O: 다른 사람들(Others)

우리는 다른 사람들과 만족스러운 관계를 누릴 권리가 있다고 생각한다. 우리 모두는 다른 사람들이 우리를 좋아하고 우리의 필요를 채워 주기를 원한다. 우리는 어떻게 하면 다른 사람들의 필요를 채워 줄까 고민하기보다는 다른 사람들이 우리의 필요를 채워 주기만 바랄 때가 더 많다. 우리는 다른 사람들에게 사랑과 존중과 섬김을 받을 권리가 있다고 생각한다. 그러다 그런 필요가 채워지지 않으면 상처를 받고 좌절감이나 열등감에 빠진다. 그런 부정적인 감정은 분노와 원망으로 이어질 수 있다.

M: 돈(Money)

돈은 아무리 많아도 더 갖고 싶다. 돈을 더 '원하는' 것 자체는 문제가 아니지만, 자신에게 돈을 더 많이 가질 '권리'가 있다고 믿는 것은 문제다. 간단히 말해, 우리에게 이 권리는 없다. 그런데 뭔가 혹은 누군가로 인해 우리의 것이라고 믿었던 돈을 빼앗기거나 수입이 줄어들면 방어적으로 굴게 된다. 심지어 공격적으로 변해 상대방에게 보복하려고 할 수 있다. 다시 말하지만, 돈을 벌고 지키려는 욕구 자체는 잘못된 것이 아니다. 그 돈이 자신의 것인 것처럼 믿고 행동하면 영적 파멸로 치닫게 된다.

P: 소유물(Possession)

우리는 소유물에 대한 권리가 있다고 생각한다. 집, 더 좋은 집, 더 좋은 차, 더 좋은 옷, 더 좋은 텔레비전, 좋아하는 스포츠 팀의 시즌 티켓 등 나열하자면 끝이 없다. 주변 모든 사람이 우리보다 더 좋은 것을 더 많이 갖고 있으면 이런 생각이 든다. '나는 하나님의 자녀야. 왕의 자녀라고. 나는 저들보다 더 많이 가져야 해.'

우리에게 이런 권리가 있다고 생각하면 하나님과의 관계가 방해를 받을 뿐 아니라 남들에게는 있고 우리에게는 없는 것들에 대해 시기와 질투에 빠질 수 있다. 무엇보다도 우리의 마음이 하나님에게서 멀어질 수 있다. 말 그대로, 하나님과 남들보다 소유물을 더 사랑하고 소중히 여기게 된다. 영원히 가치 있는 것에 쏟아야 할 시간과 관심을 이런 것에 빼앗기게 된다.

이것이 예수님이 사랑하는 마음으로 우리에게 이런 경고를 하신 이유다. "너희를 위하여 보물을 땅에 쌓아두지 말라 거기는 좀과 동록이 해하며 도둑이 구멍을 뚫고 도둑질하느니라 오직 너희를 위하여 보물을 하늘에 쌓아두라 거기는 좀이나 동록이 해하지 못하며 도둑이 구멍을 뚫지도 못하고 도둑질도 못하느니라"(마 6:19-21).

물건을 추구하면 마음이 하나님과 영원한 가치가 있는 것에서 멀어질 뿐 아니라 치명적인 영적 벼랑 아래로 떨어진다. 우리에게 더 크고 더 좋은 것을 가질 권리가 있는 것처럼 생각하고 행동하면 영혼이 병들다 못해 죽는다.

T: 시간(Time)

뭔가를 하라는 부탁이나 요구를 받을 때마다 자신의 시간이 침해를 받은 것처럼 느껴지는가? '이건 내 시간이니까 내가 원하는 대로 사용하겠어!'라고 생각하는가? 그것은 잘못된 생각이다. 우리가 그리스도의 종이 되었다면 우리의 시간은 '그분의' 시간이다. 따라서 우리의 시간을 그분이 원하시는 대로 사용해야 한다. 시간을 그렇게 사용할 때마다 하늘에 영원한 보물이 쌓여간다.

예수님은 영원이라는 시간을 아무런 방해도 받지 않고 아버지와 함께 사용하실 권리가 있었다. 하지만 그분은 그 권리를 내려놓고 자신을 낮춰 구유 위의 아기이자 십자가 위의 인간이 되셨다. 그분은 시간에 대한 권리를 포기하셨다. 그래서 아버지가 원하는 방식으로 아버지를 사랑하고, 섬기고 당신과 나를 구원하는 일에 자신의 시간을 사용하실 수 있었다. 우리가 그리스도의 제자라면 우리의 시간은 선한 목자이신 그분의 것이다. 그분이 이 땅에서 하늘에 이르기까지 계속해서 우리를 이끌고 먹이고 보호하고 인도하실 것이다. 그분은 우리가 우리 시간에 대한 선하고 책임감 있는 청지기가 되기를 원하신다. 시간은 우리의 가장 귀한 재화다. 이것은 한번 사용하고 나면 재사용할 수 없는 유일한 재화다.

H: 건강(Health)

마지막으로, 우리는 건강을 누릴 권리가 있다고 생각한다. 이번에도, 건강해지기 원하는 것 자체는 아무런 문제가 아니다. 우리는 좋은 건강을 유지하기 위해 할 수 있는 모든 것을 해야 한다. 하지만 우리에게 건강에 대한 권리는 없다. 그 권리가 있다고 생각하면 부상이나 질병, 노화로 인해 건강이 약해질 때마다 낙심하고 우울해하고 분노하고 원망을 품을 수밖에 없다.

엘머 라펜(Elmer Lappen)은 20년 넘게 애리조나주립대학교(Arizona State University)에서 CCC(Campus Crusade for Christ) 캠퍼스 담당 간사로 사역해 왔다. 학창 시절 그는 미래가 촉망받는 육상선수였다. 하지만 젊은 나이에 류마티스 관절염(rheumatoid arthritis)에 걸렸다. 내가 그를 만났을 때 그는 휠체어를 타고 있었다. 이 몹쓸 질병은 그의 몸에 있는 관절이란 관절은 다 망가뜨렸다. 관절이 움직일 때마다 딱딱 소리가 나면서 그의 얼굴이 고통으로 일그러졌다. 그의 몸에서 유일하게 멀쩡한 관절은 턱관절뿐이었다. 20년 넘게 그는 열심히 설교하고 가르치고 찬양을 불러왔다. 나는 이 이타적이고 경건한 사람에게 큰 영향을 받아 인생이 변한 수많은 학생 중 한 명이다. 그는 참으로 그리스도의 종이었다. 그가 세상을 떠났을 때 애리조나주립대학 스타디움에서 열린 그의 장례식에는 만 명이 넘는 조문객이 참석했다.

물론 라펜은 질병과 고통에서 자유로운 몸을 원했을 것이다. 하지만 그가 그런 몸에 대한 권리의식에 빠져 있지 않아서 얼마나 감사한지 모른다. 그렇지 않았다면 그는 전혀 다른 사람으로 살아갔을 것이다. 나를 비롯해서 수천 명의 사람들에게 믿음의 선한 영향을 끼치지 못했을 것이다. 나는 몸의 일부나 전체의 기능을 잃고도 놀라운 사역으로 수많은 사람의 삶에 믿음의 선한 영향을 끼친 신자들을 많이 알고 있다. 개중에는 '수백만 명'에게 믿음의 선한 영향을 끼친 이들도 있다. 그들이 건강한 몸에 대한 권리가 있다고 믿고 그 권리를 부여잡았다면 전혀 다른 인생을 살고, 그토록 많은 이들에게 복을 더해 주지 못했을 것이다.

하나님 앞에 권리를 내려놓는 법

우리의 권리를 포기하는 것은 매일, 아니 하루에도 몇 번씩 해야 하는 일이다. "아무든지 나를 따라오려거든 자기를 부인하고 날마다 제 십자가를 지고 나를 따를 것이니라"(눅 9:23). 예수님의 이 말씀은 바로 이런 권리 포기를 의미하는 것이다. 자기를 부인하고 매일 자기 십자가를 지는 것은 자기비하나 자기학대가 아니다. 이것은 단순히 하나님의 뜻과 우리의 뜻을 선택해야 할 때마다 하나님 앞에 우리의 권리를 내려놓는 것이다. 이번에도 두문자어를 사용해 보자. 감지하고(Detect), 판단하고(Determine), 요청하고(Ask), 선택하라 (Choose), 감사하라(Thank).

D: 감지하라(Detect)

우리의 권리를 내려놓기 위한 첫 번째 단계는 해당 상황에서 내려놓아야 할 권리를 감지하는 것이다. 우리의 마음이 현재에 있지 않고 미래나 과거에 있다는 사실을 말해 주는 경고 신호가 있듯이, 우리가 십자가를 내려놓고 권리를 들었을 때 나타나는 경고 신호가 있다. 예를 들어, 상처, 좌절감, 불안, 두려움, 짜증, 분노는 우리가 권리를 부여잡고 있다는 사실을 말해 주는 경고 신호들이다. 권리의식은 그런 부정적인 감정들을 만들어 낸다.

D: 판단하라(Determine)

다음 단계는 우리가 어떤 권리를 부여잡고 있는지 판단하는 것이다. 예를 들어, 친구가 당신에 관한 비열한 말을 했는가? 그럴 때 우리의 자연스러운 반응은 상처를 받는 것이다. 그리고 상처는 금방 분노와 분개로 변한다. FROMPTH를 생각하며 스스로에게 물으라. "이 일곱 가지 권리 중에서 무엇이 침해를 받았는가? 미래? 존중? 남들? 돈? 소유물? 시간? 건강?" 이 경우, 남들에게 존중받을 권리를 침해당했다고 판단할 수 있다.

A: 요청하라(Ask)

예수님이나 성령께 이 상황에 적용할 수 있는 말씀이나 가르침을 속삭여 달라고 요청하라. 그 즉시 마음속에 이런 말씀이 들려올 수 있다. "나로 말미암아 너희를 욕하고 박해하고 거짓으로 너희를 거슬러 모든 악한 말을 할 때에는 너희에게 복이 있나니 기뻐하고 즐거워하라 하늘에서 너희의 상이 큼이라 너희 전에 있던 선지자들도 이같이 박해하였느니라"(마 5:11-12).

"너희 원수를 사랑하며 너희를 미워하는 자를 선대하며 너희를 저주하는 자를 위하여 축복하며 너희를 모욕하는 자를 위하여 기도하라"(눅 6:27-28).

C: 선택하라(Choose)

이제 당신은 간단한 선택 앞에 놓인다. 갈림길에 선다. 남들에게 존중받을 권리를 부여잡기로 선택할 것인가? 아니면 그 권리를 내려놓고 십자가를 든 다음 예수님이 말씀하신 대로 할 것인가? 즉 기뻐하거나 상대방을 축복하거나 그에게 뭔가 실질적인 도움을 주면서 그를 위해 기도할 것인가?

예수님이 말씀하신 대로 행하면 하나님의 사랑의 언어로 성부와 성자를 사랑하는 것이다. 그렇게 하면 성부, 성자와 더 친밀한 관계 속으로 들어갈 수 있다. 이 사실을 깨달으면 그 사람의 험담은 하나님과의 더 깊은 친밀함과 하늘에서의 더 큰 상으로 가는 도약대가 된다. 당신의 평판을 깎아내리려는 그의 시도는 오히려 영원한 열매가 딸린 복으로 변한다. 이제 당신을 해하려는 그 사람의 시도에 대해 하나님께 감사할 수 있다. 그것은 예수님이 말씀하신 대로 하는 것이기 때문에 당신은 "열매를 많이" 맺어 아버지께 영광이 될 것이다(요 15:6-8).

T: 감사하라(Thank)

이 시련과 거기서 비롯하는 모든 복에 대해 하나님께 감사하라.

내려놓는 법의 예시 :

당신이 직장에서 해고되었다. (나는 이런 경험을 많이 했다.) 다음과 같이 하나님께 영광이 되는 방식으로 DDACT 과정을 밟을 수 있다.

1. 감지하라(Detect). 경고 신호에는 굴욕감, 당혹감, 상처, 분노, 낙심, 두려움, 절망이 포함될 수 있다.

2. 판단하라(Determine). 당신의 것처럼 보이는 어떤 권리가 침해당했는가? 나의 권리라고 생각하는 FROMPTH 법칙을 기억하라. 이 경우는 일곱 가지 범주 모두에서 당신의 것처럼 보이는 권리가 침해당한 것이다.

- 미래에 대한 권리(F)-이제 당신의 미래가 바뀔 수밖에 없게 되었다.
- 존중에 권리(R)-존중받고 좋은 평판을 유지할 권리가 침해

당했다.

- 다른 사람에 대한 권리(O)—사장이 당신을 비열하게 대했고, 당신은 동료들 앞에서 굴욕을 당했다.
- 돈에 대한 권리(M)—소득이 아예 없어져서 돈이 줄어들었다.
- 소유물에 대한 권리(P)—빠른 시간 내에 다른 직장을 찾지 못하면 집을 비롯한 재산을 잃을지도 모른다.
- 시간에 대한 권리(T)—시간 사용에 관한 계획이 틀어졌다. 직장을 잃어서 새로운 직장을 찾는 데 시간을 사용해야 하기 때문에 휴가 계획을 취소해야 한다.
- 건강에 대한 권리(H)—심한 스트레스를 받았기 때문에 건강과 면역력이 약화되었을 가능성이 있다. 저런, 하나의 행동이 모든 범주에서 당신의 것처럼 보이는 권리를 침해했다.

3. 요청하라(Ask). 예수님의 말씀을 마음속에 속삭여 달라고 그분이나 성령께 요청하면 다음과 같은 말씀으로 응답하실 수 있다.

- 그분이 이렇게 속삭이실 수 있다. "세상에서는 너희가 환난을 당하나 담대하라 내가 세상을 이기었노라"(요 16:33).
- 그분이 이렇게 속삭이실 수 있다. "구하라 그리하면 너희에게 주실 것이요 찾으라 그리하면 찾아낼 것이요 문을 두드리라 그리하면 너희에게 열릴 것이니 구하는 이마다 받을 것이

요 찾는 이는 찾아낼 것이요 두드리는 이에게는 열릴 것이니라"(마 7:7-8).

○ 화가 난다면 솔직하게 아뢰고 빌립보서 4장 6-7절에 따라 기도하라. 그러면 그분이 이렇게 속삭이실지 모른다. "그들을 용서하고 그들을 위해 기도하며 그들과 그들의 가족을 축복하라."

○ 그분이 이렇게 속삭이실 수 있다. "수고하고 무거운 짐 진 자들아 다 내게로 오라 내가 너희를 쉬게 하리라 나는 마음이 온유하고 겸손하니 나의 멍에를 메고 내게 배우라 그리하면 너희 마음이 쉼을 얻으리니 이는 내 멍에는 쉽고 내 짐은 가벼움이라"(마 11:28-30).

○ 그분이 곧바로 아무런 말씀도 속삭이시지 않는다면 요한복음이나 산상수훈을 읽으라(마 5-7장).

○ 그분이 시편 23편이나 팔복을 읽으라고 말씀하실 수 있다.

○ 그분이 목사나 친구를 비롯해서 마음을 쏟아낼 수 있는 사람에게 전화를 걸라고 말씀하실 수도 있다.

4. 선택하라(Choose). 당신의 권리들이 침해당했다는 사실을 알게 되었다. 이제 당신은 다시 갈림길에 섰다. 선택 앞에 놓였다. 권리를 부여잡고 온갖 부정적인 결과를 경험할 것인가? 아니면 권리를 내려놓고 십자가를 지고 예수님이 말씀하신 대로 할 것인가?

5. 감사하라(Thank). 혼자만의 장소로 가서 은밀히 기도하라. 그분과의 더 깊은 친밀함으로 들어갈 기회, 그분을 믿을 기회를 주심에 감사하라.

권리를 내려놓기 위한 이 간단한 활동을 하면 세상 그 누구도 그 무엇도 앗아갈 수 없는 평강, 기쁨, 만족, 안전을 얻게 될 것이다. 선한 목자께서는 당신에 관해서 이렇게 말씀하셨다. "내 양은 내 음성을 들으며 나는 그들을 알며 그들은 나를 따르느니라 내가 그들에게 영생을 주노니 영원히 멸망하지 아니할 것이요 또 그들을 내 손에서 빼앗을 자가 없느니라 그들을 주신 내 아버지는 만물보다 크시매 아무도 아버지 손에서 빼앗을 수 없느니라 나와 아버지는 하나이니라"(요 10:27-30).

이제 당신에게 스포트라이트를 넘긴다. 권리를 부여잡은 결과, 현재 겪고 있는 갈등이 있는가? 누군가가 상처를 주거나 화나게 만든 일을 계속해서 곱씹고 있는가? 일기장이나 노트를 꺼내서 DDACT 과정을 통해 당신의 어떤 권리가 침해당했는지 확인해 보는 것이 어떤가? 그런 다음, 그 권리를 하나님 앞에 내려놓고 그분의 평강과 기쁨이 있는 영광스러운 자리로 들어가라. 그곳은 예수님이 종이 되기를 선택한 이들을 위한 영적 오아시스다.

에필로그

하나님께 달려가는 자,
그의 삶은 형통에 이른다

이는 내 사랑하는 아들이요

내 기뻐하는 자니

너희는 그의 말을 들으라 (마 17:5)

가장 중요한 두 가지 질문

모든 신자가 던져야 할 가장 중요한 두 가지 질문이 있다. 첫째, 하나님은 나에게서 무엇을 원하시는가? 둘째, 어떻게 하면 하나님이 원하시는 것을 드릴 수 있을까?

우리는 예레미야서 9장 23-24절에서 하나님이 우리에게서 무엇을 원하시는지 이미 살펴보았다. 하나님은 우리가 그분을 친밀히 이해하고 알기를 원하신다. 우리는 하나님과 예수님의 사랑의 언어를 사용하여 예수님이 명령하고 가르치신 대로 행하면 그런 친밀함을 얻을 수 있다는 사실도 이미 배웠다 (요 14:21-24).

또한 예수님은 하나님이 원하시는 다른 것들도 많이 밝혀 주셨다. 놀랍게도 하나님이 원하시는 것들은 무거운 짐이 아니다. 그것들은 우리와 우리가 영향을 미치고 상호작용하는 이들에게 막대한 복을 더해 준다. 하나님은 현재 삶만이 아니라 영원까지 뻗어나가는 복들을 우리에게 산더미처럼 부어 주기를 원하신다. 나는 예수님이 말씀을 통해 밝혀 주신 하나님의 바람들 중 적은 일부를 목록으로 만들었다. 이 목록 중 일부는 이전 장들에서 이미 살핀 것들이지만 하나님의 이 바람들을 포함시키지 않으면 이 목록은 매우 불완전할 수밖에 없다.

하나님이 당신과의 관계에서 바라시는 것들

하나님은 당신의 편이시다

이미 우리는 우리를 향한 하나님의 놀라운 사랑에 관해서 이야기해 왔다. 하지만 너무도 많은 신자가 하나님을 경찰관(형사)이나 엄한 판사, 검사, 몰인정한 배심원으로 여기는 것 같다. '하나님은 나만 빼고 모두의 편이신 것이 확실해.' 이렇게 생각하는 사람이 많다. 예수님이 하나님의 사랑에 관해서 알려 주신 첫 번째 유의점은 그분의 사랑이 우리가 경험했던 그 어떤 사랑보다 크고 완전히 다른 사랑이라는 것이다. 하나님 사랑의 속성들은 인간의 본성으로는 재현해 낼 수 없다. 우리가 아들을 조롱하고 고문하고 죽일 사람들을 구원하기 위해 유일한 아들을 일부러 원수의 땅에 보내 고문을 받고 십자가에 달려 죽게 만들 만큼 원수를 사랑할 수 있을까?

이는 우리가 감히 상상할 수 있는 수준을 한참 초월한 사랑이다. 바로 이것이 성부 하나님이 우리를 향해 품으신 사랑이다. 우리의 선한 목자이신 주 예수님도 그런 강렬한 사랑으로 우리를 사랑하신다. 예수님은 이렇게 말씀하셨다. "인자가 온 것은 섬김을 받으려함이 아니라 도리어 섬기려 하고 자기 목숨을 많은 사람의 대속물로 주려 함이니라"(마 20:28).

하나님은 영과 진리로 예배받기를 원하신다

예수님은 우물가의 여인에게 이렇게 말씀하셨다. "아버지께 참되게 예배하는 자들은 영과 진리로 예배할 때가 오나니 곧 이때라 아버지께서는 자기에게 이렇게 예배하는 자들을 찾으시느니라 하나님은 영이시니 예배하는 자가 영과 진리로 예배할지니라"(요 4:23-24).

이 구절에서 보듯이 하나님은 영으로 예배해야 한다. 더불어 예수님은 진리로 예배해야 한다고 말씀하신다. 하나님을 진리로 예배하기 위해서는 그분에 관한 진리를 알아야 한다. 다시 말해, 하나님이 참으로 어떤 분이시고, 어떤 성품을 지니셨고, 무엇을 가치 있게여기시는지 알아야 한다. 또, 빌립보서 4장 6절을 본받아 기도해야한다. 우리는 가식적으로 기도할 필요가 없다. 기도는 물론이고 하나님과의 모든 교제에서 솔직하고 진실해야 한다.

하나님은 누구도 심판하시지 않는다

요한복음 5장 22절에서 예수님은 이렇게 말씀하셨다. "아버지께서 아무도 심판하지 아니하시고 심판을 다 아들에게 맡기셨으니." 하나님은 아들 예수께 모든 심판을 맡기셨다. 하나님은 모든 사람이 사랑하는 아들 예수님을 공경하길 원하신다. 하나님은 이를 매우 중요하게 여기신다. 그래서 예수님은 누구든지 성자를 공경하지 않는 사람은 성부를 공경하지 않는 것이라고 말씀하셨다(요 5:23). 예수님은 모든 사람을 의롭게 심판하기 위한 완벽한 도덕적 능력을 지니셨을 뿐 아니라, 모든 사람을 심판할 권세를 하나님 아버지께로부터 받으셨다.

그럼에도 불구하고 예수님은 아무도 심판하시지 않는다고 말씀하신다(요 8:15). 그분은 이렇게 말씀하셨다. "내가 온 것은 세상을 심판하려 함이 아니요 세상을 구원하려 함이로라"(요 12:47). 단, 그분은 계속해서 이렇게 말씀하셨다. "나를 저버리고 내 말을 받지 아니하는 자를 심판할 이가 있으니 곧 내가 한 그 말이 마지막 날에 그를 심판하리라"(요 12:48). 그분은 니고데모에게 이렇게 말씀하셨다. "하나님이 그 아들을 세상에 보내신 것은 세상을 심판하려 하심이 아니요 그로 말미암아 세상이 구원을 받게 하려 하심이라"(요 3:17). 이런 구절을 통해 우리가 남을 판단하는 것이 하나님께 왜 그토록 무례한

짓인지를 알 수 있다. 두 분은 심판과 심판의 기준을 예수님이 선포하신 완벽한 말씀의 몫으로 넘기셨다. 이 말씀은 예수님과 그분의 말씀을 거부하는 사람들을 심판할 기준을 제공한다.

하나님은 말씀을 듣고 그대로 행하기를 원하신다

변화산에서 하나님은 베드로와 야고보와 요한에게 더없이 분명한 지시를 내리셨다. "이는 내 사랑하는 아들이요 내 기뻐하는 자니 너희는 그의 말을 들으라." 또 예수님은 우리가 그분의 말씀을 듣고 그대로 행하는 것이 곧 예수님과 하나님을 사랑하는 일이라고 말씀하셨다. 예수님은 그분의 명령과 가르침을 듣고 순종하기만 하면 성부 하나님의 지속적인 임재와 친밀함을 누릴 수 있다는 약속을 주셨다. "예수님이라면 어떻게 하셨을까?"라고 물을 필요가 없다. 대부분의 경우, 이 질문에 우리가 분명하고도 확실하게 답할 길이 없기 때문이다. 하지만 어떤 상황에서든 "예수님이 뭐라고 말씀하실까?"라고 물을 수 있으며, 예수님이 하신 말씀은 더없이 분명하다. 우리가 예수님의 말씀을 늘 묵상하면 성령이 그 말씀을 생각나게 해 주신다(요 14:26).

하나님은 놀라운 선물을 주기 원하신다

신자로 사는 동안 나는 필요한 것을 달라고 하나님께 절박하게 사정한 적이 여러 번 있다. 절실한 상황에서 이렇게 하는 것이 우리의 자연스러운 반응이다. 하지만 예수님은 성부 하나님의 본성인 사랑하는 일과 나누어 주는 일을 말씀하시면서 중요한 사실을 가르쳐 주신다. 하나님은 그분의 아들을 따르는 이들에게 좋은 선물을 주기 원하신다. "너희가 악한 자라도 좋은 것으로 자식에게 줄 줄 알거든 하물며 하늘에 계신 너희 아버지께서 구하는 자에게 좋은 것으로 주시지 않겠느냐"(마 7:11). 절박하게 사정할 필요가 없다. 그냥 구하기만 하면 된다.

하지만 예수님은 언제나 우리의 영원한 유익을 가장 우선적으로 생각하신다는 점을 잊지 말라. 우리는 때로 기도가 응답되지 않았다고 생각한다. 이는 오해다. 하나님이 "아니다" 혹은 "지금은 아니다"라고 대답하실 때도 있다. 영원의 관점에서 본다면 그분의 나라에 가장 좋은 쪽으로 응답하시는 것이다. 우리의 죄를 짊어지는 고통을 면해 달라는 예수님의 세 번의 기도는 응답되었다. 하지만 예수님의 일시적인 필요를 채워 주는 쪽으로 응답되지 않았다. 그 기도는 예수님이 영원토록 영광을 받으시고 우리의 구속이라는 성부 하나님의 뜻이 이루어지며 전 인류에 유익한 쪽으로 응답되었다.

우리는 눈앞의 상황만 보고 자신의 삶에 관해서만 생각할 때가 많다. 하지만 예수님은 먼저 하나님의 나라를 구하는 것이 그분의 뜻이라고 말씀하셨다. 바울의 다음 말은 이 점을 완벽히 담아내고 있다. "그러므로 우리가 낙심하지 아니하노니 우리의 겉사람은 낡아지나 우리의 속사람은 날로 새로워지도다 우리가 잠시 받는 환난의 경한 것이 지극히 크고 영원한 영광의 중한 것을 우리에게 이루게 함이니 우리가 주목하는 것은 보이는 것이 아니요 보이지 않는 것이니 보이는 것은 잠깐이요 보이지 않는 것은 영원함이라"(고후 4:16-18).

성부 하나님은 우리가 이 땅이 우리의 집이 아니라는 사실을 늘 염두에 두기를 원하신다. 이 땅은 임시 거처일 뿐이다. 하나님은 지금 우리가 보고 만지는 모든 것은 일시적일 뿐이지만 우리는 영원한 존재라는 사실을 깨닫기를 원하신다. 하나님은 언제나 우리의 영원한 유익을 최우선으로 여기면서 역사하신다. 하나님은 이생에서 우리에게 가장 필요한 것이 성령의 내주하심과 사역, 능력, 열매라는 점을 아신다. 다시 말하지만 하나님은 인색하시지 않다. 그래서 우리가 성령을 받을 '자격'을 갖출 때까지 성령 주시기를 보류하지 않는다. 오히려 그분은 성령을 보내서서 우리에게, 그리고 우리를 통해 역사하기를 기뻐하신다. 예수님은 이렇게 말씀하신다. "너희가 악할지라도 좋은 것을 자식에게 줄 줄 알거든 하물며 너희 하늘 아버지께서 구하는 자에게 성령을 주시지 않겠느냐"(눅 11:13).

하나님은 우리가 선한 목자를 따르기 원하신다

요셉 인생의 모든 것을 이끌었던 기초적인 믿음은 하나님이 만사를 주권적으로 다스리시고 자신을 사랑하신다는 점이었다. 이 사실로 인해 그는 자신을 집어삼킨 지독한 상황에서도 흔들리지 않는 믿음을 가질 수 있었다. 성부 하나님은 우리도 같은 믿음을 갖길 원하신다. 예수님은 이렇게 말씀하셨다. "내 양은 내 음성을 들으며 나는 그들을 알며 그들은 나를 따르느니라 내가 그들에게 영생을 주노니 영원히 멸망하지 아니할 것이요 또 그들을 내 손에서 빼앗을 자가 없느니라 그들을 주신 내 아버지는 만물보다 크시매 아무도 아버지 손에서 빼앗을 수 없느니라"(요 10:27-29). 우리가 성부 하나님과 선한 목자의 장중에 안전하게 있다는 사실을 알면 얼마나 든든하겠는가.

하나님은 우리가 용서하길 원하신다

8장에서 보았듯이 성부 하나님은 그분이 우리를 용서하셨기 때문에 우리도 용서하기를 원하신다. 용서하지 않는 것은 하나님의 용서에 감사하지 않다고 크게 외치는 일이나 다름없다. 우리는 하나님과 그분의 독생자가 치르신 희생에 건성으로 감사하지 말고 그분의 명령과 본보기를 따를 정도로 감사해야 한다.

용서는 하나님의 은혜와 자비에 대한 감사의 표현이며, "아버지 저들을 사하여 주옵소서 자기들이 하는 것을 알지 못함이니이다"(눅 23:34)라고 기도하신 우리의 선한 목자를 진정으로 따르는 행위다. 하나님은 우리가 용서받을 자격이 있기 때문이 아니라 전적으로 그분의 본성에 따라 우리를 용서하신다. 우리가 남들을 용서하는 것은 그들이 용서를 받을 자격이 있기 때문이 아니라 예수님이 용서하길 기뻐하시고, 실제로 우리를 용서해 주셨기 때문이다.

하나님은 예수님의 말씀 안에 거함으로 열매 맺기를 원하신다

하나님이 우리로 하여금 이 땅에서 계속해서 살게 하시는 데는 분명한 목적이 있다. 우리를 향한 그분의 목적에는 일시적인 것도 있고 영원한 것도 있다. 그 목적에는 우리를 그분과의 친밀함에서 자라게 하는 것뿐 아니라 우리가 남들과 상호작용하고 영향을 미치는 것에 관한 목적도 포함된다. 최후의 만찬에서 예수님은 포도나무, 가지, 그 가지에서 자라는 열매에 관한 말씀을 하셨다. 예수님은 그분이 포도나무이고 성부 하나님이 농부라고 말씀하신 뒤에 우리가 가지라고 말씀하셨다. 다 알다시피 포도나무를 관상용으로 심는 경우는 없다. 포도나무의 유일한 목적은 농부에게 유익을 주는 열매를 맺는 것이다. 또 이 열매는 농부가 그 열매를 나누는 모든 사람에게 유익을 준다. 예수님은 가지가 열매를 맺지 않으면 잘라서 불에 던진다고 말씀하셨다. 가지가 열매를 맺으면 농부는 사랑으로 다듬고 손질하여 훨씬 더 많은 열매를 맺게 한다(요 15:1-8).

예수님은 우리가 단순히 자신만을 위해 이 땅에 존재하지 않는다는 점을 강조하기 위해 이 비유를 주셨다. 그런 다음, 중요한 두 가지 요점을 강조하셨다. 첫째, 그분 없이 우리는 아무것도 할 수 없다. 우리의 영원한 가치와 남들을 위해 영원한 복을 생산할 우리의 능력은 전적으로 그분과의 연결에 달려 있다. 가지가 포도나무와 떨어져서 열매를 맺는 것은 불가능하다. 우리도 마찬가지다. 예수님으로부터 떨어져 있으면 하나님을 기쁘시게 하거나 남들에게 영원한 유익을 끼칠 수 있는 그 어떤 열매를 맺는 일도 불가능하다. 예수님은 이렇게 말씀하셨다. "나를 떠나서는 너희가 아무것도 할 수 없음이라"(요 15:5).

이어서 7절과 8절에서 매우 중요한 사실이 나타난다. 이 두 구절에서 예수님은 많은 열매를 맺는 법, 우리의 기도가 "예스"로 응답을 받는 법, 유한한 인간인 우리가 영원하고 무한하신 아버지 하나님께 영광을 돌리는 법을 알려 주셨다. "너희가 내 안에 거하고 내 말이 너희 안에 거하면 무엇이든지 원하는 대로 구하라 그리하면 이루리라 너희가 열매를 많이 맺으면 내 아버지께서 영광을 받으실 것이요 너희는 내 제자가 되리라." 이것은 조건부 약속이다. 단 두 가지 조건만 충족시키면 세 가지 놀라운 유익이 약속된다.

- 조건 1 : 우리가 예수님 안에 거하면
- 조건 2 : 그분의 말씀이 우리 안에 거하면

- 약속된 유익 1 : 우리에게 기도해야 할 소원들을 주신다.
- 약속된 유익 2 : 많은 열매를 맺는다.
- 약속된 유익 2 : 하나님을 영화롭게 한다.

여기서 "거하다"로 번역된 헬라어 단어는 '메노'(meno)다. 메노는 특정한 장소에서 멈춰서 머문다는 뜻이다. 당신이 집을 나서서 10

킬로미터 떨어진 곳으로 걸어간다고 해 보자. 그런데 5킬로미터쯤 걷고 나서 멈춘다. 그곳에 20분간 앉아서 물을 마시며 쉰다. 그러면 그 20분간 당신은 그 장소에 거하는 것이다.

우리가 텐트나 건물에서 거할 때는 '메노'에서 파생한 명사는 '모네'(mone)를 사용한다. 즉 '모네'는 '거하는 장소'다. 예수님은 우리가 인생길을 걷는 동안 우리의 마음이 그분과 말씀 안에 거하고 그 말씀이 우리의 마음에 거하면, 우리가 그분 안에 거하고 말씀이 우리 안에 거한다는 두 가지 조건이 충족된다고 하신다. 복음서에 기록된 말씀을 읽고 묵상하면 우리의 마음이 그분 안에 거하고 말씀이 우리의 마음에 거하게 하는 데 도움이 된다. 이렇게 할 때 우리는 요한복음 15장 7-8절에 약속된 세 가지 유익을 받는다. 우리의 소원이 하나님의 뜻에 맞게 변화된다. 그런 소원을 두고 기도할 때 하나님은 놀라운 응답을 주신다. 그로 인한 최종 결과는 우리가 많은 열매를 맺고 성부 하나님이 우리와 우리가 맺은 열매를 통해 영광을 받으시는 것이다.

열매를 맺는 데는 두 가지 측면이 있다. 첫 번째 측면은 성령이 우리 안에 그분의 열매를 맺도록 하기 위한 통로가 열리는 것이다. 성령의 열매는 아가페 사랑, 희락, 화평, 오래 참음, 자비, 양선, 충성, 온유, 절제다(갈 5:22-23). 놀랍지 않은가? 우리는 더 많은 사랑, 희락, 화평, 오래 참음, 자비, 양선, 충성, 온유, 절제를 받고 하나님은 더 큰 영광을 받으신다. 하나님은 이 열매를 사용하여 우리의 믿음을 자라게 하시고 우리의 삶 속에 더 많은 기쁨과 평강, 만족을 불어넣으신다. 이 열매는 하나님과 더 친밀한 교제를 낳고 남들의 삶에 복을 더해 준다.

"나를 믿는 자는 성경에 이름과 같이 그 배에서 생수의 강이 흘러나오리라"(요 7:38). 예수님의 이 말씀은 바로 이런 유익을 의미한다. 우리 안의 성령에게서 흘러나오는 이 생수의 강은 우리가 절실히 원하는 삶을 줄 뿐 아니라 우리의 삶 속으로 들어오는 이들에게 생명을 더해 준다. 예수님은 우리가 단순히 그분 안에 거하고 그분의 말씀이 우리 안에 거하게 하기만 하면 이 모든 일이 일어날 것이라고 약속하신다.

열매의 다른 측면은 남들도 성부, 성자와의 친밀한 관계 속으로 들어오도록 돕는 것이다. 예수님은 이렇게 말씀하셨다. "오직 성령이 너희에게 임하시면 너희가 권능을 받고 예루살렘과 온 유대와 사마리아와 땅 끝까지 이르러 내 증인이 되리라 하시니라"(행 1:8).

하나님은 우리를 위해 정의를 이루신다

우리는 거듭나는 순간, 하나님의 자녀가 되었다(요 1:12). 예수님은 우리를 하나님의 선택된 자들 중 하나로 여기시며, 우리가 남들에게 억울한 일을 당할 때 정의를 회복시켜 달라는 우리의 간구를 들으신다. 하나님의 타이밍은 우리가 원하는 타이밍과 다를 수 있지만 그분은 그분의 방식과 타이밍에 따라 반드시 정의를 이루신다. 예수님은 이렇게 말씀하셨다. "하물며 하나님께서 그 밤낮 부르 짖는 택하신 자들의 원한을 풀어주지 아니하시겠느냐 그들에게 오 래 참으시겠느냐 내가 너희에게 이르노니 속히 그 원한을 풀어 주시 리라"(눅 18:7-8).

성부 하나님은 우리의 필요를 아시고 채우신다

우리는 하나님이 마치 '산타클로스'인 것처럼 행동할 때가 적지 않다. 우리가 충분히 착하게 굴고 옳은 행동을 하고 나쁜 짓을 하지 않으면서 간곡히 사정하면 하나님이 우리에게 필요한 것, 심지어 우 리가 원하는 것을 주실지 모른다고 생각한다. 하지만 예수님이 보 여 주신 하나님은 절대 그런 분이 아니다. 예수님은 우리에게 이렇 게 말씀하셨다. "그러므로 염려하여 이르기를 무엇을 먹을까 무엇 을 마실까 무엇을 입을까 하지 말라 이는 다 이방인들이 구하는 것 이라 너희 하늘 아버지께서 이 모든 것이 너희에게 있어야 할 줄을 아시느니라 그런즉 너희는 먼저 그의 나라와 그의 의를 구하라 그리 하면 이 모든 것을 너희에게 더하시리라"(마 6:31-33).

우리는 성령으로 거듭날 때(요 3장) 하나님의 자녀로 입양되었다. 하나님은 우리의 하늘 아버지이시다. 하나님은 우리를 구하고 인 도하기 위해 선한 목자를 보내심으로 그분의 사랑을 증명해 보이셨 다. 그분은 독생자의 대속의 희생으로 우리를 구원하셨다. 그리고 이전 구절에서 예수님은 성부 하나님이 우리에게 필요한 것을 일일이 다 아시며, 그 모든 필요를 채워 주길 원하신다고 말씀하신다. 예수님은 필요한 것을 얻기 위해 하나님께 사정할 필요가 없다고 말씀하신다. 필요한 것을 얻기 위해 구구절절 사정을 설명할 필요가 없다고 말씀하신다. "또 기도할 때에 이방인과 같이 중언부언하지 말라 그들은 말을 많이 하여야 들으실 줄 생각하느니라 그러므로 그들을 본받지 말라 구하기 전에 너희에게 있어야 할 것을 하나님 너희 아버지께서 아시느니라"(마 6:7-8).

혹시 이렇게 말할지 모르겠다. "우리가 구하기도 전에 하나님이 우리에게 필요한 것을 다 아시는데 왜 굳이 기도하고 구하는가?" 답은 하나님이 우리와 교제하길 원하시기 때문이다. 우리와 아버지 사이의 솔직하고 투명한 기도는 친밀한 교제를 낳는다.

동시에 하나님은 우리가 그분의 마음과 뜻을 듣기를 원하신다. 이것이 우리가 예수님의 말씀을 묵상해야 하는 이유다. 예수님은 성부 하나님이 우리에게 하시려는 모든 말씀을 이미 알려 주셨다. 그리고 우리가 예수님의 말씀을 늘 묵상하면 성령이 우리의 상황에 꼭 맞는 말씀을 생각나게 하는 역사를 행하실 수 있다(요 14:26).

하나님은 우리가 구하고 찾고 두드리기를 원하신다

당신의 어린 자녀가 크리스마스 선물로 원하는 것을 말했던 적이 있는가? 그들이 수줍게 말하든 과감하게 말하든 화가 났던 적이 있는가? 물론 아닐 것이다. 나는 아이들이 원하는 것을 에둘러서 말하든 있는 그대로 말하든 항상 흐뭇했다. 아이들이 원하는 것을 솔직히 말하고 요청할 때 그렇게 기분이 좋을 수 없었다.

당신이 어릴 적에 정말 원하는 것을 산타와 부모가 알기를 원했던 기억이 나는가? 나의 누나는 뭔가를 요청할 때마다 수줍게 쭈뼛거렸다. 하지만 나는 그렇지 않았다. 나는 요청하기를 두려워하지 않았다. 나의 부모님은 항상 나의 요청에 귀를 기울이셨다. 비록 그 자리에서 확답은 하시지 않았지만 말이다.

또한 자녀나 손주들이 나를 찾아와 내 의견이나 생각을 물을 때마다 뿌듯하기 짝이 없다. 그들이 답을 원하든 그냥 뭔가에 관한 내 생각이나 느낌을 듣고 싶어 하든 그들이 물을 때마다 몹시 기분이 좋다. 우리 아이들이 어렸을 때만큼이나 어른이 된 지금도 녀석들의 물음은 항상 내 얼굴에 웃음꽃이 피어나게 만든다. 그들이 내게 묻는다는 것은 내 지식, 경험, 생각, 의견을 높이 평가한다는 뜻이기에 기분이 좋다. 나는 대답을 할 때 그들의 눈, 그리고 미소와 같은 반응을 보는 것을 즐긴다.

우리 하늘 아버지도 이와 같은 분이다. 우리와 성부 하나님의 관계에 관한 예수님의 이 말씀에서 그런 점을 확인할 수 있다 "구하라 그리하면 너희에게 주실 것이요 찾으라 그리하면 찾아낼 것이요 문을 두드리라 그리하면 너희에게 열릴 것이니 구하는 이마다 받을 것이요 찾는 이는 찾아낼 것이요 두드리는 이에게는 열릴 것이니라"(마 7:7-8).

이 구절에서 예수님은 우리가 원하는 것이나 정보를 하나님께 구하고, 우리가 하려는 일에 관한 하나님의 지혜를 찾으며, 하나님의 도우심과 인도하심을 얻기 위해 그분의 문을 두드리라고 말씀하신다. 그리고 예수님은 이 개념을 이렇게 마무리하신다. "너희 중에 누가 아들이 떡을 달라 하는데 돌을 주며 생선을 달라 하는데 뱀을 줄 사람이 있겠느냐 너희가 악한 자라도 좋은 것으로 자식에게 줄 줄 알거든 하물며 하늘에 계신 너희 아버지께서 구하는 자에게 좋은 것으로 주시지 않겠느냐"(9-11절). 여기서도 예수님은 하나님이 참으로 우리의 하늘 아버지시며 우리에게 유익한 모든 것을 주기 원하신다고 말씀하신다. 하나님은 우리에게 무엇도 숨기지 않는 분이다. 그분은 우리를 피하시지 않는다. 그분은 이 세상을 지나는 우리 인생 여행의 모든 측면에 함께하길 원하신다.

하나님은 우리가 흘러넘치는 기쁨을 경험하기를 원하신다

행복에는 두 가지 유형이 있다. 하나는 상황적 행복이고, 다른 하나는 영적 행복이다. 둘 다 좋은 것이지만 둘 중 하나만 영원하다. 상황적인 행복은 좋은 상황에 처했을 때 찾아오는 행복이다. 그럴 때 우리는 날아갈 것 같은 기분을 느낀다. 반면, 그런 행복을 선사했던 상황이 변하거나 사라지면 우리는 가장 어두운 밤과 깊은 절망의 수렁에 빠져들 수 있다. 이것이 상황적 행복의 특성이며, 인간은 이런 행복에 초점을 맞추는 경향이 있다. 상황적 행복 자체는 전혀 문제가 아니다. 우리 모두는 그런 행복을 좋아한다. 우리는 이 행복이 선사하는 날아갈 것 같은 기분을 좋아한다. 하지만 이 행복이 사라지면 나락으로 떨어지는 기분을 느낀다.

하나님은 우리에게 상황에 좌우되지 않는 영적 기쁨을 주기 원하신다. 하나님은 우리에게 이 기쁨을 그냥 주기 원하시는 것이 아니라 넘치도록 부어 주기를 원하신다. 하나님은 이 기쁨이 흘러넘칠 정도로 우리 마음에 채워 주기를 원하신다. 이 기쁨이 흘러넘쳐 우리 주변 사람들에게 좋은 영향을 미치기를 원하신다. 바로 이것이 예수님이 품으셨던 종류의 기쁨이다. 심지어 예수님은 이것을 "내 기쁨"이라 부르셨다. 요한복음 15장에서 예수님은 제자들과 우리에게 그분의 기쁨을 채워 줄 말씀을 하셨다. "내가 이것을 너희에게 이름은 내 기쁨이 너희 안에 있어 너희 기쁨을 충만하게 하려 함이라"(11절).

예수님의 타이밍이야말로 제자들과 우리를 향하신 그분의 사랑과 관심이 얼마나 엄청난지를 보여 준다. 보다시피 당시 예수님은 체포와 능욕, 조롱, 매질, 무자비한 채찍질, 십자가 처형을 바로 코앞에 두고 있었다. 예수님은 이 모든 일이 닥칠 때가 한 시간도 채 남지 않았음을 알고 계셨다. 그런데도 그분의 관심은 자신이 곧 겪어야 할 끔찍한 고난에 있지 않았다. 그분의 관심은 오로지 제자들에게 그분의 기쁨을 충만히 받을 방법을 일러 주는 데만 쏠려 있었다.

예수님의 기쁨은 상황에 따라 오락가락하지 않는다. 이 기쁨은 상황에 상관없이 우리의 마음을 가득 채울 수 있다. 심지어 최악의 상황조차도 이 기쁨을 어쩔 수 없다. 물론 무시무시한 상황 속에서 우리는 잠시 이 기쁨을 보지 못할 수 있다. 심지어 이 기쁨을 마음 깊은 곳에 묻어 두고 잠시 잊을 수도 있다. 하지만 이 기쁨은 우리의 영에서 단 한 방울도 빠져나가지 않는다. 그것은 성부와 성자와 성령이 이 기쁨의 근원이시기 때문이다.

안타깝게도 제자들은 예수님의 부활 후 40일째 되는 날인 오순절에 성령이 그들에게 임하기 전까지 이 기쁨을 받지 못했다. 문제는 이제 우리가 예수님의 기쁨을 우리의 마음에 어떻게 받아들이느냐 하는 것이다. 다행히 우리는 답을 추측할 필요가 없다. 예수님은 요한복음의 같은 장에서 이 질문에 분명히 답해 주셨다.

우리를 위한 하나님의 기쁨

"내가 이것을 너희에게 이름은 내 기쁨이 너희 안에 있어 너희 기쁨을 충만하게 하려 함이라." 그런데 여기서 "이것"은 무엇을 의미할까? 예수님은 그분의 기쁨이 우리 안에 차고 넘칠 수 있다고 말씀하시기 직전, 몇 가지 다른 주요 진리들을 밝혀 주셨다. 예수님은 우리가 그분을 떠나서 영원한 가치가 있는 그 어떤 일도 할 수 없다는 점을 밝혀 주셨다. 가지가 포도나무에 연결된 것처럼 우리도 그분께 연결된 상태를 유지해야 한다. 이어서 예수님은 우리가 그분 안에 거하고 그분의 말씀이 우리 안에 거하면 우리의 기도가 응답을 받고 많은 열매를 맺어 하나님께 영광이 된다고 말씀하셨다. 그러고 나서 그분의 기쁨에 관해서 말씀하시기 직전, 그분은 아버지께서 그분을 사랑하시는 것과 같은 방식과 강도로 우리를 사랑하셨다고 말씀하신다. 그런 다음, '이것'을 언급하시기 직전에 이렇게 말씀하셨다. "나의 사랑 안에 거하라 내가 아버지의 계명을 지켜 그의 사랑 안에 거하는 것 같이 너희도 내 계명을 지키면 내 사랑 안에 거하리라"(요 15:9-10).

예수님의 놀라운 기쁨을 받는 방법은 그분이 아버지의 사랑 안에 지속적으로 거하셨던 것처럼 그분의 사랑 안에 지속적으로 거하는 것이다. 구체적으로 어떻게 해야 할까? 그분처럼 하면 된다. 그분은 아버지의 명령에 순종함으로써 아버지의 사랑 안에 지속적으로 거하셨다. 따라서 우리도 예수님의 명령에 순종함으로써 그분의 사랑 안에 지속적으로 거해야 한다. 기억하는가? 예수님의 명령은 우리를 짓누르는 짐이 아니라 믿음의 성장을 이루고 그분과 성부 하나님을 그분들이 원하시는 방식으로 사랑할 수 있게 해 준다.

이 얼마나 놀라운가? 하나님의 사랑의 언어를 사용하면 친밀함 속으로 들어갈 뿐 아니라(요 14:21-23) 하나님 사랑의 중심에 거하고 예수님의 기쁨으로 충만해질 수 있다. 나아가, 예수님은 우리가 그분의 기쁨을 품으면 누구도(그리고 그 어떤 상황도) 우리에게서 그 기쁨을 앗아갈 수 없다고 말씀하신다. 단, 그분은 상심과 슬픔이 없는 삶을 약속하시지 않는다. 오히려 정반대로, 우리가 고난과 상심, 슬픔을 경험할 것이라고 말씀하신다. 예수님 말씀을 들어보자. "내가 진실로 진실로 너희에게 이르노니 너희는 곡하고 애통하겠으나 세상은 기뻐하리라 너희는 근심하겠으나 너희 근심이 도리어 기쁨이 되리라 여자가 해산하게 되면 그때가 이르렀으므로 근심하나 아기를 낳으면 세상에 사람 난 기쁨으로 말미암아 그 고통을 다시 기억하지 아니하느니라 지금은 너희가 근심하나 내가 다시 너희를 보리니 너희 마음이 기쁠 것이요 너희 기쁨을 빼앗을 자가 없으리라"(요 16:20-22).

계속해서 그분의 말씀을 들어보자. "이것을 너희에게 이르는 것은 너희로 내 안에서 평안을 누리게 하려 함이라 세상에서는 너희가 환난을 당하나 담대하라 내가 세상을 이기었노라"(33절). 예수님이 요한복음에서 말씀하신 이것들은 그분의 기쁨을 경험할 수 있게 해줄 뿐 아니라 설명할 수 없는 초자연적인 평강을 누리게 해 준다. 그것은 그분이 겟세마네 동산을 떠나 "다 이루었다"(요 19:30)라고 기쁨으로 선포하실 때까지 그분의 마음을 채웠던 평강이다. 우리가 하나님의 사랑의 언어로 그분과 성부 하나님을 사랑할 때 바로 이런 변함없는 기쁨과 흔들리지 않는 평강이 우리의 것이 된다.

이것들은 성부 하나님에 관한 진리를 보여 주는 예수님의 10개 이상의 진술 중 몇 가지일 뿐이다. 그런데 예수님은 그런 진술을 통해서만 성부 하나님을 보여 주신 것이 아니라 자신의 삶을 통해서도 보여 주셨다. 앞서 보았듯이 최후의 만찬 자리에서 예수님은 제자들에게 이렇게 말씀하셨다. "나를 본 자는 아버지를 보았거늘 … 내가 너희에게 이르는 말은 스스로 하는 것이 아니라 아버지께서 내 안에 계셔서 그의 일을 하시는 것이라 내가 아버지 안에 거하고 아버지께서 내 안에 계심을 믿으라 그렇지 못하겠거든 행하는 그 일로 말미암아 나를 믿으라"(요 14:9-11).

예수님과 성부 하나님의 연합은 너무도 완벽해서, 예수님은 정확히 성부 하나님을 기쁘시게 하는 일을 행하셨다. 여기서 예수님은 당신 자신의 말씀과 행함을 보는 것이 곧 성부 하나님을 보고 듣는 것과 동일하다고 말씀하신다. 그렇다면 우리는 예수님의 삶 속의 어떤 사건이나 남들과의 상호작용, 태도를 보든 "지금 예수님은 이 상황에서 성부 하나님이 하실 만한 일을 행하고 계셔"라고 말할 수 있다.

우물가에서 여인과 대화하신 예수님에 관한 기록을 읽으면 성부 하나님이 그런 상황에서 어떻게 반응하실지를 알 수 있다. 예수님이 부자 청년, 10명의 나병환자, 삭개오, 마리아와 마르다, 풍랑 속의 제자들과 상호작용하신 모습을 보면 성부 하나님에 관해 알 수 있다. 이것이 우리가 예수님의 삶 속의 모든 상황과 사복음서의 모든 구절을 읽는 이유 중 하나다. 거기서 우리는 성부와 성자를 보고 그분들의 음성을 들을 수 있다. 그때 우리는 그분들을 알게 되고, 그분들을 아는 것은 곧 그분들을 사랑하는 것이다.

어디서부터 시작해야 할지 모르겠다면 요한복음에서 시작하길 바란다. 그때 우리는 요셉이나 다윗, 심지어 선지자들도 보지 못한 방식으로 하나님을 볼 수 있다. 예수님은 이렇게 말씀하셨다. "내가 너희에게 말하노니 많은 선지자와 임금이 너희가 보는 바를 보고자 하였으되 보지 못하였으며 너희가 듣는 바를 듣고자 하였으되 듣지 못하였느니라"(눅 10:24). 이 영광스러운 기회를 그냥 흘려보내지 말라. 만주의 주이자 만왕의 왕이신 분의 삶과 가르침에 시선을 고정하라.

형통을 부르는
 요셉의 원칙들

부록

비전 지도 그리기

비전 진술

느미스킨 국소 피부 관리 스프레이(NeumiSkin Topical Skin Care Spray)
텔레비전 광고를 제작한다

목표들

1. 유명인 모델을 섭외한다.

2. 30초, 60초, 120초 광고 대본을 쓴다.

3. 관리 전후의 사진들을 선택한다.

4. 테스트 광고와 첫 광고를 제작할 미디어 회사를 선택한다.

5. 테스트 광고와 첫 광고를 위한 날짜를 선택한다.

6. 광고를 찍는다.

각 목표를 위한 중간 단계들

1. 유명인 모델을 섭외한다.

    a. 원하는 유명한 모델 목록을 만든다.

    b. 각 유명인의 인기도를 확인한다.

    c. 우선순위를 정한다.

    d. 상위 세 명을 설득하기 위한 글을 쓴다.

    e. 에이전시에 전화를 건다.

    f. 유명인을 만난다.

2. 광고 대본을 쓴다.

    a. 제품의 효능들을 규명해서 우선순위를 정한다.

    b. 제품의 특징들을 규명해서 우선순위를 정한다.

    c. 광고 문구들을 만들어서 우선순위를 정한다.

    d. 이미지를 정한다.

    e. 내용을 정한다.

    f. 초고를 쓴다.

    g. 베타 집단에게 읽어준다.

3. 관리 전후의 사진들을 선택한다.

    a. 현재 사진들을 검토한다.

    b. 호주, 뉴질랜드, 남미의 다른 매장들에 사진 제출을 요청한다.

c. 선택한다.

4. 테스트 광고와 첫 광고를 제작할 미디어 회사를 선택한다.

a. ATC 그룹과 만난다.

b. Ken T.와 만난다.

5. 날짜를 선택한다.

a. 테스트 광고와 첫 광고의 날짜를 정한다.

b. 유명인 모델들의 가능한 날짜를 확인한다.

6. 광고를 찍는다.

a. 장소를 물색하고 선택한다.

b. 엑스트라를 캐스팅한다.

c. 증언들을 선택한다.

d. 전문가들을 선택한다.

프롤로그

1. "10 Leading Causes of Death by Age Group, United States—2018," National Vital Statistics System, National Center for Health Statistics, CDC, https://www.cdc.gov/injury/wisqars/pdf/leading_causes_of_death_by_age_group_2018-508.pdf.

2. Martha Lally and Suzanne Valentine-French, "Grief: Loss of Children and Parents," *Lifespan Development: A Psychological Perspective*, no. 2. https://courses.lumenlearning.com/suny-lifespandevelopment/chapter/grief-loss-of-children-and-parents.

PART 1

chapter 1

1. Scott Reyburn, "Cimabue Painting Discovered in French Kitchen Fetches Nearly $27 Million," New York Times, 2019년 10월 27일, https://www.nytimes.com/2019/10/27/arts/design/cimabue-painting-auction.html.

2. Benji, "How Long Does a Diamond Take to Form?," Leibish, 2017년 6월 21일,

https://www.leibish.com/how-long-does-a-diamond-take-to-form-article-1447.

PART 2

chapter 3

1. James Robison, "My 55-Year Journey Following Jesus (Part 1)," 블로그, 2014년 7월 17일, https://jamesrobison.net/my-55-year-journey-following-jesus-part-1.

2. James Robison, "My Journey (Part 2)," 블로그, 2014년 7월 24일, https://jamesrobison.net/my-journey-2.

3. Robison, "My Journey (Part 2)."

4. "About the Author," 블로그, https://jamesrobison.net/about/.

chapter 4

1. Matthew A. Killingsworth and Daniel T. Gilbert, "A Wandering Mind Is an Unhappy Mind," *Science* 330, no. 6006 (2010년 11월 12일): 93, https://wjh-www.harvard.edu/~dtg/KILLINGSWORTH%20&%20GILBERT%20(2010).pdf.

2. Harvard University, "Mind Is a Frequent, but Not Happy, Wanderer: People Spend Nearly Half Their Waking Hours Thinking About What Isn't Going on Around Them," ScienceDaily, 2010년 11월 12일, www.sciencedaily.com/releases/2010/11/101111141759.htm.

PART 3

chapter 6

1. Steven K. Scott, *The Greatest Words Ever Spoken: Everything Jesus Said About You, Your Life, and Everything Else* (Colorado Springs: WaterBrook, 2010), 206-16.

2. Scott, *Greatest Words Ever Spoken*, 298-304.

3. Scott, *Greatest Words Ever Spoken*.

chapter 8

1. C. S. Lewis, *Mere Christianity* (San Francisco: HarperOne, 2015), 115. C. S. 루이스,《순전한 기독교》(홍성사 역간).

2. C. S. Lewis, *The Weight of Glory* (San Francisco: HarperOne, 2015), 178. C. S. 루이스,《영광의 무게》(홍성사 역간).

3. Jud Davis, "God 10,000 Talents and Forgiving a Sinning Brother," *Dayton*(TN) *Herald-News*, 2015년 11월 3일, https://www.rheaheraldnews.com/lifestyles/article_334f283e-8262-11e5-aaf7-53cf9a2b76bb.html.

4. 하나님의 감정에는 사랑(렘 31:3)과 기쁨(사 62:5; 렘 32:41; 습 3:17)이 포함된다. 하나님은 슬픔을 느끼시고(창 6:6; 시 78:40) 웃기도 하신다(시 2:4, 37:13; 잠 1:26). 하나님은 연민을 품으신다(신 32:36; 삿 2:18; 시 135:14).

PART 4

chapter 11

1. Martha Lally and Suzanne Valentine-French, "Grief: Loss of Children and Parents," *Lifespan Development: A Psychological Perspective*, no. 2, https://courses.lumenlearning.com/suny-lifespandevelopment/chapter/grief-loss-of-children-and-parents.

2. "Grief Can Hurt—in More Ways than One," Harvard Health Publishing,

2019년 2월 1일, https://www.health.harvard.edu/mind-and-mood/grief-can-hurt-in-more-ways-than-one.

3. W. E. Vine, *Vine' Expository Dictionary of Old and New Testament Words* (Nashville: Thomas Nelson, 2003).

4. Nick Vujicic, *Life Without Limits: Inspiration for a Ridiculously Good Life* (Colorado Springs: WaterBrook, 2012). 닉 부이치치,《허그》(두란노 역간).

The

Joseph

Principles